BUSINESS
JAPANESE

活用 ビジネス用語・用例

BUSINESS JAPANESE

活用 ビジネス用語・用例

Over 1,700 Essential Business Terms in Japanese

Reiko Suzuki,
Are Hajikano,
Sayuri Kataoka

TUTTLE PUBLISHING
Tokyo • Rutland, Vermont • Singapore

Published by Tuttle Publishing, an imprint of Periplus Editions (HK) Ltd.
with editorial offices at 364 Innovation Drive, North Clarendon, VT 05759
and 130 Joo Seng Road, #06-01/03, Singapore 368357.

LCC Card No. 2005933212
ISBN-10: 0-8048-3780-5
ISBN-13: 978-0-8048-3780-4
ISBN 4-8053-0858-3(for sale in Japan only)

Previously published in 1999 as *Business Kanji* ISBN 0-8048-2134-8

First edition, 1999

Printed in Singapore

Distributed by:

North America, Latin America & Europe
Tuttle Publishing
364 Innovation Drive
North Clarendon, VT 05759-9436
Tel: (802) 773 8930; Fax: (802) 773 6993
info@tuttlepublishing.com
www.tuttlepublishing.com

Japan
Tuttle Publishing
Yaekari Building, 3rd Floor
5-4-12 Osaki, Shinagawa-ku
Tokyo 141-0032
Tel: (03) 5437 0171; Fax: (03) 5437 0755
Email: tuttle-sales@gol.com

Asia Pacific
Berkeley Books Pte. Ltd.
130 Joo Seng Road, #06-01/03
Singapore 368357
Tel: (65) 6280 1330; Fax: (65) 6280 6290
Email: inquiries@periplus.com.sg
www.periplus.com

09 08 07 06
8 7 6 5 4 3

目次 (Contents)

<ruby>目次<rt>もくじ</rt></ruby> (Contents)

SECTION II:　重要語い Frequently Used Vocabulary

目次

PART II:　総漢字表

KANJI INTRODUCED IN PART I and ADDITIONAL KANJI 193

はじめに

　日本語を学ぶビジネスマンが増えてきた今日、学習の目的も多様化しています。日本語で新聞の経済記事を読みたいと考えている方々も多いことでしょう。

　新聞読解の学習は、従来、中級後半から上級学習者が始めるものと考えられてきました。しかし経済記事から情報を読みとることを目的とするなら、より早い時期から、よく使われている語い、表現の学習を始めるべきです。漢字語いがわかれば、新聞読解は必ずしも難しいものではありません。

　実際には、この本を作成するための頻度調査で、およそ1700語の漢字語いを学習すれば、経済面の漢字語いの80%以上をカバーすることがわかりました。この本はその調査に基づいて作られた「語い集」です。Part Iでおよそ1700語を扱い、さらにそれ以外の漢字語いについても総漢字表 (Part II) で学習できるように考慮されています。

　この本は初級 (300時間) を終了した方々を対象に、効率的に漢字語いを覚え、新聞の経済記事を読めるようにするための本です。大切なことは、漢字の応用力をつけ、漢字語いを増やすことです。そのためには繰り返し練習することが必要です。1～50のステップに出てくる語いは『日本経済新聞』の漢字語いの頻度調査に基づき、日本語学習の視点から分析し、構成したものです。

　個人学習でもクラスでも使用することができます。

この本の構成
この本は次のような構成になっています。

基礎漢字と基礎語い

PART I　語いと読む練習
・SECTION I　最重要語い

　　始める前に

　　ステップ 1～20
　　自動詞・他動詞のまとめ (1) (2)
　　主要業種と関連語

　「基礎漢字と基礎語い」は、この本を使って学習する方がすでに知っていると考えられる漢字130字と漢字語いです。この本で学習する前にこのリストを見て、基礎漢字を全部知っているかどうかを確認してください。もし知らない漢字や漢字語いがあったら、まずその漢字を覚えてから始めてください。

　PART I の SECTION I は「始める前に」と「ステップ 1〜20」から成っています。「始める前に」は『新聞』に関する一般的な語い、数字を集めましたので、まずこの語いから学習してください。「ステップ1〜20」には経済記事の中に出てくる漢字で使用頻度が高く、最も重要な語いを、文法的な機能や意味の関連するものに分けてまとめてあります。各語いには例文がついており、各ステップには読む練習がついています。

　SECTION II は SECTION I に次いで重要な漢字語いを扱っています。構成は SECTION I とほぼ同じですが、分野別に語いをまとめたところもあります。また各ステップの読む練習は実際の新聞記事の中から選んであります。そのために、まだ練習に出てきていないものや、この本の中で扱っていないものも入っています。そのステップまでに出てきた漢字語いから類推できるものは下に★印でヒントと参考を、まだ学習していない語いにはふりがながつけてあります。また、新聞記事でよく見られる表現 (新聞表現)

については、下に☆印で英訳をつけ、SECTION II の最後に索引をつけました。

「五十音索引」は、PART I (新聞表現を除く)に出てきた漢字語い全部の五十音索引

です。

　PART II は、漢字語いを増やすために漢字別に語いを集めた「総漢字表」、読めな

い漢字を調べるための「部分・部首索引」、漢字を音読み、訓読みでさがせるように

した「音訓索引」から成っています。「総漢字表」は、この本の「基礎漢字」、PART

I で扱ったすべての見出し語の漢字が網羅されています。「補充漢字」には、それ以外

で必要と思われる漢字をあげておきました。「部分・部首索引」、「音訓索引」には、

「補充漢字」であげた漢字も含まれています。

この本の使い方

PART I　語いと読む練習

　一番大切な語いからステップが始まっていますから、ステップ・バイ・ステップで

積み上げて、全部覚えるつもりで学習してください。基本的には次のように学習しま

す。

(1) 各ステップの (a) の1〜10までの語いの読み方と意味を覚えます。

(2) 同じように後半 (b) の11以降の語いと意味を覚えます。意味、文法、分野などで

　　まとめてありますから、例を参考にして読めるようになってください。

(3) 例文を読んで文の中での意味を理解し、使い方にもなれましょう。

(4) 「読む練習」で練習をします。何ども繰り返すことが大切です。

PART II　総漢字表

漢字リストは次のような使い方ができます。

(1) 一つの漢字からどのような語いができるかを調べることができます。また、その

　　中でどの語いが経済記事でより多く使われるかがわかります。

(2) 読めない漢字があった時、「部分・部首索引」で調べることができます。

(3) 読めない漢字があった時、読める漢字から「音訓索引」で調べることができます。

　ステップが進んでいくと、意味の似ている語いが多くなり難しいと感じるようになるかもしれませんが、はじめのうちは細かい意味の違いはあまり気にしないで、文の中での基本的意味をつかむことができればよいと思います。ある程度進んだら実際の経済記事に目を通して、わかる言葉、読める漢字などをさがして読んでください。

一人でこの本を使う方へ

　語いが多いため単調になりやすいかもしれませんが、一つのステップをいくつかに分けて学習量を適当にする、漢字リストで漢字の基本的な意味を整理しながら学習する、興味のある分野や文法を先に学習してみる、などいろいろ工夫してみてください。

指導者の方へ

　指導する方は、語いのフラッシュ・カードを作り、そのカードの組み合わせで応用練習ができるようにするなど、学習者が効果的に楽しく学習できるように手助けし、工夫してください。また、それまでのステップで学習した語いができるだけたくさん出ている「記事」「見出し」のワークシートを作るのがよいと思います。ワークシート用には、内容的に学習者が興味を持ちそうな記事、読める語いが多い記事を選びます。すべての漢字語いが既習語であればいちばんよいと思いますが、新聞から実際の記事を選ぶ場合はいくつかの未習語はやむを得ません。未習語については予め意味を調べることができるように読み方のリストを作っておくといいでしょう。
　「見出し」は、既習語が多くても難しい場合がありますから、指導する方がよく吟味して作成するようにしてください。
　次のワークシート例を参考にしてください。

使い方:　例②の場合

(1)　まず読んでみる

　　「たいちゅうぼうえき、さくねんさいこうに／ゆしゅつ44パーセントぞう

　　ゆにゅう21パーセントぞう　ジェトロまとめ」

「見出し」（ステップ10まで学習した場合）

① きょうからＥＣ首脳会議

'93.10.29

② 対中貿易、昨年最高に
輸出44％増、輸入21％増
ジェトロ
まとめ

'94.1.25

③ 都市ガス3社値上げ

'96.2.23

④ 米、
0.9％の低成長

'96.2.24

⑤ 韓国インド
首脳会談

経済関係強化で合意

会談（st27）

（見出し、記事ともに「日本経済新聞」による）

'96.2.27

(2)　文にする

「対中貿易は昨年最高になった。輸出は44％増え、輸入は21％増えた。ジェトロ
のまとめによる」

(3)　わかりやすく説明する。(場合によっては不要)

「ジェトロのまとめによると、日本の中国との貿易は去年最高になった。輸出は
44％増え、輸入は21％増えた」

「記事」(ステップ18まで学習した場合)

予習語

2段	保有	ほゆう (st24)
3段	兆し	きざし (st42)
	旅客	りょかく (りょきゃく)

JT株、欧米で売却
国内と合わせ2600億円に
大蔵省 4月にも

大蔵省は早ければ四月中にも日本たばこ産業(JT)株を国内だけでなく、ユーロ市場や米国市場など世界の主要市場で売却する。九四年十月の上場時に売れ残った二十七万株の政府保有株が対象になる。株式市場に回復の兆しが出ていることが背景で、売却結果は西日本旅客鉄道(JR西日本)の株式上場や一般企業の資金調達にも影響しそうだ。

1段 2段 3段 4段

'96.2.25

内容についての質問

1. 大蔵省はJT株をどこの市場で売ることにしましたか。

2. 売る株はどんな株ですか。

3. 大蔵省はどうして売ることを決めましたか。

4. この株売却はどんなところに影響するでしょうか。

INTRODUCTION

The number of people, in particular business people, studying the Japanese language has increased in recent years. Many of them wish to gain enough language proficiency to be able to read business and economic articles in Japanese newspapers.

To date, advanced students have used Japanese newspapers articles as a method of further improving their language skills. If, however, the purpose of reading these articles is to obtain information, students should begin studying the vocabulary and expressions frequently used in such articles at an earlier stage in their study. A sound knowledge of the necessary vocabulary and kanji will make reading a newspaper less difficult.

To write this textbook, we researched kanji frequently used in Japanese financial newspapers. Our study shows that if students master 1,700 specific kanji words, they will acquire more than 80 percent of the kanji words that appear in newspaper articles writing on business, finacial and economic matters. Part I of this book contains those 1,700 kanji words, and Part II includes supplementary kanji words in addition to those dealt with in Part I. Students may therefore use this textbook to gain a more extensive knowledge of kanji vocabulary.

This book is written for students who have at least a basic level of Japanese language ability. By using this text, students will learn enough kanji to enable them to read business articles in Japanese. It is very important that students using this book build on their vocabulary by applying the kanji they have learned to subsequent chapters.

We have analyzed the frequency of use of kanji in the *Nihon Keizai Shimbun*, and carefully selected and organized the compound kanji words for the fifty steps set forth in this text. The selected words are organized with the students of the Japanese language in mind.

This textbook is designed for both self-study and classroom use.

Structure of This Textbook

This textbook is structured as follows:

Basic Kanji and Basic Vocabulary

Basic Kanji and Basic Vocabulary contains 130 kanji which students using this book should already know. Students should review this section first and check whether or not every character or word is familiar to them. If a student finds unfamiliar characters, the student should study and master those unfamiliar characters before moving on to Step 1.

Section I of Part I, *Most Frequently Used Vocabulary*, includes a section on preparation and *Steps 1-20*. Common terms and numbers found in newspapers are introduced in the beginning to be studied first. *Steps 1-20* contain the most important kanji words used frequently in newspaper articles on business and the economy. These words are grouped by either grammatical function or meaning and accompanied by a sentence demonstrating usage of the word. A reading practice section concludes each step.

Section II, *Frequently Used Vocabulary,* contains kanji words which are second in importance only to the kanji studied in Section I. The format of Section II is essentially the same as Section I, but terms in some sections are grouped by specific category. The sentences in the *Reading Practice* section in Part II are cited from actual Japanese newspaper articles. Inevitably, some kanji words which have not appeared in the earlier sections or have not been listed in the *Steps* of this textbook will appear. Readings are given for those words that have not yet appeared in the earlier steps.

Clues are given for meanings of those words which were not included in the previous steps, but which may be guessed based on the knowledge of kanji previously presented in the text. These clues are provided below each reading practice with a black star. The English translation is provided with a white star for the frequently used newspaper expressions, which are listed together in the *Index of Newspaper Terms* section.

The *Index by Japanese Alphabet* section is provided at the end of Part I. All the kanji vocabulary appearing in Part I, except for the kanji listed in the *Index of Newspaper Terms* section, are included in this section.

Part II is essentially a reference tool. In the *Kanji Introduced in Part I* section, words are grouped by kanji. This section contains all kanji listed in Part I. It is intended to help students expand their kanji vocabulary. Other helpful kanji are listed in the *Additional Kanji* section.

Two indices are provided for Part II: the *Index by Radical and Segment* and the *Index by On-Kun Reading.* In the *Index by Radical and Segment* section, students can learn the reading of a kanji which they do not know by checking a radical or a segment of the kanji. In the *Index by On-Kun Reading* section, students may find a kanji either by *on-yomi* or *kun-yomi*. The kanji introduced in the *Additional Kanji* section are also listed in these indices.

How to Use This Textbook

PART I

Part I begins with the most important vocabulary to be mastered and gradually builds to more difficult levels. Students using this textbook are encouraged to study each step in order and to memorize all the kanji words introduced. The following process is recommended:

1. Study the words listed in section (a) and memorize them.
2. Study the words listed in section (b) and memorize them. The words are grouped by meaning, grammar and specific fields. Study until you can read them without difficulty. Use the example sentences as a reference.
3. Study the usage in the example sentences and understand them in context.
4. Read the *Reading Practice* section. Practice reading the sentences in this section repeatedly.

PART II

The indexes in this volume can help students:
1. Learn what kinds of words can be created by one kanji in combination with one or more other kanji and recognize which words are most frequently used in newspaper articles on business end economy.
2. Find the reading of kanji which you do not know in *Index by Radical and Segment*.
3. Learn how to read a compound word by checking one of the compound kanji word that you can read.

As you progress in your study, you may feel that the difficulty increases substantially. Do not worry or get discouraged. You will have learned many words that have similar meanings. It is important not to worry about learning the precise meaning of every word. Rather, try to grasp the basic meaning of the sentence. As your study progresses to a higher level, you may browse through newspaper articles and try to identify the words you understand and kanji you can read in them.

Your progress will depend on your ability to maintain interest. Try to find the method of study that is most suitable to your own personality. For example:
- Divide one step into several sections so that you are not overloaded with memorizing many new words at one time.
- Use indeces to gain a firm grasp of the basic meanings of each character.
- For those students with an advance kowledge of kanji, browse through the textbook and find the specific category of interest or grammar with which you would like to start.

To Instructors:

Instructors are encouraged to prepare supplementary materials to help students study this textbook effectively and enjoyably. Teachers may provide:
- **Vocabulary flash cards** These will be very helpful when teachingl new vocabulary. Instructors may also use these cards to expand the content of each step by showing them in various combinations.
- **Worksheets using actual newspaper headlines and articles** These are useful to provide students with the opportunity to actually use the vocabulary they are studying or to test what they have learned. Choose articles that contain many of the words studied in that step and are of interest to your students.

    Ideally, all the vocabulary used in the selected article for a worksheet should be the kanji and its compound words that your students have already studied. It is, however, inevitable that such articles will contain some of characters unfamiliar to your students, since they are actual articles printed in a Japanese newspaper. Instructors may want to provide a list of those new characters with their readings. Headlines can be very difficult for students to understand even when students know all the words used in the headline. Instructors should pay extra attention to students' ability to comprehend when preparing a worksheet that includes headlines.

    The worksheet sample included at the end of the *Introduction* section in Japanese may provide ideas for creating your own materials.

きそかんじ　きそご
基礎漢字と基礎語い

BASIC KANJI & BASIC VOCABULAEY

　このテキストで学習する人は、ここにある漢字とことばを知っている人だと考えます。もし、知らない漢字やことばがあったら、まずそれをおぼえてください。漢字の読み方で太字は大切なものです。

　Students using this textbook are assumed to already know the basic kanji listed on the following pages. To gain maximum benefit from this text, students should review and master the following kanji and words before proceeding further.

　Note: The kanji readings printed in bold type are especially important in building vocabulary.

部首	漢字	読み方	基礎語い	部首	漢字	読み方	基礎語い
イ	人	ジン　ひと	〜人（日本人）、人口	扌(土)	土	ド　つち　ト	土曜日
		ニン	〜人（3人）、人		地	チ　ジ	地下鉄
	仕	シ　つか(える)	仕事		場	ジョウ　ば	工場、場所
	代	ダイ　か(わる)	時代	士	売	バイ　う(る)	売る
		タイ　か(える)		女	女	ジョ　おんな	女性
		よ、しろ				ニョ　め	
	休	キュウ　やす(む)	休日、休む			ニョウ	
	住	ジュウ　す(む)	住所、住む		始	シ　はじ(まる)	始まる
	作	サク　つく(る)	作る			はじ(める)	始める
		サ		子	子	シ　こ	子供
	何	カ　なに	何(〜)			ス	
		なん	何〜（何人）	口	口	コウ　くち	人口
	低	テイ　ひく(い)	低い			ク	
	使	シ　つか(う)	使う		古	コ　ふる(い)	古い
	倍	バイ	(〜)倍（2倍）		名	メイ　な	名前
十	半	ハン　なか(ば)	半分			ミョウ	
	南	ナン　みなみ	南	弓	引	イン　ひ(く)	引く
冫	次	ジ　つ(ぐ)	次		強	キョウ　つよ(い)	強い
		シ　つぎ				ゴウ　つよ(まる)	
氵(水)	水	スイ　みず	水、水曜日			つよ(める)	
	決	ケツ　き(まる)	決まる	夕	外	ガイ　そと	外国
		き(める)	決める			ゲ　ほか	
彳	行	コウ　い(く)	旅行、行く			はず(す)	
		ギョウ　ゆ(く)	銀行		多	タ　おお(い)	多い
		おこな(う)	行う	扌(手)	手	シュ　て	手
	後	ゴ　のち	午後、後		持	ジ　も(つ)	持つ
		コウ　うし(ろ)		牜(牛)	物	ブツ　もの	物
		あと				モツ	
		おく(れる)					

部首	漢字	読み方	基礎語い	部首	漢字	読み方	基礎語い
日	日	ニチ　ひ ジツ　か	日本、今日、 休日、〜日(3日) 〜日（11日）		終	シュウ　お(わる) お(える)	終わる
	明	メイ　あか(るい) ミョウ　あき(らか)	明るい	言	言	ゲン　い(う) ゴン	言う
	時	ジ　とき	時間、時代、時		話	ワ　はな(す) はなし	電話、話す
	早	ソウ　はや(い)	早い		語	ゴ　かた(る)	英語、 〜語(日本語)
	書	ショ　か(く)	書く		読	ドク　よ(む) トク トウ	読む
木	本	ホン　もと	本社、日本				
	来	ライ　く(る) こ(ない) き(た)	来年、来る 出来る	車	車	シャ　くるま	車
	東	トウ　ひがし	東京、東	足(足)	足	ソク　あし た(りる) た(る) た(す)	足りる
方	方	ホウ　かた	方法				
月	月	ゲツ　つき ガツ	〜月(1月)、毎月 〜カ月(1カ月)、 〜月(先月)	罒	買	バイ　か(う)	買う
				金	金	キン　かね コン　かな	料金、お金
ネ	社	シャ　やしろ	会社、本社、 社長、〜社(3社)		銀	ギン	銀行
禾	私	シ　わたくし	私(わたし)	食(食)	食	ショク　た(べる) ジキ　く(う)	食べる
米	料	リョウ	料金	又	取	シュ　と(る)	取る
立	立	リツ　た(つ) リュウ　た(てる)	立つ、立てる		受	ジュ　う(かる) う(ける)	受ける
矢	知	チ　し(る)	知る	刀	分	フン　わ(かれる) ブ　わ(ける) わ(かる)	自分、十分な 半分
糸	続	ゾク　つづ(く) つづ(ける)	続く、続ける		切	セツ　き(る)	大切、切る

部首	漢字	読み方	基礎語い	部首	漢字	読み方	基礎語い
力	力	リョク ちから / リキ	ちから 力		会	カイ あ(う) / エ	かいしゃ あ かいぎ 会社、会う、会議
	男	ダン おとこ / ナン	だんせい 男性		合	ゴウ あ(う) / ガッ	あ 合う
	動	ドウ うご(く) / うご(かす)	うんどう うご 運動、動く	宀 艹	安	アン やす(い)	あんしん やす 安心、安い
	働	ドウ はたら(く)	はたら 働く		英	エイ	えいご 英語
リ阝	前	ゼン まえ	ごぜん まえ なまえ 午前、前、名前	止	考	コウ かんが(える)	かんが 考える
	都	ト みやこ	とし 都市		止	シ と(まる) / と(める)	と と 止まる、止める
工	工	コウ	こうじょう 工場	雨	電	デン	でんき でんわ 電気、電話
攵	数	スウ かず	かず 数	广	広	コウ ひろ(い) / ひろ(まる) / ひろ(める)	ひろ 広い
斤	所	ショ ところ	ばしょ じゅうしょ 場所、住所				
	新	シン あたら(しい) / あら(た)	あたら 新しい		店	テン みせ	みせ 店
予 生	予	ヨ	よてい 予定	儿	先	セン さき	さき 先に、 せん せんげつ 先～ (先月)
	生	セイ い(きる) / ショウ い(かす) / う(まれる) / う(む) / お(う) / は(える) / は(やす) / き、なま	う 生まれる	大	大	ダイ おお(きい) / タイ	たいせつ おお 大切、大きい / おお 大きな
				心	心	シン こころ	ちゅうしん あんしん 中心、安心
					必	ヒツ かなら(ず)	かなら 必ず
					思	シ おも(う)	おも 思う
					急	キュウ いそ(ぐ)	きゅう 急に
					悪	アク わる(い) / オ	わる 悪い
田 目	番	バン	ばん いちばん ～番 (一番)		意	イ	いけん いみ 意見、意味
	目	モク め / ボク	め みっ め ～目 (3つ目)	辶	近	キン ちか(い) / コン	ちか 近い
	見	ケン み(る)	いけん み 意見、見る				
八	今	コン いま / コ / キン	ことし きょう 今年、今日		通	ツウ とお(る) / とお(す) / かよ(う)	とお とお 通る、通す

部首	漢字	読み方	基礎語い	部首	漢字	読み方	基礎語い
	速	ソク　はや(い)	速い		小	ショウ　ちい(さい)　こ、お	小さい、小さな
	週	シュウ	～週 (今週)　週間		少	ショウ　すく(ない)　すこ(し)	少ない、少し
	道	ドウ　みち	道		中	チュウ　なか	中心　～中 (電話中)
	運	ウン　はこ(ぶ)	運動、運ぶ		以	イ	以上、以下
冂	円	エン	円高　～円 (100円)		出	シュツ　で(る)　スイ　だ(す)	出る、出す　出来る
	同	ドウ　おな(じ)	同じ		北	ホク　きた　ボク	北
囗	国	コク　くに	外国、国		市	シ　いち	都市
門	間	カン　あいだ　ケン	時間、間、週間		世	セ　よ　セイ	世界
	開	カイ　ひら(く)　あ(く)　あ(ける)	開く、開く		年	ネン　とし	来年、毎年　～年 (3年)、今年
	聞	ブン　き(く)　モン	聞く		自	ジ　みずか(ら)　シ	自分、自然
	関	カン　せき	関係		西	セイ　にし　サイ	西
その他	入	ニュウ　はい(る)　い(れる)	入る、入れる		気	キ　ケ	電気、気
	上	ジョウ　うえ　うわ、かみ　あ(がる)　あ(げる)　のぼる)	以上　上がる　上げる		毎	マイ	毎年、毎月
	下	カ　した、しも　ゲ　もと　さ(がる)　さ(げる)　くだ(る)	以下　下がる　下げる　地下鉄		長	チョウ　なが(い)	社長、長い
					事	ジ　こと	仕事
					高	コウ　たか(い)	円高、高い

PART I

語いと読む練習
VOCABULARY AND READING PRACTICE

SECTION 1

最重要語い
(さいじゅうよう ご)

Most Frequently Used Vocabulary

ステップ　1～20
Step 1 ~ 20

始める前に

a) 新聞に関することば

1. 新聞　　しんぶん
2. 日経　　にっけい
3. 日付　　ひづけ
4. 記事　　きじ
5. 見出(し)　みだし
6. 本文　　ほんぶん
7. ～面　　～めん
8. ～段　　～だん
9. 社説　　しゃせつ
10. 記者　　きしゃ

b) 数やお金に関する漢字

1. 一 二 三 四 五 六 七 八 九 十
   いち に さん よん(し) ご ろく しち はち きゅう じゅう
2. 百　　ひゃく
3. 千　　せん
4. 万　　まん
5. 億　　おく
6. 兆　　ちょう
7. ～円　　～えん
8. ～銭　　～せん
9. 約　　やく

数の読み方

漢字「二、三、四、五、六、七、八、九、十」は索引、リストには含まれていません。

―― ミニコラム ――

日本の主な新聞

全国的に読まれている新聞 (発行部数順)
1. 読売新聞　　4. 日本経済新聞
2. 朝日新聞　　5. 産経新聞
3. 毎日新聞

経済専門紙として日経新聞 (本紙) のほかに次のようなものがあります。
・日経金融新聞　　・日経産業新聞
・日経流通新聞

5

PREPARATION

a) Newspaper-related Words
1. newspaper
2. Nikkei
3. date
4. article
5. headline
6. story
7. page ~ (in general, ~ aspect, a side)
8. column, paragraph
9. editorial
10. journalist, reporter

b) Numbers and Money-related Kanji
1. one, two, three, four, five, six, seven, eight, nine, ten
2. one hundred
3. one thousand
4. ten thousand
5. one hundred million
   (10億: アメリカ one billion, イギリス one thousand million)
6. one trillion (イギリス one billion)
7. ~ yen
8. ~ sen (one hundredth of a yen)
9. about, approximately

読む練習
（れんしゅう）

同じ数でもタテ書きとヨコ書き、見出しと本文では書き方がちがいます。

1. 300億円
2. 1万6368円
3. 1円54銭
4. 2.7%
5. 1兆円

6. 213億2000万円
7. 89円33銭
8. 日本の人口は約1億2000万である。
9. 9月15日付けの新聞

10. 97円15銭（見出し）
11. 九七円一五銭（本文）
12. 1万8000円（見出し、九十七円十五銭と書かれることもある）
13. 一万八千円（本文）
14. 1兆円（見出し）
15. 一兆円（本文）
16. 一千五百億円（本文）（千は一千となっていることもある）
17. 千三百七十七社（会社の数）
18. 213億2000万円（見出し）
19. 二百十三億二千万円（本文）
20. 805億円（見出し）
21. 八百五億円（本文）
22. 2.7%（見出し）
23. 二・七%（本文）
24. 96年10月（見出し）
25. 九六年十月（本文）

6

ステップ　1

a)　よく使われる名詞 (1)

1.	経済	けいざい	経済新聞を読む。
2.	市場	しじょう	市場の動きを見る。
3.	金融	きんゆう	金融市場について調べる。
4.	問題	もんだい	問題があったら電話してください。
5.	貿易	ぼうえき	貿易会社に勤めています。
6.	証券	しょうけん	株について証券アナリストの意見を聞く。
7.	国際	こくさい	国際電話をかける。
8.	金利	きんり	金利が上がる／下がる。
9.	事業	じぎょう	今年から事業を大きくするつもりだ。
10.	企業	きぎょう	多くの大企業が東京にある。

b)　時や時間などに関することば (1)

11.	年度	ねんど	新しい年度は４月から始まる。
12.	長期	ちょうき	長期金利が上がった。
	(長～)	(ちょう～)	
13.	昨年	さくねん	昨年の１月に日本へ来た(来日した)。
14.	前年	ぜんねん	前年と比べてみる。
15.	史上	しじょう	史上最高の円高となった。
16.	過去	かこ	過去のデータを調べる。
17.	最近	さいきん	最近貿易問題の記事が多い。
18.	今～	こん～	今年度
19.	来～	らい～	来期
20.	前～	ぜん～	前月、前日
21.	～期	～き	今期、次期、半期
22.	上期	かみき	上半期
23.	下期	しもき	下半期
24.	四半期	しはんき	第三四半期

25.	〜末	〜まつ	月末
26.	〜後	〜ご	一年後、バブル後
27.	年間	ねんかん	年間データ
28.	〜ヵ年	〜かねん	五ヵ年
29.	期間	きかん	長期間

VOCABULARY IN ENGLISH

a) Frequently Used Nouns (1)
1. economy
2. market
3. finance
4. problem, issue
5. trade
6. securities
7. international
8. interest (rates)
9. business, enterprise
10. company, firm

b) Time-related Vocabulary (1)
11. fiscal year/term, school year
12. long-term
13. last year
14. previous year
15. in history
16. past
17. recently
18. present ~, this ~, current
19. next
20. the previous~, the prior~
21. period, term
22. first half of the year
23. second half of the year
24. quarter (of a year)
25. ~ end
26. after, later
27. year, yearly
28. ~ year(s)
29. period (of time)

読む練習
<small>れんしゅう</small>

1. 市場経済
2. 金融問題
3. 貿易会社
4. 証券市場
5. 国際問題
6. 新事業 <small>しん</small>
7. 金利0.04％下げ
8. 国際会議に出る。
9. 今年度上期
10. 下半期
11. 来年度下期
12. 長時間の会議
13. 予定の期間
14. 今期
15. 来期
16. 前期
17. 年末
18. 年度末

19. 期末
20. 3月期
21. 三年後
22. 金融システム
23. 来月、金利が下がる。
24. 93-97年度期
25. 過去5年間の新聞の記事
26. 証券マン
27. 金融のロンドン市場
28. 第一四半期 <small>だい</small>
29. 第二四半期 <small>だい</small>
30. 第四四半期 <small>だい</small>
31. 世界の人口問題
32. 証券会社で働く。
33. 最近事業を始めた。
34. その問題はもう過去のものだ。
35. 長期アルバイト
36. 昨年の新聞記事

ステップ 2

a) よく使われる名詞 (2)
<ruby>名詞<rt>めいし</rt></ruby>

1.	利益	りえき	景気が悪くて、利益が上がらない。
2.	平均	へいきん	ここ三年間の平均金利は過去50年間で一番低い。
3.	商品	しょうひん	来年新しい商品を売り出す予定だ。
4.	最高	さいこう	今日は今年最高の暑さとなった。
5.	労働	ろうどう	労働組合に入るのは自由だ。
6.	政策	せいさく	新しい経済政策が出された。
7.	自動車	じどうしゃ	欧米に自動車を輸出する。
8.	景気	けいき	景気が悪くなっている。
9.	株式	かぶしき	株式会社を作って社長になった。
10.	産業	さんぎょう	A市は自動車産業が盛んだ。

b) 場所や地域などに関することば (1)

11.	米国 (米)	べいこく	日米というのは日本と米国のことである。
12.	日米	にちべい	自動車の問題は日米間の話し合いで決められる。
13.	欧州 (欧)	おうしゅう	欧州市場にはまだまだ問題が多い。
14.	欧米	おうべい	欧米のライフスタイルを取り入れる。
15.	中国 (中)	ちゅうごく	中国は今後、国際的な市場になるだろう。
16.	韓国 (韓)	かんこく	韓国の企業が日本にも多くある。
17.	英国 (英)	えいこく	英国に自動車工場を作る。
18.	仏	ふつ	英仏の間にトンネルができた。
19.	独	どく	独市場は大きく変わっていくだろう。
20.	東欧	とうおう	東欧の市場を調べに行く。
21.	都	と	都というのは東京都のことである。
22.	首都	しゅと	東京は日本の首都である。
23.	大阪	おおさか	大阪は日本第二の都市である。
24.	〜間	〜かん	東京大阪間
25.	〜県 (県)	〜けん	千葉県
26.	〜市 (市)	〜し	名古屋市

VOCABULARY IN ENGLISH

a) Frequently Used Nouns (2)
1. profit
2. average
3. product
4. highest
5. labor
6. policy
7. car, automobile
8. business conditions, economy
9. stocks, shares
10. industry

b) Places and Regions (1)
11. the United States
12. the United States and Japan
13. Europe

14. Europe and the United States
15. China
16. the Republic of Korea (South Korea)
17. the United Kingdom (U.K.)/Great Britain
18. France
19. Germany
20. Eastern Europe
21. capital city (used only for Tokyo)
22. capital
23. Osaka
24. between
25. prefecture
26. city

─── ミニコラム ───

各国（かっこく）の漢字（かんじ）

次の国の漢字（かんじ）もよく使われます。
豪（ごう）：オーストラリア　　西（せい）：スペイン
印（いん）：インド　　　　　　墨（ぼく）：メキシコ
伯（はく）：ブラジル　　　　　加（か）：カナダ
伊（い）：イタリア

また二国間（こくかん）でも使われます。(ただし「欧」は地域（ちいき）です) 日欧、米中、中韓など
がその例ですが、どちらの国を先にするかは国によってちがうようです。

読む練習

1. 日米自動車問題
2. 労働問題
3. 労働者
4. 史上最高
5. 過去最高の利益
6. 自動車産業
7. 毎月の平均利益
8. 景気が良い／悪い。
9. 商品を市場に出す。
10. 株式市場
11. 日本の経済政策
12. 日本の政策についての記事を読む。
13. 利益が大きい／小さい。
14. 日本一大きい会社
15. 日本最高
16. 米国の経済政策
17. 米景気
18. 日中問題 (日本と中国の間の問題)
19. 日韓貿易問題 (日本・韓国間の貿易問題)

20. 英仏間のトンネル (英国とフランスの間のトンネル)
21. 欧州市場
22. 東欧の経済問題
23. 欧米との貿易
24. 独首都ベルリン
25. 日独間の話し合い
26. 日本には43の県がある。(1都1道2府43県)
27. 神奈川県横浜市
28. 埼玉県浦和市
29. 金融商品
30. 労働政策
31. 中韓の貿易
32. 日米欧の貿易問題
33. 1都6県
34. 日中韓の首都会議

ステップ 3

a) よく使われる名詞 (3)

1.	経常	けいじょう	A社の今期の経常利益は前期より 10% 増えた。
2.	技術	ぎじゅつ	新しい技術が開発された。
3.	水準	すいじゅん	日本人の生活水準はこの 50 年間に大きく変わった。
4.	資金	しきん	資金が足りないため、新しい事業をやめることにした。
5.	制度	せいど	いろいろな国の金融制度を比べてみる。
	(〜制)	(〜せい)	
6.	業界	ぎょうかい	A社は自動車業界のリーダーである。
7.	売上	うりあげ	この春からやっと売上が増えた。
8.	通信	つうしん	新しい通信事業を始める。
9.	設備	せつび	工場の設備を新しくする。
10.	需要	じゅよう	需要があればビジネスができる。

b) 会社や機関に関することば (1)

11.	政府	せいふ	政府はサミットで貿易問題について話し合う予定だ。
12.	大蔵	おおくら	大蔵省。大蔵大臣は蔵相という。
13.	通産	つうさん	通産省は通商産業省の略である。
14.	機関	きかん	大蔵省は金融機関に対して力を持っている。
15.	日銀	にちぎん	日本銀行の略。日銀はドル買いに動くようだ。
16.	通商	つうしょう	米国通商代表部 (USTR) のA氏と話し合う。
17.	都銀	とぎん	都市銀行の略。都銀 10 行は大都市に本店を持ち、全国に支店を持つ。
18.	法人	ほうじん	デパートの法人需要が減った。
19.	協会	きょうかい	日本銀行協会
20.	信託	しんたく	信託銀行
21.	東証	とうしょう	東京証券取引所の略
22.	〜部 (部)	〜ぶ	本部
23.	〜局 (局)	〜きょく	大蔵省銀行局
24.	〜社 (社)	〜しゃ	本社

13

25. 各〜	かく〜	各社
26. 本〜	ほん〜	本社、本人
27. 〜所	〜しょ	証券取引所（とりひきじょ）、事業所
28. 〜会	〜かい	委員会（いいん）
29. 〜省	〜しょう	大蔵省
30. 〜庁	〜ちょう	経済企画庁（きかく）
31. 〜店	〜てん	新宿店（しんじゅく）、本店

VOCABULARY IN ENGLISH

a) Frequently Used Nouns (3)

1. current, ordinary, recurring
2. technology, skill
3. level, standard
4. funds, capital
5. system
6. industry circle
7. sales
8. correspondence, communications
9. equipment, facilities
10. demand

b) Vocabulary Related to Companies and Organizations (1)

11. government
12. Ministry of Finance (大蔵省)
13. Ministry of International Trade and Industry (MITI) (通産省)
14. institution
15. Bank of Japan
16. commerce, trade
17. city bank
18. corporation
19. association
20. trust
21. Tokyo Stock Exchange
22. ~department
23. ~bureau
24. ~company
25. each
26. main, head ~, this, real
27. place
28. group, committee
29. ~ ministry
30. ~ agency
31. ~ store, ~ branch

ミニコラム

送（おく）りがな

「売上」「取引（とりひき）」など、次のように書かれることがあります。

```
┌ 売上        ┌ 取引
│ 売上げ      │ 取引き
└ 売り上げ    └ 取り引き
```

どれも「うりあげ」「とりひき」と読みます。動詞的（どうしてき）な意味があるか、名詞的（めいしてき）かで少しちがいます。しかし、基本的（きほんてき）には同じ意味ですから、どの場合（ばあい）にも読めるようになってください。

読む練習 <ruby>読<rt>れんしゅう</rt></ruby>

1. 新しい制度
2. 経常利益
3. いろいろな金融機関
4. 国際証券業界
5. 自動車の売上／売上げ
6. 業界をリードする会社
7. 大蔵省国際金融局
8. 証券局
9. 各社
10. 各地
11. 各県
12. 各都市
13. 各省庁
14. 日本証券業協会
15. 通産省通商政策局
16. 通信技術

17. 国際的な通信事業を始める。
18. 技術水準が高い。
19. 日米欧の景気を比べる。
20. 事業を始める資金を集める。
21. 政府は新しい金融政策を発表する。
22. 日銀本店は日本橋の近くにある。
23. A社は最高の設備と最高の技術を持っている。
24. 資金が足りない。
25. 政府の機関
26. アメリカ政府
27. 大証は大阪証券取引所の略。
28. アジア各国では資金需要が多い。
29. 制度が時代に合わなくなった。
30. 業界の利益を守る。

＜参考＞

都市銀行 (都銀)

あさひ銀行、さくら銀行、三和銀行、住友銀行、第一勧業銀行、大和銀行、東海銀行、東京三菱銀行、富士銀行、北海道拓殖銀行 (50音順)

ステップ 4

a) よく使われる名詞 (4)

1.	相場	そうば	金相場の動きを見る。
2.	工業	こうぎょう	最近アジアでは工業が盛んになった。
3.	結果	けっか	話し合いの結果、技術開発に力を入れることになった。
4.	基準	きじゅん	食品の安全基準をつくる。
5.	広告	こうこく	多くの会社がテレビや新聞に広告を出している。
6.	製品	せいひん	石油製品を輸出する。
7.	赤字	あかじ	過去最高の赤字となった。
8.	黒字	くろじ	今年も日本の貿易黒字が増えた。
9.	大手	おおて	今年度は大手証券会社のほとんどが赤字になった。
10.	中小	ちゅうしょう	中小企業の技術水準が上がった。

b) 人に関することば (1)

11.	蔵相	ぞうしょう	蔵相は金利を引き下げると発表した。
			(相は大臣の意味)
12.	委員	いいん	労働委員会の会議が開かれた。
13.	会長	かいちょう	A氏は社長から会長になった。
14.	大統領	だいとうりょう	米国の大統領が来日した。
15.	代表	だいひょう	Aさんは技術開発チームの代表だ。
16.	首相	しゅしょう	首相は経済政策について発表した。
17.	首脳	しゅのう	日米欧の首脳が集まった。
18.	顧問	こもん	A氏は技術顧問としてB社に迎えられた。
19.	取締役	とりしまりやく	本日取締役会が行われる。
20.	〜者	〜しゃ	労働者
21.	〜長	〜ちょう	部長
22.	〜氏	〜し	田中氏
23.	〜家	〜か	需要家、専門家
24.	〜員	〜いん	社員、会員

VOCABULARY IN ENGLISH

a) Frequently Used Nouns (4)
1. market price
2. industry, manufacturing industry
3. result
4. standard, criterion
5. advertisement
6. (manufactured) goods, product
7. deficit, in the red, red ink
8. surplus, in the black
9. major
10. small to medium-sized

b) People and Positions (1)
11. Minister of Finance
12. committee member
13. chairman
14. president (of a country)
15. representative
16. prime minister, premier
17. leader, executive
18. consultant, advisor
19. director
20. ~ person
21. head, chief of ~
22. Mr. (Ms.) ~
23. specialist of ~
24. member of ~

読む練習
(れんしゅう)

1. 円相場
2. コメ相場
3. 金相場 (きん)
4. 相場の動き
5. 基準を決める。
6. 労働基準法 (ほう)
7. 電気製品
8. 赤字になる。
9. 黒字になる。
10. 大手都市銀行
11. 中小の金融機関
12. 中小企業庁
13. 大蔵省銀行局長
14. 社長
15. 店長
16. 所長
17. 新聞に広告のない日はない。
18. 銀行協会が新聞に広告を出す。
19. 取締役会の結果を待つ。 (ま)
20. 工業国 (こく)

21. 委員会
22. 委員長
23. 代表取締役
24. 東証の会員
25. 今年の貿易黒字は1200億ドルだ。
26. A社は今期２０億円の赤字を出す。
27. 首相は総理大臣とも言う。 (そうりだいじん)
28. A国の大統領と企業の代表がいっしょに日本へ来た。
29. 東京で日韓首脳会議が開かれる。
30. 首相と蔵相との話し合い
31. A氏は取締役から顧問になった。
32. 銀行員は行員ともいう。
33. 中小企業の社長会
34. 技術者
35. 蔵相は大蔵大臣の略である。 (だいじん) (りゃく)
36. 業界代表の意見
37. A国の貿易赤字は前年の倍以上になった。
38. 日本自動車工業会

ステップ 5

a) 「～する」で<ruby>動詞<rt>どうし</rt></ruby>しても使われる<ruby>名詞<rt>めいし</rt></ruby> (1)

1.	発表	はっぴょう	CO$_2$を減らすために新しい基準を発表した。
2.	投資	とうし	設備投資を増やす。
3.	取引	とりひき	あの会社は東欧の貿易会社と取引している。
4.	生産	せいさん	ここでは毎年300万台ものカメラが生産されている。
5.	拡大	かくだい	事業を拡大し、設備投資も前年より30%アップする。
6.	調査	ちょうさ	金融市場を調査する。
7.	開発	かいはつ	新しい製品を開発する。
8.	輸出	ゆしゅつ	自動車を輸出する。
9.	輸入	ゆにゅう	1994年からコメの輸入が始まった。
10.	計画	けいかく	A社は海外投資を計画している。

b) 場所や地域などに<ruby>関<rt>かん</rt></ruby>することば (2)

11.	国内	こくない	A社のコンピュータは国内市場の40%を占める。
12.	海外	かいがい	海外で事業を始める。
13.	地域	ちいき	地域開発が盛んだ。
14.	全国	ぜんこく	通信事業を全国に広げる。
15.	各国	かっこく	各国の首脳が集まった。
16.	諸国(諸～)	しょこく(しょ～)	社長は欧米諸国をまわっている。
17.	先進国	せんしんこく	先進国首脳会議が開かれている。
18.	地方	ちほう	地方都市に住んでみるとおもしろい。
19.	現地	げんち	海外に現地法人をつくる。
20.	～国	～こく	輸出国
21.	～カ国	～かこく	五カ国

― ミニコラム ―

都道府県 (日本の行政区分)

日本は行政上、1都1道2府43県に分けられます。それらは、東京都、北海道、大阪府、京都府と43の県です。

VOCABULARY IN ENGLISH

a) Nouns Which Can Become Verbs with
Suru-endings (1)
1. announcement, presentation
2. investment
3. trading, dealing
4. production, output
5. expansion, enlargement
6. survey, investigation
7. development
8. export
9. import
10. plan

b) Places and Regions (2)
11. domestic
12. overseas
13. region
14. national, country-wide
15. each country
16. several/various countries
17. developed/advanced country
18. region, outlying areas/towns
19. on-site, local
20. ~ country
21. unit for counting countries

読む練習 (れんしゅう)

1. 新しい製品の発表
2. 調査結果を発表する。
3. 新しい計画の発表
4. 発表会
5. 機関投資家
6. 投資顧問会社
7. 輸出入
8. 日本輸出入銀行
9. 輸入国
10. 輸出国
11. A国へ工業製品を輸出する。
12. B国からパルプを輸入する。
13. 取引銀行
14. 東京証券取引所＝東証
15. 市場調査
16. 調査会社
17. 労働問題調査会
18. 調査中
19. 製品開発
20. 地域開発
21. 日本開発銀行
22. 海外生産
23. 設備投資
24. 生産を拡大する。
25. 生産技術
26. 米のハイテク市場
27. 米国のサービス貿易黒字は拡大している。
28. 現地法人を作る。
29. 日本では、CATV事業で黒字になっている企業はまだ少ないから、投資するかどうか考えている。
30. アセアン諸国
31. 先進７カ国蔵相会議
32. 先進各国の金利政策
33. 都市計画
34. 先進諸国
35. 海外旅行
36. A社では海外取引が拡大している。
37. A社は独英仏に現地法人を作る。
38. 長期計画
39. 年間計画をたてる。
40. 生産計画

ステップ 6

a) 「〜する」で動詞^{どうし}しても使われる名詞^{めいし} (2)

1.	規制	きせい	アメリカへの自動車の輸出を規制している。
2.	保護	ほご	貿易の保護主義^{しゅぎ}を心配^{しんぱい}する人が多い。
3.	負担	ふたん	世界の平和^{へいわ}のために日本もいろいろ負担しなければならない。
4.	販売	はんばい	来月から全国で新しい製品を販売する。
5.	検討	けんとう	A社は海外での生産を検討している。
6.	経営	けいえい	Aさんは店を経営している。
7.	減少	げんしょう	赤字が減少した。
8.	成長	せいちょう	アジア経済が成長すれば、世界が成長するそうだ。
9.	営業	えいぎょう	Aさんはすごい営業マンだ。
10.	供給	きょうきゅう	需要と供給のバランスを考えて生産する。

b) 接尾辞^{せつびじ} としてよく使われる漢字^{かんじ} (1)

11.	〜的	〜てき	経済的、技術的
12.	〜化	〜か	制度化、国際化
13.	〜性	〜せい	生産性、安全性^{あんぜん}
14.	〜比	〜ひ	前月比、前年同期比^{どう}
15.	〜率	〜りつ	成長率、税率
16.	〜増	〜ぞう	3%増、黒字200億円増
17.	〜減	〜げん	30%減、赤字20億円減

c) よく使われる動詞^{どうし} (1)

18.	比べる	くらべる	前の月と比べる。
19.	増える	ふえる	3%増えた。
20.	減る	へる	30%減った。

VOCABULARY IN ENGLISH

a) Nouns Which Can Become Verbs with Suru-endings (2)
1. rule, regulation
2. protection
3. burden
4. selling, sale
5. examination, consideration
6. management
7. decrease
8. growth
9. business, sales
10. supply

b) Kanji Frequently Used as Suffixes (1)
11. a suffix which makes a noun an adjective

12. a suffix which indicates a process of change
13. a suffix which indicates the nature of something
14. percentage, compared to
15. rate
16. increase
17. decrease

c) Frequently Used Verbs (1)
18. compare
19. increase
20. decrease

― ミニコラム ―

略語 (略)

　新聞ではたくさん略語が使われます。略語の場合、記事の始めの方に必ず何の略か書いてあります。たとえば、全国銀行協会 (全銀協) と書いてあり、以下、全銀協で記事が進みます。その略語が一般化すると、略語だけで通じるようになります。都銀 (都市銀行)、生保(生命保険) などがその例です。

読む練習
<ruby>読<rt>れんしゅう</rt></ruby>

1. 輸出入の規制

2. 規制が多い。

3. 企業経営

4. 貿易を保護する。

5. 自然保護

6. 販売部

7. 販売会社 (販社)

8. 通信販売 (通販)

9. 検討委員会で検討中。

10. 新しい事業計画を検討する。

11. 企業が電話料金を負担する。

12. 経営者

13. 経営コンサルタント

14. 経済成長率

15. 高度経済成長
   こうど

16. 販売計画

17. 需要と供給

18. エネルギーの供給

19. 日本的経営

20. 世界的

21. 工業化

22. 経済のサービス化

23. 国際的

24. 国際化

25. 国際性

26. 生産性を上げる。

27. 前年度比

28. 倍増する。

29. 半減する。

30. 3.7% 増

31. 0.9% 減

32. 安い輸入品が増える。

33. 負担が増える(負担増)。

34. 営業所

35. 通信事業は成長産業と言われる。

36. 電化

37. 証券化

38. 黒字化

39. 長期化

40. 企業化できるかどうか調査する。

41. 計画的に行う。

42. 計画性がない。

22

ステップ 7

a) 「～する」で動詞しても使われる名詞 (3)

1.	実施	じっし	新制度は来年度から実施されることに決定した。
2.	協力	きょうりょく	米との技術協力により、生産性が高くなった。
3.	融資	ゆうし	銀行から融資を受けて、設備投資を行う。
4.	利用	りよう	ポケットベルを利用する人が今後も増えるだろう。
5.	交渉	こうしょう	労働者側は、経営者と給料引き上げについて交渉している。
6.	消費	しょうひ	消費者のニーズに合わせて製品を開発する。
7.	開放	かいほう	A国は金融市場の開放を求めている。
8.	改革	かいかく	金融制度を改革する。
9.	決定	けってい	次の環境会議はストックホルムで開かれることに決定した。
10.	合意	ごうい	A社はB社との開発計画に合意した。

b) 接頭辞としてよく使われる漢字 (1)

11.	新～	しん～	新製品開発
12.	旧～	きゅう～	旧東ドイツ
13.	対～	たい～	対米黒字
14.	総～	そう～	総人口
15.	再～	さい～	再調査
16.	第～	だい～	第4回国際会議
17.	不～	ふ～	不景気
18.	同～	どう～	同社、同時
19.	最～	さい～	最低、最大
20.	全～	ぜん～	全企業、都銀全行
21.	高～	こう～	高金利
22.	低～	てい～	低金利、低水準
23.	大～	だい～	大企業

24. 副〜　ふく〜　副社長

25. 非〜　ひ〜　非売品（ばいひん）

26. 数〜　すう〜　数社、数人

VOCABULARY IN ENGLISH

a) Nouns Which Can Become Verbs with Suru-endings (3)
1. execution, carrying out (of something)
2. cooperation, collaboration
3. financing
4. use
5. negotiation
6. consumption
7. opening, release, liberation
8. reform
9. decision
10. agreement

b) Kanji Frequently Used as Prefixes (1)
11. new
12. old, former
13. against, with
14. total, entire
15. again, re ~
16. prefix which creates a cardinal number
17. prefix which makes a word negative
18. the same, the above-mentioned
19. the most ~, ~ est — prefix which creates a superlative form
20. all, the whole
21. high
22. low
23. large
24. vice, deputy
25. prefix which makes a word negative: non-, un-
26. several, some

読む練習
<small>れんしゅう</small>

1. 調査を実施する。
2. 実施計画
3. 開発実施基準
4. 各国が協力する。
5. 協力者
6. 多くの国が協力的だった。
7. 融資を受ける。
8. クレジットカードのサービスを利用する。
9. 利用者
10. ボーナスについて交渉する。
11. 日米貿易交渉
12. 消費者を保護する。
13. エネルギーを消費する。
14. 市場を開放する。
15. 市場開放政策
16. 制度を改革する。
17. 経営改革を行う。
18. 政策を決定する。
19. 来年度の年間計画が決定した。
20. 企業間で協力することで合意した。
21. 自動車輸出規制について日米間で合意した。
22. 新制度
23. 旧制度
24. 新旧制度
25. 新事業
26. 対米貿易黒字
27. 対日貿易赤字
28. 対外政策
29. 総利益
30. 総売上げ
31. 国内総生産 (GDP)
32. 再開発
33. 再検討
34. ゴミの再利用
35. 第三者
36. 非生産的
37. 不経済
38. 不利益
39. 同氏
40. 同年度
41. 高成長
42. 大事業
43. 大会社
44. 全商品
45. 全社的な運動
46. 最小販売数
47. 副大統領
48. 低開発国
49. 数カ国
50. 数十人

ステップ 8

a) 「〜する」で動詞しても使われる名詞 (4)

1.	競争	きょうそう	日本のビール業界は競争が激しい。
2.	強化	きょうか	フロンガス規制がさらに強化されることになった。
3.	増加	ぞうか	輸出用 VTR の生産は年々増加している。
4.	影響	えいきょう	A社の事業拡大は他社のシェアに大きく影響している。
5.	雇用	こよう	サミットでも雇用問題について話し合われる。
6.	調整	ちょうせい	日米欧の代表によって意見調整が行われた。
7.	提携	ていけい	日本の大手メーカーA社は米B社と技術提携することで合意した。
8.	運用	うんよう	資金を運用して株を買う。
9.	削減	さくげん	広告費は 20% 削減された。
10.	管理	かんり	工場のラインをコンピュータで管理する。

b) 接尾辞としてよく使われる漢字 (2)

11.	〜感	〜かん	安心感
12.	〜側	〜がわ	労働者側
13.	〜型 (型)	〜かた	新型、大型
14.	〜圏	〜けん	首都圏
15.	〜系	〜けい	外資系、日系
16.	〜台	〜だい	自動車を一千万台生産する。
			貿易黒字が一千億ドル台になった。
17.	〜倍	〜ばい	売上高は二倍になった。
18.	〜割	〜わり	二割〜三割引きの大安売り
19.	〜量	〜りょう	輸入量
20.	〜数	〜すう	販売数
21.	〜回	〜かい	第一回
22.	〜高	〜だか	売上高
23.	〜額	〜がく	投資額

24. ～金　　　　～きん　　売上金

25. ～税 (税、税金)　～ぜい　　消費税

26. ～費　　　　～ひ　　　通信費　cf.) 費用

ひょう

VOCABULARY IN ENGLISH

a) Nouns Which Can Become Verbs with Suru-endings (4)
 1. competition
 2. strengthening
 3. increase
 4. influence
 5. employment
 6. adjustment, coordination
 7. tie-up, cooperation
 8. use, operation, utilization
 9. reduction, cutting back
 10. control, management

b) Kanji Frequently Used as Suffixes (2)
 11. ~ feeling, feeling of ~
 12. ~ side (as in the management side during negotiations with the labor side)
 13. type, form, model
 14. area, range
 15. a suffix denoting origin, lineage
 16. unit for counting vehicles and machines, number range
  The term *dai*, used in articles in economic journals, newspapers, and elsewhere implies complex ranges of numbers. For example, in the stock market, a certain issue moving at the *1000 en dai* means that it is moving in the 1000–1099 yen range. However, in other situations, this term can mean the 1000–1999 yen range. In currency exchange market, the *100 en dai* refers to the 100–100.99 yen range. In other contexts, this term can mean the 100–199 yen range. Therefore it is important that readers understand the context.
 17. ~ times (as many), ~ fold
 18. ten percent
 19. amount, volume
 20. number of ~
 21. ~ time(s)
 22. amount
 23. amount of money
 24. money
 25. tax
 26. cost, expense

読む<ruby>練習<rt>れんしゅう</rt></ruby>

1. 販売競争
2. 輸出強化
3. 規制を強化する。
4. 経済関係の強化
5. 人口増加
6. ゴミの増加
7. 円高の影響を受ける。
8. 大きな影響がある。
9. 影響が出てきた。
10. スケジュールの調整
11. 雇用調整が行われる。
12. サラリーマンの税金の年末調整
13. やめたAさんを再雇用する。
14. 事業提携
15. A社と販売提携することになった。
16. <ruby>先高感<rt>さきだか</rt></ruby>
17. <ruby>先安感<rt>さきやす</rt></ruby>
18. 資金運用
19. マンションの管理費
20. 管理人
21. 経営者側
22. 労働者側
23. 96年型テレビ
24. お金を管理する。
25. 圏外
26. 東アジア圏
27. 英語圏から来た人
28. 日系企業
29. フランス系カナダ人
30. 数量
31. 生産量
32. ビールの消費量
33. VTRの生産を倍増する。
34. 企業数
35. 数回調査が行われた。
36. 自動車の総販売台数が二年ぶりに増加した。
37. 2.5倍
38. 数十倍
39. 十数倍
40. 輸出額
41. 融資額
42. 出来高
43. 会費
44. 設備費
45. 広告費が増える。
46. 全額
47. 半額セール
48. 高額商品がよく売れる。
49. 保険金を受け取る。

───────── ミニコラム ─────────

「～数」と「数～」

　会社数は会社の<ruby>数<rt>かず</rt></ruby>、人数は人の<ruby>数<rt>かず</rt></ruby>です。数社は2、3（または5、6）の会社、<ruby>数人<rt>すうにん</rt></ruby>は2、3（または5、6）人です。

ステップ 9

a) 「〜する」で動詞としても使われる名詞 (5)

1.	導入	どうにゅう	新しい輸入規制が導入された。
2.	協議	きょうぎ	金利の自由化について協議されている。
3.	要求	ようきゅう	消費者は輸入品の値下げを要求している。
4.	発行	はっこう	証券を発行する。
5.	進出	しんしゅつ	中国に進出する外国企業は増えている。
6.	設立	せつりつ	A 社は金融子会社を設立する。
7.	申請	しんせい	地下鉄料金の値上げが申請された。
8.	懸念	けねん	政府も急な金利上昇を懸念している。
9.	支援	しえん	通産省は電気自動車の開発を支援している。
10.	上昇	じょうしょう	今年度の成長率は数ポイント上昇するらしい。

b) 接尾辞としてよく使われる漢字 (3)

11.	〜株 (株)	〜かぶ	持ち株、成長株、自社株
12.	〜法 (法)	〜ほう	銀行法、利用法　cf.) 法律
13.	〜策	〜さく	支援策、強化策
14.	〜案 (案)	〜あん	法案、A 案
15.	〜権	〜けん	販売権、人権　cf.) 権利
16.	〜点 (点)	〜てん	問題点、合意点
17.	〜用	〜よう	工業用ミシン、ゲーム用ソフト
18.	〜力	〜りょく	影響力、技術力
19.	〜品	〜ひん	輸入品、ブランド品　cf.) 品物
20.	〜別	〜べつ	国別、産業別
21.	〜製	〜せい	外国製、アルミ製
22.	〜業	〜ぎょう	工業、サービス業
23.	〜職	〜しょく	管理職、技術職

VOCABULARY IN ENGLISH

a) Nouns Which Can Become Verbs with Suru-endings (5)
1. introduction (of something into a system or an organization)
2. conference, discussion
3. demand
4. issue
5. branch out, go into
6. establishment
7. application
8. worry, concern
9. support
10. rise, increase

b) Kanji Frequently Used as Suffixes (3)
11. stock, share
12. law, way, regulation
13. policy
14. proposal, plan
15. right
16. point
17. for
18. strength, ability, power
19. good(s)
20. classified by ~, for each ~
21. made in ~, made of ~
22. ~ industry
23. used as a suffix for job classification

読む練習

1. 最新の設備を導入する。
2. 米国から導入した技術
3. 貿易問題を協議する。
4. 協議会
5. 新株を発行する。
6. 会社設立
7. 現地法人を設立する。
8. Ａ社はサービス業に進出する。
9. 海外進出
10. Ａ国に市場開放を要求する。
11. 上昇率
12. Ａ国の支援策を協議する。
13. 技術支援を行う。
14. 経済への影響を懸念
15. 1日の出来高は9億5000万株
16. ハイテク株が買われた。
17. 強化策
18. 調整案
19. 改革案
20. 交渉権
21. 開発権
22. 決定権は社長にある。
23. 外国人用
24. 女性用
25. スポーツ用ドリンク
26. 営業力
27. 経済力
28. 競争力
29. 資金力
30. 漢字の運用力をつける。
31. スポーツ用品
32. 人口を地域別に調べる。
33. 産業別労働者人口
34. スチール製カン
35. 米国製スパコン(スーパーコンピュータ)
36. 韓国製自動車
37. 金融業
38. パスポートを申請する。
39. 申請者
40. 要求額

ステップ 10

a) 「〜する」で動詞としても使われる名詞 (6)

1.	建設	けんせつ	新空港の建設が決まった。
2.	研究	けんきゅう	各社とも研究開発費が増えている。
3.	整備	せいび	金融自由化のためには法を整備しなければならない。
4.	対応	たいおう	政府はコメ不足への対応策を検討している。
5.	判断	はんだん	景気のピークを判断することは難しい。
6.	採用	さいよう	景気が悪くなると女性の採用を減らす企業が多い。
7.	製造	せいぞう	製造業は設備投資を増やしている。
8.	確保	かくほ	長期的にエネルギーをどのように確保するかが問題だ。
9.	報告	ほうこく	A委員会は新しい基準が必要との報告書をまとめた。
10.	受注	じゅちゅう	建設業界の受注競争は激しい。

b) 値段や価格に関することば

11.	上がる／下がる	あがる／さがる
12.	上げる／下げる	あげる／さげる
13.	値段	ねだん
14.	値上がり／値下がり	ねあがり／ねさがり
15.	値上げ／値下げ	ねあげ／ねさげ
16.	価格	かかく
17.	高値／安値	たかね／やすね
18.	価値	かち
19.	付加価値	ふかかち
20.	物価	ぶっか
21.	株価	かぶか
22.	定価	ていか
23.	地価	ちか

値段

値段が上がることを値上がりすると言う。　また値段を上げることを値上げすると言う。経済記事では値段のかわりに価格ということばが使われる。価格は需要と供給のバランスによって決まる。

株や相場の場合、値段を値と言い、一番高い値が高値、反対は安値である。

VOCABULARY IN ENGLISH

a) Nouns Which Can Become Verbs with Suru-endings (6)
1. construction
2. research
3. preparation
4. handling (of something), coping with, dealing, address (an issue)
5. judgement
6. employment, adopt
7. manufacture
8. securing (supplies, resources, funds, etc.)
9. report
10. receiving orders

b) Vocabulary Related to Prices
11. go up/down, rise/fall
12. raise/lower, boost/cut, increase/decrease
13. price
14. price rise/fall, price increase/reduction
15. raising a price/lowering a price
16. price
17. high price/low price
18. value
19. added value
20. price (of goods), commodity price
21. stock price
22. marked price, set price
23. land price

読む練習
_{れんしゅう}

1. ビル建設

2. 建設省

3. 製造販売

4. 製造業

5. 非製造業

6. 研究所

7. 営業資金を確保する。

8. 雇用を確保

9. 建設業

10. 研究報告をする。

11. 報告を受ける。

12. 電話料金の値上げを申請する。

13. 価値がある。

14. 物価高

15. 物価上昇率

16. 株価の値上がり

17. 定価で売る。

18. 定価の3割引き

19. 価格競争

20. 最高値

21. 最安値

22. 平均株価

23. 新年度の採用者数を削減する。

24. 日米のスーパーコンピュータの受注台数を比べる。

25. 判断力

26. 地価の上昇

27. 米側の対応

28. 全国通信事業整備計画

29. 高付加価値商品

30. 研究開発費が増えた。

31. 輸入品の値下がり

32. 日本の物価水準は米の1.59倍。

33. 価格規制にメスを入れる。

34. 物価は安定している。

35. 消費者物価が上昇。

36. 価格カルテル

37. 市場を確保する。

38. 大手建設会社

39. 製造年月日
_{がっぴ}

40. 受注増

41. 値段を決める。

42. 半値で売る。

ステップ 11

a) 「～する」で動詞<ruby>動詞<rt>どうし</rt></ruby>としても使われる名詞<ruby>名詞<rt>めいし</rt></ruby> (7)

1.	改正	かいせい	九月から銀行法が改正される。
2.	参入	さんにゅう	日本市場への参入が検討されている。
3.	評価	ひょうか	Ａさんは仕事を社長に評価され、部長になった。
4.	期待	きたい	Ａ社、Ｂ社間の年内<ruby>年内<rt>ねんない</rt></ruby>合意が期待されている。
5.	要請	ようせい	Ａ国政府の要請で技術支援が行われた。
6.	批判	ひはん	税の制度に対する批判が高まっている。
7.	買収	ばいしゅう	Ａ社は米ホテルを次々に買収している。
8.	売却	ばいきゃく	赤字が出たので株を売却しなければならない。
9.	予想	よそう	先進各国とも経済成長率が低いことが予想される。
10.	契約	けいやく	ＡさんはＢ社と二年間の雇用契約を結<ruby>結<rt>むす</rt></ruby>んだ。

b) 形容詞<ruby>形容詞<rt>けいようし</rt></ruby>としてよく使われることば (1) 「～な」

11.	自由	じゆう	自由に意見を言う。
12.	必要	ひつよう	会社設立に必要な資金を集<ruby>集<rt>あつ</rt></ruby>める。
13.	明らか	あきらか	今期は明らかに赤字だ。
14.	大幅	おおはば	大幅な値下げを実施した。
15.	主要	しゅよう	大蔵省は主要な都銀、地銀 (地方銀行) の首脳を集めて協議した。
16.	可能	かのう	技術開発により農業<ruby>農業<rt>のうぎょう</rt></ruby>の工業化が可能になった。
17.	好調	こうちょう	新製品の売れ行<ruby>行<rt>ゆ</rt></ruby>きは好調だ。
18.	有効	ゆうこう	黒字を減<ruby>減<rt>へ</rt></ruby>らすのに一番有効な方法は内需<ruby>内需<rt>ないじゅ</rt></ruby>拡大である。
19.	新た	あらた	新たに通信事業に参入する。
20.	慎重	しんちょう	慎重に協議した結果、国連<ruby>国連<rt>こくれん</rt></ruby> (U.N.) の要請に応<ruby>応<rt>おう</rt></ruby>じることになった。
21.	透明	とうめい	お金の流<ruby>流<rt>なが</rt></ruby>れを透明にする。
22.	重要	じゅうよう	Ａ国との交渉は重要な時期<ruby>時期<rt>じき</rt></ruby>に入った。
23.	安全	あんぜん	資金を安全に運用する方法を検討する。

24. 不安　　ふあん　　申請が通るかどうか不安だ。
25. 公正　　こうせい　　公正な取引をするよう求められている。
26. 深刻　　しんこく　　大企業の海外進出は地方に深刻な影響を与えている。
27. 特別　　とくべつ　　特別な委員会を作って、慎重に調査する。

VOCABULARY IN ENGLISH

a) Nouns Which Can Become Verbs with
   Suru-endings (7)
   1. revision
   2. entrance, participation
   3. evaluation, appreciation
   4. expectation
   5. request
   6. criticism
   7. acquisition, purchase
   8. selling, selling off
   9. forecast
   10. contract

b) Frequently Used Adjectives (1)
   11. free, liberal
   12. necessary

13. obvious/clear (that something has happened)
14. large, substantial
15. major
16. possible
17. well (in good condition), favorable
18. valid, effective
19. new
20. careful, prudent
21. clear, transparent
22. important
23. safe
24. uneasy, worrisome
25. fair
26. serious
27. special

── ミニコラム ──

「々」
　「々」は漢字ではありません。でもいつも漢字といっしょに使われて、同じ漢字をもう一度くりかえすという記号です。たとえば、人々、年々、次々など。

読む練習
<ruby>読<rt>れんしゅう</rt></ruby>

1. 法の改正
2. 通信市場に参入する。
3. 技術が高く評価される。
4. 需要拡大に強い期待。
5. 政府の要請で調査する。
6. 批判的な見方
7. 国際的な批判
8. 買収計画を発表する。
9. Ａ社がＢ社を買収する。
10. 買収金額を明らかにする。
11. 工場を売却する。
12. 株売却
13. 売却方法
14. 消費拡大が予想される。
15. 技術提携の契約
16. 貿易自由化
17. 金利自由化
18. 再検討が必要だ。
19. 新たなプロジェクトの可能性
20. 慎重に対応する。

21. 新たに２カ年計画を立てる。
22. 大幅な値下げ
23. 大幅な輸出増加
24. 主要商品の売上げは好調。
25. 市場参入の可能性を調査する。
26. 資金を有効に運用する。
27. 景気の不透明感
28. 今期は米国子会社の好調が期待される。
29. 重要な問題
30. 経営改革の重要性
31. 安全基準
32. 景気不安
33. 公正に判断する。
34. 公正取引委員会 (公取委)
35. 深刻な値上がり
36. 特別な設備が必要。
37. 特別に融資を受ける。
38. VTR の輸出が好調なので生産を倍増する。

ステップ 12

a) 「〜する」で動詞としても使われる名詞 (8)

1.	上場	じょうじょう	A社もまもなく株式市場に上場するだろう。
2.	展開	てんかい	新製品の販売は夏には全国展開する予定だ。
3.	安定	あんてい	A国政府は年率3%の安定成長を目指している。
4.	参加	さんか	世界人口会議にA国も参加することになった。
5.	規定	きてい	大型小売店は法で店の大きさを規定されている。
6.	統合	とうごう	ECが統合され、ヨーロッパは一つになった。
7.	審議	しんぎ	通信事業の自由化については委員会で審議する。
8.	調達	ちょうたつ	必要な資金を証券市場から調達する。
9.	指摘	してき	日本市場はまだまだ開放が不十分だという指摘もある。
10.	推進	すいしん	社長は事業拡大計画をさらに推進すると述べた。

b) 副詞または接続表現としてよく使われることば (1)

11.	初めて	はじめて	A社が初めて黒字となったのは10年前だ。
12.	一部	いちぶ	海外への投資計画を一部再検討する予定だ。
13.	全体	ぜんたい	今年に入って景気は全体として良くなっている。
14.	程度	ていど	円高により貿易黒字がある程度減少した。
15.	現在	げんざい	現在検討中の対ロ支援策は、23日現在まだ決定さ
	(現〜)	(げん〜)	れていない。
16.	一般	いっぱん	一般に金利が安くなれば、お金が借りやすくなる。
17.	今後	こんご	今後競争が激しくなると思われる。
18.	当初	とうしょ	この計画は当初予想された以上に時間がかかった。
19.	特に	とくに	製造と販売の協力が増えている。特にPB (プライ
			ベートブランド)商品の開発が盛んに行われている。
20.	一方	いっぽう	円高により輸出が減少した。一方国内の需要も期
			待できない。
21.	中	なか	雇用が悪化している中、各社とも採用を低めにお
			さえている。

VOCABULARY IN ENGLISH

a) Nouns Which Can Become Verbs with Suru-endings (8)
1. listing (on a stock exchange)
2. development
3. stability
4. participation
5. regulation
6. unification
7. discussion
8. supply, to obtain, to supply goods or money, to raise money (for something)
9. to point out, to indicate
10. promotion

b) Frequently Used Adverbs and Conjunctive Expressions (1)
11. the first time
12. partly, partially
13. on the whole, as a whole, generally
14. extent, degree
15. at present, currently
16. in general, generally
17. from now on, hereafter, henceforth
18. at first, initially, in the beginning
19. especially, particularly, in particular
20. on one/the other hand, while
21. amidst

読む練習
<ruby>読<rt>れんしゅう</rt></ruby>

1. 上場企業
2. 第一部上場企業
3. キャンペーンを全国に展開する。
4. エネルギーの安定的供給
5. 年間を通して価格が安定している。
6. サミットに参加する。
7. 参加国
8. 販売規定
9. 欧州市場の統合
10. 事業所を統合する。
11. 審議会
12. 〜について審議する。
13. 資金調達
14. 調達の仕事にたずさわっている。
15. 再調査の必要性が指摘されている。
16. 新事業を推進する。
17. 推進計画
18. 会社を設立して初めて黒字となった。
19. 初めての女性大臣（だいじん）
20. 一部↔全部
21. 一部制限する。
22. 一部開放する。
23. 一部改正する。

24. 全体として
25. 全体的
26. 程度が高い／低い。
27. 100万円程度の減
28. 現在の問題
29. 前社長と現社長は兄弟（きょうだい）。
30. 一般的
31. 一般人（じん）
32. 一般の会社
33. 今後の計画
34. 今後の動きを予想する。
35. 当初の案
36. 当初の計画
37. 競争が激（はげ）しくなっている現在、ある程度の値下げは必要だ。
38. 不景気が続く中、利益が増えている企業もある。
39. 特に付加価値の高い商品が売り上げをのばしている。
40. 国内での売上高が減少している一方で、アジアへの輸出は拡大している。
41. ダイヤモンドの価値は上がる一方だ。

ステップ 13

a) よく使われる名詞 (5)

1.	小売	こうり	円高により、輸入品は小売価格がいくらか安くなった。
2.	分野	ぶんや	A社は新しい分野に進出した。
3.	資本	しほん	あの会社の資本金は40億だ。
4.	社会	しゃかい	日本は管理社会であると言う人もいる。
5.	為替	かわせ	A氏は大手都市銀行の外国為替部で働いている。
6.	部門	ぶもん	どこの会社も営業部門を強化している。
7.	規模	きぼ	会社設立以来、最大規模の雇用調整が行われるらしい。
8.	農業	のうぎょう	将来の日本の農業について考えるシンポジウムに参加した。
9.	方針	ほうしん	首相は97年以降、税率をアップする方針を明らかにした。
10.	民間	みんかん	消費税引き上げについて民間の意見を聞く。

b) 副詞または接続表現としてよく使われることば (2)

11.	一段と	いちだんと	牛肉は一段と値下がりしている。
12.	将来	しょうらい	将来、エネルギーが不足すると考えられている。
13.	一時	いちじ	円は一時105円45銭まで値下がりした。
14.	従来	じゅうらい	従来の農業政策を変えなければコメ問題はなくならないだろう。
15.	例えば	たとえば	日本的経営 (例えば終身雇用制度など) も、これからだんだん変わっていくだろう。
16.	以外	いがい	A社以外、みな利益が1割−2割減となった。
17.	場合	ばあい	金利が上昇した場合、インフレ懸念が広がるだろう。
18.	以来	いらい	金利が自由化されて以来、各銀行は新商品の開発に力を入れている。

19.	以降	いこう	消費税率は平成 8 年以降、上がるかもしれない。
20.	～時	～じ	円は昨年のピーク時には 102 円台になった。
21.	際	さい	先進国首脳会議の際、雇用問題についても話し合われた。

VOCABULARY IN ENGLISH

a) Frequently Used Nouns (5)
1. retail
2. field (of interest, study, etc.)
3. capital
4. society
5. currency market, foreign exchange
6. section, department
7. scale
8. agriculture
9. policy, direction
10. private sector

b) Frequently Used Adverbs and Conjunctive Expressions (2)
11. considerably, greatly
12. in the future
13. at one stage, temporarily, at one point (in time)
14. until now
15. for example
16. except for ~, with the exception of ~
17. in the case where ~, if ~
18. since
19. since, after
20. when ~
21. on the occasion of ~, when (something occurred)

読む練習

1. 小売店を経営する。
2. ガット分野別協議
3. 資本家
4. 資本提携
5. 社会人
6. 社会問題
7. 社会に出る。
8. 会社も一つの社会である。
9. 為替相場
10. 為替レート
11. 管理部門
12. 規模が大きい。
13. 大規模↔小規模
14. 農業交渉
15. 農業の工業化
16. 経営方針
17. 民間企業
18. 民間人
19. 民間の銀行↔政府系の銀行・金融機関
20. かかる金は時と場合によって違う。

21. A 社の場合
22. A 社が融資を受ける場合
23. 会社設立以来、A 銀行と取引がある。
24. 日本へ来て以来、毎日、新聞の経済面に目を通すようになった。
25. 一段の円高
26. 一段と円が高くなる。
27. 一時の円安
28. 一時的な円安
29. 輸入の際の保険
30. 契約する際の問題点
31. 従来の方法
32. 従来一本 1500 円のワインが、現在、800 円で売られている。
33. エネルギー問題の将来を考える。
34. 将来性のある会社
35. 93 年 9 月以降、A 社の株価が上がり続けている。
36. 二月以外は利益を確保
37. 日本の自動車会社、例えばトヨタ、日産、本田

ステップ 14

a) よく使われる名詞 (6)

1.	対象	たいしょう	サラリーマンを対象にアンケート調査が行われた。
2.	総合	そうごう	総合エネルギー調査会ではガス料金の見直しに関する報告書をまとめた。
3.	債務	さいむ	ある国では債務が増える一方である。
4.	基本	きほん	電話の基本料金は必ず負担しなければならない。
5.	共同	きょうどう	このエンジンは日米が共同で開発したものである。
6.	個人	こじん	個人投資家が売り始めたようだ。
7.	情報	じょうほう	海外市場の情報を集める。
8.	関税	かんぜい	関税引き下げが決まった。
9.	決算	けっさん	決算期になり、各社とも大忙しである。
10.	部品	ぶひん	円高のため外国の子会社から部品を買うことになった。

b) よく使われる動詞 (2) (テ形で特によく使われるもの)

11.	対して	(対する)	たいして	アメリカは日本に対して関税引き下げを要求している。
12.	向けて	(向ける)	むけて	ヨーロッパに向けてビデオを輸出する。
13.	関して	(関する)	かんして	食品の輸入拡大に関してはまだまだ問題が多い。
14.	伴って	(伴う)	ともなって	コメ輸入の自由化に伴って食品安全基準を再検討する。
15.	含めて	(含める)	ふくめて	実施時期を含めて新制度について協議した。
16.	除いて	(除く)	のぞいて	今年7月までに一部を除いて支援をやめることになった。
17.	加えて	(加える)	くわえて	低金利に加えて地価も安定しているので、マンションがよく売れている。
18.	通じて	(通じる)	つうじて	インターネットを通じて情報を集める。

19. 巡って （巡る）　めぐって　コンピュータの小売価格を巡ってＡ社
とＢ社の競争が一段と激しくなった。

20. 基づいて(基づく)　もとづいて　サミットの合意に基づいて雇用の安定に
努力する。

21. 応じて （応じる）　おうじて　経営者側は労働者側の要求に応じられな
いと答えた。

22. 踏まえて(踏まえる)　ふまえて　調査結果を踏まえて、対策を決める。

23. 受けて （受ける）　うけて　首脳会議での合意を受けて新たな環境保
護策の検討を始めた。

24. 沿って （沿う）　そって　通産省のガイドラインに沿って、今回協
会は自主ルールをまとめた。

VOCABULARY IN ENGLISH

a) Frequently Used Nouns (6)
1. target
2. general, comprehensive
3. debt
4. basis, fundamental
5. combination, collaboration, joint
6. individual
7. information
8. customs duty
9. closing (of corporate books), settlement of accounts
10. part

b) Frequently Used Verbs (2) (Often used with te-forms)
11. against, towards

12. towards, aiming at
13. in relation to, regarding
14. accompanying, along with
15. including
16. except for, excluding
17. in addition to
18. through
19. about, concerning
20. based on
21. accommodating, in response to, in proportion to
22. taking ~ into account
23. ~ responding to, following
24. following, to go along with

読む練習

1. 調査対象
2. 女性を対象とした商品開発
3. 債務が増えた。
4. 総合開発
5. 総合建設会社 (ゼネコン)
6. 債務者
7. 基本的合意
8. 共同開発
9. 共同プロジェクト
10. 共同経営
11. 個人消費
12. 個人で輸入する。

13. 情報・通信事業

14. 情報化社会

15. 個人情報

16. 関税引き下げ

17. 98年3月期決算

18. 決算発表

19. 決算報告書

20. 部品調達

21. 部品を製造する。

22. 関税率を下げる。

23. サラリーマンを対象とした副業セ
    ミナー

24. A国の日本に対する影響力は大きい。

25. 新聞広告を通じ、広く知られている。

26. 来年のビジネスショーに向けて計
    画をたてる。

27. ガソリンを巡る価格競争

28. 自然保護に関する規制を強化した。

29. 国際基準に基づく製品開発

30. 海外進出に伴うリスクをできるだ
    け少なくする。

31. A社を含め、大手4社が合意した。

32. A社を除く大手4社が合意した。

33. 融資部門に加え、外国為替部門の
    強化が期待されている。

34. A国はB国の要求に応じる方針。

35. 消費者の期待に沿った価格

36. 民間グループの要請を受けて調
    査する。

37. 調査の結果を踏まえ、慎重に検
    討する。

─── ミニコラム ───

テ形でよく使われる動詞

　ここにあることばは基本的には動詞ですから、

～テ形＋……V　　A社を除いて、大手4社が合意した。

～マス形、＋……V　A社を除き、大手4社が合意した。

～ル形＋N　　　　A社を除く大手4社が合意した。　　の形があります。

～タ形＋N　　　　A社を除いた大手4社が合意した。

終わりの形　　　　ほとんどの大手(A社を除く)が合意した。

　ただしル形＋N、タ形＋Nの次の場合は注意しましょう。(◎はよく使われる)

　┌～向けのN(◎)　　　～向けN(◎)

　│～に向けるN(ほとんど使われない)

　└～に向けたN(○)

　┌～を含めるN(ほとんど使われない)

　│～を含めたN(○)

　└～を含むN(◎)

　また「巡って」などは、ひらがなで書かれることもあります。

ステップ 15

a) よく使われる名詞 (7)

1.	業務	ぎょうむ	A社とB社は来年度から業務提携をすることになった。
2.	対策	たいさく	政府は今回の急な円高に対する対策を発表した。
3.	環境	かんきょう	環境問題についての国際会議が開かれる。
4.	業種	ぎょうしゅ	業種別の労働者人口を調査する。
5.	協定	きょうてい	74年に日中貿易協定を結んだ。
6.	保険	ほけん	保険会社は大きな資金を運用している。
7.	姿勢	しせい	最近の産業界の投資に対する姿勢は10年前とはかなり違ってきた。
8.	実績	じっせき	各社の昨年度の販売実績が発表される。
9.	関連	かんれん	A社は、本社をスリム化しつつ関連会社を増やして、グループ全体を拡大する経営方針を取っている。
10.	中間	ちゅうかん	調査委員会は来月末までに中間報告をする予定だ。

b) よく使われる漢字一字の名詞

11.	声	こえ	海外から日本の国内需要の拡大を求める声が出ている。
12.	枠 (〜枠)	わく (〜わく)	A国は日本の輸入製品の枠の拡大を求めたが通産省は応じない方針。
13.	形	かたち	課長は結果を目に見える形で出してくれと言った。
14.	卸	おろし	日本では、製品はメーカー→卸→小売店→消費者へと流れる。
15.	損 (〜損)	そん (〜そん)	株で(利)益を出すこともあれば、損を出すこともある。
16.	恐れ	おそれ	景気低迷が長期化する恐れも出てきた。
17.	柱	はしら	Aコンピュータはサービス事業を大幅に拡大し、今後の事業の柱にする。
18.	手	て	A社は広告業にも手を広げた。

19. 差　　　　さ　　　　各国の関税率には差があるが、鉄鋼貿易の自由化
　　（〜差）　（〜さ）　　は進んでいる。　(cf.) 為替差益、為替差損

20. 例　　　　れい　　　A銀行が開発した新しい管理システムは、キャッ
　　　　　　　　　　　　シュカードを鍵として使う初めての例。

21. 春　　　　はる　　　新製品はこの春にも発売される予定だ。

22. 夏　　　　なつ　　　昨年の夏はビールの売り上げが史上最高となった。

23. 秋　　　　あき　　　ファッション業界では来年秋の新デザインが発表
　　　　　　　　　　　　された。

24. 冬　　　　ふゆ　　　冬になってもビールの消費量はあまり減っていない。

VOCABULARY IN ENGLISH

a) Frequently Used Nouns (7)
1. business
2. countermeasures
3. environment
4. type of industry or business
5. agreement
6. insurance
7. stance, posture, attitude
8. results, achievement
9. relation
10. interim, preliminary

b) Frequently Used Single Kanji Nouns
11. voice
12. frame

13. shape, form
14. wholesale
15. loss(es)
16. fear, concern(s)
17. pillar
18. hand
19. difference
　　(cf.) 為替差益 exchange profits
　　　　 為替差損 exchange losses
20. example
21. spring
22. summer
23. autumn
24. winter

――― ミニコラム ―――

春・夏・秋・冬について

春(しゅん)、夏(か)、秋(しゅう)、冬(とう) の音読みもおぼえてください。
たとえば、今春、今秋、来秋などはよく使われます。また、目で読む新聞の場合、「今夏」「来冬」なども使われますが、話しことばではほとんど使われません。テレビ、ラジオのニュースなどでは、この夏、この冬などは、今年の夏、来年の冬などと言います。

このステップからは、春、夏、秋、冬と昨、今、来の組み合わせでできたことばには、読み方をつけませんので、よくおぼえておいてください。

読む練習

1. 業務を拡大する。

2. 業務員

3. 業務用エレベーター

4. 政府の経済政策

5. 環境を整備する。

6. 自然環境

7. 業種の違う人が集まって話し合う
   パーティー

8. 主要業種

9. 日中貿易協定

10. 北米自由貿易協定

11. 保険金

12. 政府の慎重な姿勢

13. 実績のある会社

14. 販売実績

15. 前年度実績

16. 関連記事

17. 関連ニュース

18. A社の関連子会社

19. 中間管理職

20. 9月中間期決算

21. 批判の声

22. 輸入枠

23. 卸業

24. 卸売り

25. 差損↔差益

26. 差額

27. 恐れ→恐れる (V)

28. 手が足りない (人手が足りない)。

29. パソコンを手にいれる (入手する)。

30. 新事業に手を出す。

31. A社製品と輸入品はほとんど差
    がない。

32. 例外

33. 例年のサマーセール

34. 今年の春以降、売り上げが伸び
    ている。

35. A社との業務提携

36. 保険をかける。

37. 経済対策

38. 世界環境会議

39. 雇用環境がきびしくなっている。

40. 投資家の買い姿勢

41. 環境ビジネスが広がっている。

ステップ 16

a) よく使われる名詞 (8)

1.	見方	みかた	政府は、景気は緩やかな回復基調にあるとの見方を明らかにした。
2.	資産	しさん	土地や株などの資産を売って利益を出す。
3.	業績	ぎょうせき	社長は業績悪化の責任をとってやめることにした。
4.	責任	せきにん	今回の問題でどこに責任があるか明らかにする。
5.	収益	しゅうえき	将来に向けて、今後の収益をどう確保するか、経営者にリーダーシップが求められている。
6.	背景	はいけい	世界的なパソコン需要の拡大を背景に、A社の新型 PC は今年度も高い売り上げとなりそうだ。
7.	予算	よさん	わが国の予算はおよそ 77 兆円である。
8.	所得	しょとく	国民一人当たりの所得は約 2 万ドルである。
9.	目標	もくひょう	目標を決め、全社的な販売キャンペーンを展開。
10.	比率	ひりつ	資金はA社6、B社4の比率で負担することになった。

b) 景気に関することば

11.	状態	じょうたい		18.	悪化	あっか
12.	状況	じょうきょう		19.	後退	こうたい
13.	統計	とうけい		20.	横ばい	よこばい
14.	動向	どうこう		21.	低迷	ていめい
15.	見通し	みとおし		22.	好景気	こうけいき (好況)
16.	上向く	うわむく		23.	不景気	ふけいき (不況)
17.	回復	かいふく				

景気

景気ということばは経済の状態を表す。いろいろな統計やデータの分析によって、経済動向を調べ、将来の見通しが説明される。

景気が良くなるか悪くなるか、または同じ状態が続くかで、それぞれ回復す

る (上向く、拡大する)、悪化する (後退する)、横ばいというような言い方が使われる。

また、良くない状態が続くことを低迷するという。ニュアンスは少しずつ違うが、状態が良いか悪いかはわかると思う。

状態と同じような意味で、状況がある。不況、活況、好況などがよく使われる。

　　景気がいい↔景気が悪い

　　好景気↔不景気

　　好況 (こうきょう) ↔不況 (ふきょう)

VOCABULARY IN ENGLISH

a) Frequently Used Nouns (8)
1. view, viewpoint
2. fortune, asset(s), property
3. business performance
4. responsibility
5. profits, earning
6. background
7. budget
8. income
9. goal
10. ratio

b) Vocabulary Describing Economic Conditions
11. condition
12. situation
13. statistics
14. movement
15. outlook
16. to look upward, to turn upward
17. recovery
18. worsening
19. setback
20. flat
21. stagnation
22. favorable (business) conditions
23. recession

読む練習
<small>れんしゅう</small>

1. いろいろな見方 (様々な見方)
<small>さまざま</small>
2. 一方的な見方を批判する。
3. 資産家
4. 資産デフレ
5. Ａ社の業績
6. Ａ氏の業績が社会的に評価される。
7. 責任を取って社長をやめる。
8. Ａさんに責任がある。
9. 責任者 (責任を持つ人)
10. 収益が悪化する。
11. 予算案
12. 予算委員会
13. 予算を決める。
14. 所得税
15. 60年にＡ首相は所得倍増計画をかかげた。
16. 今後の見通し
17. 見通しが明るい。
18. 資本比率
19. 目標を決める。
20. 経済動向調査
21. 不況の長期化に伴い、各社は雇用調整を検討している。
22. パソコン生産は海外製部品の比率が高くなっている。
23. マンションなど民間需要の低迷が続く建設業界
24. デパートの法人需要が低迷している。
25. 景気回復が遅れている。
26. 紙・パルプ業界は価格が一段と上昇、企業収益も好調。
<small>かみ</small>
27. 製造物責任法
<small>ぶつ</small>
28. 中小企業の設備投資に対する都銀の融資が低迷している。
29. 雇用悪化
30. 個人消費が上向く。
31. 年間販売目標を決める。
32. 平均株価は3週間ぶりに1万8000円台を回復。

ステップ 17

よく使われる動詞 (3)

1. 求める	もとめる	政府に対して不況対策を強く求める。
2. 伸びる	のびる	公正な競争が行われると需要が伸びると言われる。
3. 進む	すすむ	A、B社間の話し合いが進んでいる。
4. 開く	ひらく	7ヵ国蔵相会議は通貨の安定を巡って来月5日からA市で開かれる。
5. 示す	しめす	通産省首脳は批判のあるハイビジョンに関して、今の開発体制を続けるべきだとの考えを示した。
6. 認める	みとめる	通産省は今のところ、ガソリンの輸入を認めない。
7. 上回る	うわまわる	A社は昨年度の経常赤字が前年度を5%上回り、36億円に達する見通しになったと発表した。
8. 下回る	したまわる	成長率は前年度を0.5%下回ることが明らかになった。
9. 狙う	ねらう	A社は米国進出を狙って、ホンコンでの投資事業に力を入れ始めた。
10. 広がる	ひろがる	日銀が一段の利下げに出るとの見方が広がっている。
11. 強まる	つよまる	金融機関支援に対する反対意見が強まる可能性がある。
12. 占める	しめる	中国での新事業の40%を外資系の企業が占めている。
13. 得る	える／うる	A社は新規事業で5000万円の利益を得た。
14. 目立つ	めだつ	テレビはVTRほどは回復が目立たないが、ワイドテレビは前年に比べ、伸び率が高い。
15. 高まる	たかまる	従来の制度に対する批判が高まる。
16. 増やす	ふやす	需要の伸びに対応して、生産を20%増やす。
17. 変わる	かわる	消費者の求めるものが物からサービスへ変わってきている。
18. 達する	たっする	車の今年度生産台数は1000万台に達する見込みだ。
19. 迫る	せまる	A社はここ数年急成長し、大手B社に迫っている。
20. 目指す	めざす	海外シェアの拡大を目指して、現地販売会社を設立した。

VOCABULARY IN ENGLISH

Frequently Used Verbs (3)

1. demand
2. grow, increase
3. progress, go forward, proceed
4. open
5. indicate, show
6. admit, recognize, approve
7. exceed
8. be less than
9. aim for, target
10. widen, spread
11. be strengthened
12. occupy, take up/account for (a certain percentage of the total)
13. receive, gain
14. stand out
15. heighten, build up, increase
16. increase
17. change
18. attain, reach
19. catch up with
20. aim for

読む練習
れんしゅう

1. 協力を求める。
2. 価格改正を求める。
3. 政府の判断を求める。
4. 売上げが伸びる。
5. 輸出が伸びる。
6. 需要が伸びる。
7. 開発が進む。
8. 計画が進む。
9. 研究が進む。
10. 予算委員会を開く。
11. 審議会が開かれる。
12. 小売店を開く。
13. 基本方針を示す。
14. 景気回復を示すデータ
15. 判断を示す。
16. 経営悪化を示している。
17. タクシー料金の値上げ申請を認める。
18. 平均を下回る。
19. 海外市場参入を狙う。
20. 消費拡大を狙った対策
21. ネットワークが広がる。
22. 融資枠が広がる。
23. 特に目立った影響は見られない。
24. 懸念が強まる。
25. A社製品が国内市場の70%を占めている。
26. 高い評価を得る。
27. 海外進出が目立ってきている。
28. 円高の影響が強まる。
29. 輸入品値下げの声が高まる。
30. 価格差が広がる。
31. 採用人数を増やす。
32. 雇用制度が変わりつつある。
33. 今後も経営方針は変わらない。
34. 開発の総事業費は65万ドルに達する。
35. シェア30%を目指す。
36. 東証二部上場を目指す。
37. 円相場は最高値に迫る。
38. 決算期が迫る。
39. 政府は新たな対応を迫られている。

自動詞・他動詞のまとめ (1)

1. 続く	つづく	続ける	つづける	貿易黒字が続く。／調査部は市場調査を続ける。
2. 出る	でる	出す	だす	利益が出る。／利益を出すために株を売る。
3. 増える	ふえる	増やす	ふやす	販売店が増える。／本社は販売店を増やす。
4. 伸びる	のびる	伸ばす	のばす	A社の売上が伸びている。／A社は売上を伸ばした。
5. 決まる	きまる	決める	きめる	A国へ進出することが決まった。／会議でA国へ進出することを決めた。
6. 開く	あく	開ける	あける	あの店は10時に開く。／あの店は10時に開けられる。
7. 売れる	うれる	売る	うる	日本製バイクがよく売れている。／スズキはバイクを100万台売った。
8. 進む	すすむ	進める	すすめる	技術が進む。／販売計画を進める。
9. 始まる	はじまる	始める	はじめる	先進国首脳会議があさってから始まる。／A店は来週から値下げを始める。
10. 広がる	ひろがる	広げる	ひろげる	景気は回復しているとの見方が広がっている。／オフィスを広げて大型コンピュータを導入する。
11. 見える	みえる	見る	みる	目標が見えてきた。／景気の動きをよく見る。
12. 強まる	つよまる	強める	つよめる	政府に対する要求が強まる。／政府は企業に対する規制を強める。
13. 入る	はいる	入れる	いれる	協会に入る。／外国企業も入れると、13社がコンペに参加する。
14. 高まる	たかまる	高める	たかめる	政府の支援に対して批判が高まる。／出資比率を高める。
15. 変わる	かわる	変える	かえる	あの会社は社長が変わった。／バブル後、経営方針を変えた。

16. 減る	へる	減らす	へらす	赤字が減った。／赤字を減らすようがんばる。
17. 合う	あう	合わせる	あわせる	意見が合わない。／参加者全員が力を合わせた。
18. 下がる	さがる	下げる	さげる	株価が下がる。／Ａ株は値を下げた。
19. 上がる	あがる	上げる	あげる	値段が上がる。／Ａ社は商品の値段を上げる。
20. 加わる	くわわる	加える	くわえる	Ａ国もOECDに加わる。／Ａ社を加えた6社が参加した。

Intransitive Verbs and Transitive Verbs (1)

1.	(subject) continue	continue (object)
2.	appear, come out	push out, produce
3.	(subject) increase	increase (object)
4.	(subject) increase	increase (object)
	(subject) stretch	stretch (object)
	grow	raise
5.	be decided	decide (object)
6.	(subject) open	open (object)
7.	(subject) sell	sell (object)
8.	progress	proceed with
9.	(subject) begin	begin (object)
10.	(subject) widen	widen (object)
11.	come into view	see
12.	(subject) strengthen	strengthen (object)
13.	enter	insert, include
14.	(subject) heighten	heighten (object)
	(subject) increase	increase (object)
	heighten	enhance
15.	(subject) change	change (object)
16.	(subject) decrease	decrease (object)
17.	agree with, coincide with, meet	match
18.	fall	lower
19.	rise	raise
20.	join	add

　自動詞、他動詞ということばを聞いたことがあると思いますが、どうもよくわからない、混乱してしまうという人が多いと思います。基本的に他動詞の文は、その動作を意図をもって行う主語、または動作主があります。そして、「〜を」で表わされる目的語をとります。例えば、「A社は会社の名前を変えた。」のような文です。それに対して、自動詞は、ことがらや物が主語になる場合が多く、目的語「〜を」をとることはありません。例えば、「A社の会社名が変わった。」のような文です。

　経済記事では、他動詞 (例 I)、自動詞 (例 II) とともに、例 III のように、ことがらや、物が主語になるのに、他動詞を使う場合があります。これは普通、自動詞で表わされるものですが、慣用的に他動詞が使われます。

例 I：　A社は設備投資額を前年度の二倍に増やした。

例 II：　A社の設備投資額が二倍に増えた。

例 III：　株価は大きく (値を) 下げた。(株価は大きく下がった。)

　　　　A株は高値を付けた。(A株は高値がついた。)

　また、例 IV のように、物や、ことがらが主語の受身文も、新聞記事にはよく見られます。

例 IV：　A社の設備投資額は二倍に増やされた。

With transitive verbs, the subject of the sentence demonstrates intent, and the object of the sentence is followed by *o*. (A-sha wa kaisha no namae o kaeta.)

With intransitive verbs, there is no object, and the subject of the sentence is often an inanimate object or event. (A-sha no kaishamei ga kawatta.)

In economic and financial articles, a sentence with an inanimate object or event as its subject sometimes takes a transitive verb. This is an exception to the above rule. See example III in Japanese.

In newspaper articles, a sentence with an inanimate object or event as its subject often takes a passive verb. See example IV in Japanese.

ステップ 18

a) よく使われる動詞 (4)

1. 相次ぐ　あいつぐ　(次ぐ　つぐ)　外国企業の中国への進出が相次いでいる。

2. 支払う　しはらう　(払う　はらう)　給料は毎月25日に支払われる。

3. 調べる　しらべる　公正取引委員会が調べたところによるとインサイダー取り引きがあったようだ。

4. 響く　ひびく　ここ二・三年の景気低迷が響いてデパートの売上げは減少している。

5. 残る　のこる　契約は取れたが、まだ決めなければならない点がいくつか残っている。

6. 結ぶ　むすぶ　A社とB社は来年から提携を結ぶことで合意した。

7. 促す　うながす　外国企業の市場参入を促すような政策が求められている。

8. 問う　とう　A氏らは経営責任を問われても仕方がないだろう。

9. 設ける　もうける　工場から出される CO_2 に対して規制を設けることになった。

10. 割る　わる　今年度の自動車販売台数は1千万台を割る見通しだ。

b) 複合動詞 (動詞＋動詞) (1)

V+ 込む　　　　　　　　　　(込む　こむ)

11. 見込む　　みこむ　　(見る　キソ)　A社は今期、30億円の利益が見込まれ
　　　　　　　　　　　　　　　　　　　ている。

12. 落ち込む　おちこむ　(落ちる　おちる) 前の期と比べて8%も売り上げが落ち
　　　　　　　　　　　　　　　　　　　込んでいる。

13. 盛り込む　もりこむ　(盛る　もる)　景気対策には減税も盛り込まれる予定
　　　　　　　　　　　　　　　　　　　である。

14. 申し込む　もうしこむ　(申す　もうす) 年金型保険に申し込む人が増えている。

15. 売り込む　うりこむ　(売る　キソ)　新しい市場を求めて中国へ売り込む
　　　　　　　　　　　　　　　　　　　ことになった。

16. 割り込む　わりこむ　(割る　st18)　株価は2年ぶりに1万7千円を割り込んだ。

V+ 出す

17. 貸し出す　かしだす　(貸す　かす)　資金を低金利で貸し出しているが、貸
　　　　　　　　　　　　　　　　　　　出額は伸びていない。

18. 乗り出す　のりだす　(乗る　のる)　A社は新分野に乗り出す予定だ。

19. 打ち出す　うちだす　(打つ　うつ)　政府は新経済政策を打ち出した。

20. 売り出す　うりだす　(売る　キソ)　新しく売り出された携帯電話は好調だ。

21. 動き出す　うごきだす　(動く　キソ)　新体制が動き出す。

V+ 入れる

22. 受け入れる　うけいれる　(受ける　st14)　外国企業の参入を受け入れる。

23. 借り入れる　かりいれる　(借りる　かりる)　中小金融機関から資金を借り入れる。

24. 申し入れる　もうしいれる　(申す　もうす)　業界代表は通産省に規制を緩和するよ
　　　　　　　　　　　　　　　　　　　うに申し入れた。

V+ 切る

25. 踏み切る　ふみきる　(踏む　ふむ)　A社はB国最大手C社との提携に踏み
　　　　　　　　　　　　　　　　　　　切った。

26. 打ち切る　うちきる　(打つ　うつ)　景気低迷のためA社は大型自動車の生
　　　　　　　　　　　　　　　　　　　産を打ち切った。

27. 締め切る　しめきる　(締める　しめる)　社内のコンペの申し込みを締め切った。

VOCABULARY IN ENGLISH

a) Frequently Used Verbs (4)
  1. follow one after another (follow, follow successively, in succession)
  2. pay (pay)
  3. check
  4. influence, affect, echo
  5. remain
  6. tie, join, conclude (an agreement)
  7. urge, encourage, promote
  8. question
  9. establish
  10. break, fall below (a certain level)

b) Compound Verbs (Verb + Verb) (1)
  verb + komu <include, insert, be crowed>
  11. forecast, expect (see)
  12. drop, fall sharply, plunge (drop)
  13. include (pile, heap up)
  14. apply for (something) (say — humble form)
  15. sell, find a market (for one's products) (sell)
  16. fall below, break into (a line, etc.) (break)
      squeeze into

  verb + dasu <put out, push out, take out>
  17. make a loan, lend out (lend)
  18. begin, set about, embark on (board, ride)
  19. announce (hit, strike, beat)
  20. offer for sale (sell)
  21. begin (moving), get under way (move)

  verb + ireru <put in>
  22. accept (receive)
  23. borrow (for oneself) (borrow)
  24. request, propose, offer (say — humble form)

  verb + kiru <cut>
  25. (have the boldness) to embark (on (step on, stamp on)
      something), take (a plunge), decide
  26. bring to an end, discontinue (doing (shoot, hit)
      something)
  27. set the deadline date, set the cut off date, (shut, tighten)
      stop accepting (application), close (the
      door)

読む練習
<ruby>読む練習<rt>れんしゅう</rt></ruby>

1. 企業買収が相次いでいる。
2. 相次ぐ値上げ
3. 大手2社に次いでA社も通信事業に参入する予定。
4. 電気料金の支払いがおくれている。
5. 所得税を払う。
6. 経営状態を調べる。
7. 多くの問題が残った。
8. 新製品の売上げの低迷が響き、営業収益が悪化している。
9. 協定を結ぶ。
10. 手を結ぶ。
11. 景気回復を促す。
12. 経営者の責任が問われている。
13. 新しい基準を設ける。
14. 再検討を促す。
15. 努力を促す。
16. 円が1ドル80円を割った。
17. ベースアップは5%を割ってしまった。
18. 利益が5割近く落ち込んだ。
19. 税率引き下げが改革案に盛り込まれる。
20. 新商品をA社に売り込みに行く。
21. 貸出金
22. 本を貸し出す。
23. お金を貸す。
24. 新分野に乗り出す。
25. 電車に乗る。
26. 新しい方針を打ち出す。
27. 来月売り出される製品は好調な売り上げが期待されている。
28. A国からの申し入れを受け入れる。
29. 借入金
30. 銀行からお金を借りる。
31. 市場参入に踏み切った。
32. 融資を打ち切られた。
33. 申し込みを締め切った。

ステップ 19

a) よく使われる動詞 (5)

1.	急ぐ　　いそぐ	政府は海外からの要請を受けて対応を急ぐことを発表した。
2.	訴える　うったえる	A社はB社が先月売り出した新製品の商品名が、A社製品と似すぎているとして、B社を訴えた。
3.	遅れる　おくれる	対策が遅れたことが大幅な赤字の原因になった。
4.	避ける　さける	各企業はできるかぎりリスクを避けようとした。
5.	述べる　のべる	首相は「政府系金融機関の統合を進める」と述べた。
6.	行う　　おこなう	5年ごとに行われる人口調査を「国勢調査」という。
7.	抑える　おさえる	管理部門の経費を抑え、営業部門を強化しなければならない。
8.	超える／こえる　越える	今年度の経常黒字はすでに昨年度を大きく越えている。
9.	膨らむ　ふくらむ	金融機関の負債が大きく膨らんでいる。
10.	与える　あたえる	A国の経済政策は日本に大きな影響を与える。

b) 複合動詞 (動詞＋動詞) (2)

V＋取る

11.	買い取る　　かいとる	A社はB社の持ち株を1千億円で買い取ることで合意した。
12.	引き取る　　ひきとる	部品製造会社はあまった部品を引き取った。

V＋始める

13.	変え始める　かえはじめる	多くの日本人が仕事についての考え方を変え始めている。
14.	増え始める　ふえはじめる	入社して2−3年で会社をやめる人が増え始めている。

V + 合う

15.	話し合う	はなしあう		何度も話し合ってやっと合意した。
16.	競い合う	きそいあう	(競う　きそう)	A社とB社はたがいに競い合って成長を続けてきた。

V + 合わせる (あわせる)

17.	申し合わせる	もうしあわせる		協会は今回の対応は各社の判断にまかせることを申し合わせた。
18.	組み合わせる	くみあわせる	(組む　くむ)	A証券会社ではいくつかの商品を組み合わせて売り出している。

引き + V

19.	引き上げる	ひきあげる		電話の基本料金が4月から引き上げられる。
20.	引き下げる	ひきさげる		Aホテルはレストランの料金を20%程度引き下げることにした。
21.	引き受ける	ひきうける		A都銀は融資を引き受けることにした。
22.	引き締める	ひきしめる		中央銀行は金融引き締めを強化した。

取り + V

23.	取り組む	とりくむ		各社とも不況対策に取り組んでいる。
24.	取り扱う	とりあつかう	(扱う　あつかう)	A社製品を取り扱うところが増えた。
25.	取り上げる	とりあげる		会議で環境問題が取り上げられ、対応を迫られている。

見 + V

26.	見直す	みなおす	(直す　なおす)	コメの流通制度を見直すべきだと思う。
27.	見送る	みおくる	(送る　おくる)	開発計画を見送ることになった。

VOCABULARY IN ENGLISH

a) Frequently Used Verbs (5)
1.   hurry
2.   complain, sue
3.   be behind, delay
4.   avoid
5.   mention
6.   conduct
7.   suppress, press down
8.   exceed
9.   swell, blow out to, increase
10. give

b) Compound Verbs (Verb + Verb) (2)
verb + toru <take>
11. buy (up)
12. take back

verb + hajimeru <begin>
13. begin to change
14. begin to increase

verb + au <meet>
15. discuss, negotiate, consult with
     talk (a matter over)
16. compete (with each other)   (compete)

verb + awaseru <agree>
17. agree, arrange (with), make an
arrangement (with)
18. put together, combine   (unite with, associate with)

hiki <pull> + verb
19. bring up, raise
20. bring down, lower   (lower)
21. undertake (receive, accept)   (receive, accept)
22. tighten (credit)   (tighten)

tori <take, get> + verb
23. tackle, try to solve
24. keep in stock, handle   (treat, deal with)
25. bring up (a problem)   (raise, heighten)

mi <look> + verb
26. review   (cure, repair, heal)
27. postpone   (send)

読む練習

1. 急いで報告書を書く。

2. 自然環境の保護を世界に訴える。

3. Ａ社は製品名のことで訴えを起こした。

4. 会社に遅れそうになった。

5. Ａ社はＢ社より遅れてこの市場に参入した。

6. 手を組む。

7. 仕事を引き受ける。

8. 気持ちを引き締めて新しい仕事をする。

9. コンピュータのソフト作りに取り組んでいる。

10. カタログを送ってもらう。

11. 値上げを抑える。

12. ガラス製品なので取り扱いに注意!!

13. よく話し合えば、わかるはずだ。

14. この会社では全社員にノルマが与えられている。

15. 社長のスピーチは社員にショックを与えた。

16. 扱いやすい問題

17. Ａさんを見直した。

18. 同じメーカーなら新製品を買う時、古いのを引き取ってくれる。

19. デザインを競う。

20. みんな申し合わせたように同じことを言う。

21. 成田空港へＡさんを見送りに行った。

22. 消費税を見直す。

23. 計画の見直し。

24. 上場を見送る。

25. コストが膨らむ。

26. 特別扱い

27. 25% 程度

28. 大阪で会議が行われる。

29. 日本の人口は１億2000万人を越えている。

30. 海外からの批判を避けるため急いで対応策を考える。

ステップ 20

a) よく使われる動詞 (6)

1. 改める	あらためる	公的資金で支援するためには法を改める必要がある。
2. 抱える	かかえる	含み損を抱えた機関投資家は三月の決算期にかけて売却に動いている。
3. 固める	かためる	A社は来年度の設備投資を 500 億円とすることを固めた。
4. 流れる	ながれる	会議での合意が得られず、計画は流れてしまった。
5. 語る	かたる	来日中のA会長は日経新聞記者に「日本の数社と資本提携について交渉中」と語った。
6. 支える	ささえる	A社を資金面で支えたB銀行は支援を打ち切ると発表した。
7. 選ぶ	えらぶ	もらった人がカタログから自由に商品を選べるお中元がある。
8. 手掛ける	てがける	A社は輸入車の販売も手掛けることになった。
(掛ける	かける)	
9. 控える	ひかえる	環境への悪影響を考え、開発計画の実施を控えることにした。
10. 呼ぶ	よぶ	低価格電気自動車が話題を呼んでいる。

b) 形容詞としてよく使われることば (2) 「〜い／〜的な／〜な」

11. 厳しい	きびしい	大手各社とも今期は厳しい決算となっている。
12. 難しい	むずかしい	ある経営者は「これまでのような成長は難しい」と語った。
13. 激しい	はげしい	この業界は競争が激しく、新たな参入は難しい。
14. 実質的	じっしつてき	A氏は会長になったものの、実質的には社長だ。
15. 具体的	ぐたいてき	首相はA国の資金援助要請に対して具体的な金額を示さなかった。

16. 合理的　ごうりてき　会社の経営にはしばしば合理的な考え方を求められる。

17. 積極的　せっきょくてき　M&A (企業の合併・買収) が積極的に行なわれるようになった。

18. 自主的　じしゅてき　自動車業界の自主的な輸出規制が黒字減少に役立った。

19. 本格的　ほんかくてき　外国の会社も本格的に参入する。

20. 公的　こうてき　公的機関を設けて、調整することになった。

21. 徹底的　てっていてき　無駄を徹底的になくす。

22. 順調　じゅんちょう　会社設立から 10 年は順調な経営だった。

23. 特殊　とくしゅ　新しく開発された ID カードは特殊な技術で作られている。

24. 活発　かっぱつ　シェアを拡大するため活発な販売キャンペーンが行われている。

25. 確実　かくじつ　今期 A 社が赤字決算になることは確実になった。

26. 柔軟　じゅうなん　業界からの要請には柔軟に対応する方針。

27. 困難　こんなん　どの国でも農業の改革には大きな困難を伴う。

VOCABULARY IN ENGLISH

a) Frequently Used Verbs (6)
1. change, reform
2. hold, be burdened with
3. harden, decide
4. be called off, have (an opportunity) lost, slip away, flow
5. talk of, tell
6. support
7. choose
8. undertake, handle (put, hang, suspend)
9. wait, postpone, cut down on, hold back on
10. call (attention)

b) Frequently Used Adjectives (2)
11. strict, severe

12. difficult
13. violent, rough, severe
14. actual
15. concrete, specific
16. rational, efficient
17. positive, active, enthusiastic
18. voluntary, of one's own accord
19. serious, in earnest, on a large scale, full-fledged
20. public
21. thorough
22. steady, smooth
23. special
24. active
25. certain, sure
26. flexible
27. difficult

66

読む練習

1. 4日後に重要な会議を控え、社長は忙しい。
2. 買うのを控える。
3. 改めてお伺いします。
4. 問題を抱えている。
5. カバンを抱える。
6. 円が海外に流れている。
7. 人の流れに沿って歩く。
8. 川が流れている。
9. 積極的に取り組む。
10. 積極姿勢
11. 政府は方針を固めた。
12. 具体的な例をあげる。
13. 公的資金
14. 子供は順調に成長している。
15. 徹底的に調査する。
16. 合理的な考え方
17. 積極性
18. 実質成長率
19. 厳しい状況
20. 厳しい環境
21. 難しい問題
22. 激しい雨
23. 活発に話し合う。
24. いい物が多いので選ぶのに時間がかかる。
25. 大統領を選挙で選ぶ。
26. 新しい仕事を手掛ける。
27. ハンガーにコートを掛ける。
28. 人気を呼んでいる。
29. 車を呼ぶ。
30. 営業を支える。
31. 支え合う。
32. 雇用環境は厳しい。
33. 今後の対米政策を語る。
34. 時の流れ
35. 困難を乗り越える。
36. 確実な情報
37. 柔軟な態度
38. 柔軟性のある考え方

自動詞・他動詞のまとめ (2)

1. 割れる　われる　割る　わる　株価1万5000円割れ／株価が1万5000円を割った。

2. 落ちる　おちる　落とす　おとす　売り上げが落ちた。／スピードを落とす。

3. 締まる　しまる　締める　しめる　自動ドアが締まる。／6時にレジ (会計(かいけい)) を締める。

4. 直る　なおる　直す　なおす　故障(こしょう)した機械(きかい)が直った。／機械(きかい)を直してもらう。

5. 改まる　あらたまる　改める　あらためる　法律(ほうりつ)が改まる。／社名(しゃめい) (会社の名前) を改める。

6. 流れる　ながれる　流す　ながす　人材(じんざい)が海外に流れる。／計画を流す。

7. 掛かる　かかる　掛ける　かける　来年この川(かわ)に橋(はし)が掛かる。／東京湾(わん)に橋(はし)を掛ける。

8. 残る　のこる　残す　のこす　多くの問題が残った。／この出来事(できごと)は将来へ問題を残した。

9. 固まる　かたまる　固める　かためる　政府の方針が固まった。／政府は方針を固めた。

Intransitive Verbs and Transitive Verbs (2)

1. (subject) break — break (object)
2. (subject) drop / fall — drop (object)
3. (subject) close — close (object)
4. (subject) heal / recover, mend, get well — heal (object) / cure, repair
5. be renewed / (subject) change — renew (object) / change (object)
6. (subject) run / flow — run (object)
7. (subject) hang / be in place — hang (object) / put up
8. stay, remain — leave (object)
9. (subject) harden / be decided / become firm — harden (object) / decide (object) / strengthen

主要業種と関連語 (カタカナのものは除く)

◎　金融 (st1)・保険 (st15)

◎　自動車 (st2)

◎　建設 (st10)

◎　電気 (キソ)　機器[1] ── 家電[2] ＝ 家庭[3]電器、半導体[4]、電子[5]部品 (st14)

◎　電力[6]

◎　通信 (st3)

◎　広告 (st4)

◎　石油[7]

◎　工作[8]機械[9]

◎　不動産[10] ── 住宅[11]、土地[12]

◎　食品[13]

◎　鉄鋼[14]

◎　化学[15]

◎　商社[16]

◎　小売業 (st9 ＋ st13) ──百貨店[17]

◎　輸送[18] ── 航空[19]、交通[20]、貨物[21]、鉄道[22]、私鉄[23]

◎　繊維[24] ── 衣料[25]品 (st9)

◎　医薬[26]品 (st9)

◎　造船[27]

◎　非鉄[28]、金属[29]

◎　紙[30]

◎　精密[31]、機械[9]

1. きき	9. きかい	17. ひゃっかてん	25. いりょう
2. かでん	10. ふどうさん	18. ゆそう	26. いやく
3. かてい	11. じゅうたく	19. こうくう	27. ぞうせん
4. はんどうたい	12. とち	20. こうつう	28. ひてつ
5. でんし	13. しょくひん	21. かもつ	29. きんぞく
6. でんりょく	14. てっこう	22. てつどう	30. かみ
7. せきゆ	15. かがく	23. してつ	31. せいみつ
8. こうさく	16. しょうしゃ	24. せんい	

Main Industries and Related Words

1. machinery and tools
2. household electrical appliances
3. household, family
4. semiconductor
5. electronic
6. electric power
7. oil
8. handicrafts
9. machinery (工作機械 : machine tool)
10. real estate
11. housing, homes
12. land
13. foods
14. steel
15. chemical
16. trading company
17. department store
18. transport
19. airline, air freight
20. traffic
21. cargo, freight
22. railway
23. private railway
24. fiber, textile
25. clothing
26. medicine, pharmaceutical goods
27. shipbuilding
28. nonferrous metals
29. metal
30. paper
31. precise (精密機械 : precision machinery)

―― ミニコラム ――

「でんき」(電気・電機・電器)

　電気は、一番広い意味で一般的に使われます。たとえば、「部屋に電気がついている」「電気料金を払う」などです。　電機は、大きい電気の機械をいいます。重電機工業、モーターなどです。　電器は、家庭電器製品のような電気を使う器具です。

　会社の名前では、たとえば「東芝電機」「松下電器」など、それぞれの特徴を表わしています。

SECTION II

<ruby>重要<rt>じゅうよう</rt></ruby><ruby>語<rt>ご</rt></ruby>い
Frequently Used Vocabulary

ステップ 21 ～ 50
Step 21 ~ 50

<ruby>読<rt></rt></ruby>む<ruby>練習<rt>れんしゅう</rt></ruby>について

・____ →ヒントと<ruby>参考<rt>さんこう</rt></ruby>、<ruby>各練習<rt>かくれんしゅう</rt></ruby>の下に★で<ruby>記入<rt></rt></ruby>。

・<ruby>太字<rt>ふとじ</rt></ruby> →新聞によく使われる<ruby>表現<rt>ひょうげん</rt></ruby>、<ruby>各練習<rt>かくれんしゅう</rt></ruby>の下にステップ<ruby>番号<rt>ばんごう</rt></ruby>または<ruby>英訳<rt>えいやく</rt></ruby>を☆で入れた。

・<ruby>斜体<rt>しゃたい</rt></ruby> →<ruby>会社名<rt>かいしゃめい</rt></ruby>、<ruby>人名<rt>じんめい</rt></ruby>

・〈　〉 →わかりやすくするために<ruby>加<rt>くわ</rt></ruby>えたもの

・st 　→ステップ (step) の<ruby>略<rt>りゃく</rt></ruby>

(記事は 1995 年 1 月～ 7 月の「日本経済新聞」による)

Notes for the Reading Practice Section:
・____ → Underlined words indicate clues are provided following the ★ below.
・Bold → Expressions frequently used in newspapers. Their English translations or
　　　　 referenced step numbers are provided following the ☆ below.
・Italic → Names of companies and persons
・〈　〉 → Added to the cited articles by the authors of this text to help students' comprehension.
・st 　→ Abbreviation for step

Newspaper articles used in this section are selected from the *Nihon Keizai Shimbun*,
January to July, 1995.

ステップ 21

a) 「～する」で動詞としても使われる名詞 (9)

1.	売買	ばいばい	相場は低迷し、売買高も伸びなかった。
2.	下落	げらく	外国から安い製品が入り、国内価格は大幅に下落した。
3.	援助	えんじょ	アジア・アフリカ諸国にはまだ援助を必要とする国が多い。
4.	転換	てんかん	A社は3期ぶりに黒字に転換した。
5.	入札	にゅうさつ	日本の入札制度には問題が多いと言われる。
6.	低下	ていか	A国の影響力が低下してきている。
7.	廃止	はいし	消費税は廃止すべきだという意見が聞かれた。
8.	開始	かいし	A社は1980年ごろ、海外投資を開始した。
9.	出資	しゅっし	A社は米TVドラマに出資し、ビデオ販売権を得ることになった。
10.	失業	しつぎょう	ここ数年の失業率は上昇しつつある。

b) 人に関することば (2)

11.	従業員	じゅうぎょういん	製造業の場合、大企業と呼ばれるのは従業員1000人以上。
12.	弁護士	べんごし	弁護士の市場開放も検討されている。
13.	常務	じょうむ	億以上の投資は常務以上の役員会で決定される。
14.	長官	ちょうかん	経済企画庁長官は景気回復の見通しを語った。
15.	次官	じかん	省の最高のポストは事務次官である。
16.	幹部	かんぶ	大蔵省幹部の話によると、一層の利下げが必要だということである。
17.	課長	かちょう	課長は中間管理職として会社を支えている。
18.	室長	しつちょう	研究開発室の室長
19.	顧客	こきゃく	Aさんは顧客リストを作って管理する仕事をしている。
20.	総裁	そうさい	日銀総裁にA氏が決まった。
21.	閣僚	かくりょう	アジア太平洋経済協力会議 (APEC) の閣僚会議が開かれる。

22.	頭取	とうどり	A 氏は B 銀行の頭取になった。
23.	理事	りじ	東証理事長の A 氏が記者会見をした。
24.	職員	しょくいん	新知事は全職員に向けてあいさつをした。
25.	幹事	かんじ	今年から販売部の QC 委員会の幹事をすることになった。
26.	知事	ちじ	都道府県の知事が集まる全国知事会が開かれる。
27.	役員	やくいん	A 社は B 銀から役員を迎える。
28.	～主	～ぬし	株主、持ち主
29.	～役	～やく	相談役、重役
30.	～相	～しょう	建設相、通産相

VOCABULARY IN ENGLISH

a) Nouns Which Can Become Verbs with Suru-endings (9)
1. buying and selling, dealing
2. fall, decline
3. aid, assistance
4. change, switch
5. bid
6. fall, decline, weaken
7. abolition
8. beginning, inauguration, start
9. investment
10. unemployment

b) People and Positions (2)
11. employee
12. lawyer
13. managing director
14. director, chief
15. vice-minister
16. senior official, executive
17. section chief
18. department chief
19. customer
20. governor or president (of special institution)
21. Cabinet minister
22. bank president
23. director, trustee
24. staff
25. manager, secretariat
26. (prefectural) governor
27. official
28. owner
29. role, position
30. ~ Minister

74

読む練習

1. **トヨタ**は北米の総生産台数を98年までに94年と比べ約57%増の110万台に増やす。

   ★ 北米 → 北＋アメリカ (米)

2. 通産省は16日、輸出型の中小製造業を対象とした円高緊急調査の結果を発表した。

   ☆ 〜を対象 (st14) とした

3. 〈三菱商事の〉役員賞与は常務、取締役などの役職ごとにほぼ同じ。〈能力・実績主義を導入した〉今後は同じ常務、取締役でもボーナスにかなりの開きが出そう。

   ★ 賞与 (st39) ＝ボーナス、 役職 → 〜役＋〜職

   ☆ ほぼ about, approximately

4. 日本では会社が役員や従業員向けの自社株をあらかじめ決められた価格で購入する権利であるストック・オプションが認められていない。

   ☆ 〜向け (st14)

5. ことし3月、規制緩和の声が強まる中で、電力、石油など他のエネルギー業法に先がけてガス事業法が改正された。柱は大口顧客向けのガス供給自由化である。

   ★ 業法 → 〜業＋〜法

   ☆ 柱 (st15)

6. 日本の公共工事の入札は発注者側が入札業者を選定する指名競争入札がなお一般的だ。

   ☆ なお still

7. 〈米通信サービスに参入する**日商岩井**に続いて〉**三菱商事**は**日商岩井**と同水準の出資を決めているものの、〈設備資金の〉融資予定はないという。

   ☆ 〜ものの although, though

ステップ **22**

a) 「〜する」で動詞としても使われる名詞 (10)

1.	提案	ていあん	GATT でＡ国は関税の引下げを提案した。
2.	再建	さいけん	Ａ銀は関連会社の再建に乗り出す。
3.	縮小	しゅくしょう	経常黒字は 5 年以内に大幅に縮小されるだろう。
4.	超過	ちょうか	大蔵省は「Ａ社は債務超過の可能性がある」と判断した。
5.	維持	いじ	米市場で日本車のシェアが低下したが、Ａ自動車はシェアを維持した。
6.	介入	かいにゅう	日銀は過去最高の市場介入をした。
7.	修正	しゅうせい	景気の悪化により、設備投資計画を修正する予定だ。
8.	取得	しゅとく	住宅を取得した場合、いくらか減税される。
9.	発展	はってん	アジアの急成長はエレクトロニクス産業が発展したためとみられている。
10.	発売	はつばい	仏Ａ社は日本市場向けに開発したワインを今春、発売する。

b) よく使われる名詞 (9)

11.	企画	きかく	企画、開発部門にフレックスタイム制を導入。
12.	内容	ないよう	記事の内容をまとめる。
13.	体制	たいせい	需要に対応できる供給体制にもっていく。
14.	効果	こうか	現在、利下げしてもすぐに効果は期待できないという。
15.	自己	じこ	日本の銀行は全体として自己資本比率が低い。
16.	合計	ごうけい	鉄鋼大手6社の設備投資計画の合計額は前年度に比べて13.5%増加する。
17.	国民	こくみん	大統領は国民に新しい税の必要性を訴えた。
18.	信用	しんよう	融資をする場合、信用調査をする。
19.	機能	きのう	新しいコンピュータはマルチタスク機能が強化されている。
20.	専門	せんもん	技術的なことは専門家の意見を聞く。

VOCABULARY IN ENGLISH

a) Nouns Which Can Become Verbs with Suru-endings (10)
1. proposal
2. restructuring, reconstruction
3. shrinkage, reduction
4. excess, surplus
5. maintenance, upkeep, support
6. intervention
7. revision, alteration, modification
8. acquisition, purchase
9. development, progress
10. commencement of selling/initial marketing

b) Frequently Used Nouns (9)
11. plan
12. content
13. system, structure
14. effect
15. self
16. total, sum
17. the people (of a nation), the nation
18. trust, belief, credit
19. function
20. speciality

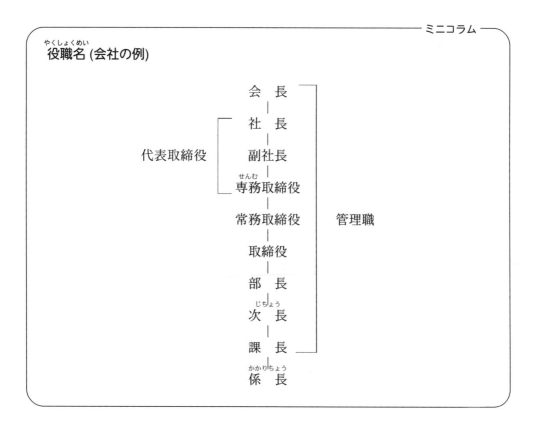

ミニコラム

役職名 (会社の例)
(やくしょくめい)

会　長
｜
社　長
｜
副社長
｜
専務取締役 (せんむ)
｜
常務取締役
｜
取締役
｜
部　長
｜
次　長 (じちょう)
｜
課　長
係　長 (かかりちょう)

代表取締役

管理職

読む練習

1. 最近、**トヨタ自動車**や**日産自動車**の一部ディーラーも販売契約を結んで販売を始めている。

2. 韓国の大手家電メーカー、**LG電子**は今秋、「ゴールドスター」ブランドのパソコンを日本で発売する。

　　★ 今秋→今年の秋

3. 〈オフィス需要の減少のため〉ビル用として取得した商業地にはマンションが建てられ、いつの間にか住宅地に転換しているケースが増えている。

4. 午前中は課長級の専門家会合、世界貿易機関 (WTO) 協定に基づく二国間協議、**越智**運輸省顧問と**シャピロ**顧問の二者協議が相次いで行なわれた。

　　☆ ～に基づく (st14)、相次いで (st18)

5. (中国で) 現状のままでは家電製品、自動車など国際的な競争力の維持、輸出産業の育成も難しく、半導体の国産化が不可欠になっている。

　　★ 国産 → 国内で生産

　　☆ 不可欠　indispensable, essential

6. 大蔵省 (**武村正義**蔵相) の貿易統計 (通関ベース) によると、94年のアジアとの輸出入の合計は前年比17.0％増の2,522億ドルとなり、米国と欧州連合 (EU) を合わせた貿易額 (2,730億ドル) に接近した。

　　★ 輸出入 → 輸出＋輸入

ステップ 23

a) 「〜する」で動詞としても使われる名詞 (11)

1.	不足	ふそく	A 協会は「アイデアはあるが資金や情報が不足している人々」のために設立された。
2.	変化	へんか	日本人の労働意識に変化が見られるようになった。
3.	実現	じつげん	将来、日本政府によるこの地域への経済援助が実現すれば、市場が急拡大するとみている。
4.	処理	しょり	問題の処理の仕方も各国まちまちで各国の法研究が必要とされる。
5.	重視	じゅうし	環境への影響を重視し、開発計画の見直しを考えている。
6.	緩和	かんわ	日本は諸外国から輸入規制の緩和を要求されている。
7.	記録	きろく	今日、史上最高の円高を記録した。
8.	諮問	しもん	首相は減税について税制調査会に諮問した。
9.	努力	どりょく	政府は国内の需要拡大に努力している。
10.	解消	かいしょう	新規参入が相次ぎ、昨年以来続いていた品不足が解消した。

b) 会社や機関などに関することば (2)

11.	連合	れんごう	欧州連合 (EU) は 99 年までに通貨統合をスタートさせる計画だ。
12.	子会社	こがいしゃ	新事業を推進するため子会社を設立する。
13.	自治体	じちたい	地方自治体はゴミの再利用を推進している。
14.	支店	してん	A 社は昨年 2 月にニューヨーク支店を開設した。
15.	商事	しょうじ	総合商社最大手の A 商事は米国 B 社と業務提携を結んだ。
16.	機構	きこう	石油輸出国機構 (OPEC) の総会がジュネーブで開かれる。
17.	国会	こっかい	国会で予算が審議される。

18. 議会　　　ぎかい　　　　　Ａ国議会などでは円高は日本の問題であるとの見
　　　　　　　　　　　　　　　　　方が多い。

19. 製作所　　せいさくしょ　　Ａ製作所の技術は海外でも高く評価されている。

20. 連邦　　　れんぽう　　　　　米連邦準備理事会は中央銀行に当たる。(連銀は連
　　　　　　　　　　　　　　　　　邦銀行の略)

21. 郵政(省)　ゆうせい　　　　　郵政相

22. 運輸(省)　うんゆ　　　　　　運輸相

23. 防衛(庁)　ぼうえい　　　　　防衛庁長官

24. 商務(省)　しようむ　　　　　米国商務省長官

VOCABULARY IN ENGLISH

a) Nouns Which Can Become Verbs with Suru-endings (11)
1. shortage
2. change
3. realization
4. disposal, handling of, dealing with
5. taking (something) seriously, giving serious consideration to
6. easing, relaxation (of restrictions)
7. record
8. inquiry, consultation
9. effort
10. disappearance, dissolution, resolution (of a problem)

b) Vocabulary Related to Companies and Organizations (2)
11. union, federation
12. subsidiary
13. local government
14. branch store, branch office
15. business affairs, commercial affairs, trading
16. organization, structure, system
17. Diet, parliament
18. assembly, Diet, parliament, congress
19. factory, plant
20. federation, union, commonwealth
21. Ministry of Posts and Telecommunications
22. Ministry of Transport
23. Defense Agency
24. Department of Commerce (U.S.A.), Board of Trade (U.K.)

読む練習

1. 「地価下落が止まらないためゼネコン(総合建設会社)のバブル処理はまだ道半ば」(大手証券系経済研究所)との見方が多い。

2. 自販連〈日本自動車販売協会連合会〉は「買い替え需要が本格化してきた」とみ
ており、3月の販売台数も増加するとの見方が強まっている。

3. 〈東証の定率会費の〉今回の引き下げは5年ぶりだが、不況にあえぐ証券会社
からの要求が強かったため、相場低迷にもかかわらず引き下げることにした。
〈これまでは低迷すると上げてきた〉

    ★ 会費 → ～会＋～費

    ☆ ～にもかかわらず despite, although

4. 中国半導体市場はアジア最大の成長率が見込まれており、米 *AT&T* なども半
導体事業の対中進出を計画中だ。

    ☆ 見込む (v)　　見込まれる (st18)

5. 同社が赤字になったことで、取引銀行の中にはグループの投資を大幅に絞るべ
きだとの声も出ている。

    ★ 絞る → 縮小する

    ☆ ～べきだ should, ought to

6. マルチメディア対応パソコンに搭載される CD-ROM(コンパクトディスクを
使った読み出し専用メモリー)駆動装置が足りなくなり、パソコンの品不足に
拍車をかけている。

    ★ 専用 → 専門に使われる

    ☆ 拍車 (st49) をかける

7. コメの内外価格差は94年の水準で米国の9倍、タイの約14倍に達し、円高
でさらに拡大している。

    ★ 内外 → 国内＋海外

    ☆ さらに furthermore

ステップ 24

a) 「～する」で動詞としても使われる名詞 (12)

1.	改善	かいぜん	民間は政府系金融機関について改善を求めている。
2.	稼働	かどう	A社のカナダ工場で建設している大型生産設備が今春から稼働する。
3.	準備	じゅんび	準備不足のため、計画の実施が遅れる。
4.	停止	ていし	Aスーパーは B社の製品の販売を停止した。
5.	保有	ほゆう	政府や中央銀行が対外支払いのために保有している外貨(外国の通貨)を外貨準備高という。
6.	制限	せいげん	A国では日本からの輸入を制限している。
7.	合併	がっぺい	A銀と B銀の合併により世界最大の銀行が生まれる。
8.	提出	ていしゅつ	通産省は今回の問題について関係各社に報告書を提出させた。
9.	答申	とうしん	税制調査会は中間答申を出した。
10.	会見	かいけん	米A社の B会長は日本記者クラブで会見した。

b) よく使われる名詞 (10)

11.	措置	そち	電力会社は円高により、値下げ措置をとることにした。
12.	公共	こうきょう	公共料金の値上げを抑える。
13.	通貨	つうか	日銀は4－5月の通貨供給量を発表した。
14.	年金	ねんきん	年金に対する国民の関心が高い。
15.	方向	ほうこう	政府は環境税について、導入の方向で検討している。
16.	総額	そうがく	法人の所得総額は47兆5286億円となった。
17.	事務	じむ	各事務所をコンピュータで結んでテレビ会議を行う。
18.	新規	しんき	今年度の新規採用者数は前年の20%減となっている。
19.	大型	おおがた	88年に大型消費税が導入された。
20.	連続	れんぞく	日本百貨店協会の発表によると、売上高の前年割れは8カ月連続だと言う。

VOCABULARY IN ENGLISH

a) Nouns Which Can Become Verbs with Suru-endings (12)
1. improvement
2. operation
3. preparation
4. stop, ending
5. possession
6. limitation, restriction
7. merger, combination, union
8. submitting, presentation
9. report
10. news/press conference

b) Frequently Used Nouns (10)
11. step, measures, action
12. public
13. currency
14. pension, annuity
15. direction
16. total, sum
17. business, office work
18. new, fresh
19. large, large-scale, major
20. consecutive, in a row

読む練習

1. **三菱銀行** と **東京銀行** の合併合意を受けて、他の都市銀行は大蔵省などに業務
   面の一段の規制緩和を求める方針だ。

   ☆ 〜を受けて (st14)

2. **高島屋**(**日高啓** 社長)は高コスト体質を改善するため、95 年度からの 3 カ年で
   人員を合理化する。

3. 〈東京、大阪〉両証券取引所は英 **ベアリングズ** の経営破たんを受け、**ベアリン
   グ証券** の会員権を停止していた。

   ★ 会員権 → 〜会＋〜員＋〜権

   ☆ 〜を受け(て) (st14)

4. 〈大手百貨店各社が営業日数を拡大するのは〉昨年 5 月の大規模小売店舗法
   (大店法)の運用緩和を受けた措置。

   ★ 〜日数 → 〜日＋〜数

   ☆ 〜を受け(て) (st14)

5. 〈**三菱銀行、東京銀行** の〉今回の合併で新銀行は信託、証券両子会社を持ち、
   金融債も発行できる多機能の銀行になる。

6. 〈5 月の大口電力需要は、前年同月比 4.2% 増で〉前年実績を上回るのは 12 カ
   月連続となる。

7. 94 年度の生命保険 30 社の新規契約高が、3 年連続で前年実績割れすることが
   確実になった。

   ☆ ～割れ (割れる　自他動詞まとめ(2))

8. 日本自動車販売協会連合会(自販連)が 1 日発表した 2 月の新車販売台数(軽自動
   車を除く)は、前年同月比 14.1% 増の 44 万 1036 台で 6 カ月ぶりに 2 ケタの伸
   びとなった。

   ☆ ～を除く (st14)、　～ケタ digit

ステップ 25

a) 「〜する」で動詞としても使われる名詞 (13)

1. 計上　　けいじょう　　A市は環境をまもるため、今年度、新たに50億円を計上した。

2. 認識　　にんしき　　長官はわが国経済は一段と厳しさを増しているとの認識を示した。

3. 優先　　ゆうせん　　金融支援より技術支援を優先させる。

4. 設定　　せってい　　AスーパーはPB(プライベートブランド)のワインの価格を1本300円に設定した。

5. 撤廃　　てっぱい　　EUは地域内での関税撤廃を決めた。

6. 派遣　　はけん　　米A社は資本提携したB社に副社長を派遣した。

7. 公表　　こうひょう　　日米2国間の合意を内外に公表した。

8. 反映　　はんえい　　米国では個人消費の低迷を反映して輸入が減少し、貿易赤字が大幅に減った。

9. 抑制　　よくせい　　日銀は「米連銀はインフレを抑制する姿勢は変えていない」との見方を示した。

10. 急増　　きゅうぞう　　ワイドテレビの需要が急増している。

b) 場所に関することば (3)

11. 途上国　　とじょうこく　　環境問題に対する先進国と途上国との見方は大きく違う。

12. 名古屋　　なごや　　名古屋圏の経済発展が期待されている。

13. 関西　　かんさい　　関西新空港は関西経済の活性化につながる。

14. 中南米　　ちゅうなんべい　　中南米諸国の債務削減が進んでいる。

15. 東南アジア　　とうなんアジア　　東南アジアは21世紀へ向けて大きな市場として期待されている。

16. 台湾　　たいわん　　台湾の貿易黒字が一段と増加した。

17. 北京　　ぺきん　　北京で日中経済協力会議が開かれる。

18. 香港　　ほんこん　　A氏は国際商業都市香港の将来性について語った。

19.	産地	さんち	外国産の輸入もあり、くだものの産地間競争が激しい。
20.	地元	じもと	大型小売店などが進出する場合、地元の商店との間でトラブルになることがある。
21.	国土	こくど	国土庁、国土利用計画法
22.	地区	ちく	Ａ社は地価の高いＢ地区での生産を、コスト高になるため、縮小する。
23.	〜地	〜ち	生産地、住宅地
24.	〜カ所	〜かしょ	Ａ社の工場は全国18カ所にある。
25.	〜州	〜しゅう	Ａ自動車の米オハイオ州工場
26.	〜湾	〜わん	東京湾、ペルシャ湾

VOCABULARY IN ENGLISH

a) Nouns Which Can Become Verbs with Suru-endings (13)
1. adding up, appropriating (a sum for some purpose)
2. recognition
3. prioritize
4. establishment, setting up
5. abolition, removal
6. dispatch (people), sending (people)
7. public announcement
8. reflection
9. control, restraint, suppression
10. sharp/rapid increase

b) Places and Regions (3)
11. developing nation/country
12. Nagoya
13. Kansai (region)
14. South and Central America
15. Southeast Asia
16. Taiwan
17. Beijing
18. Hong Kong
19. producing center, breeding or growing district
20. local area
21. country, territory, national land
22. district, area
23. ~ area, ~ district
24. unit for counting places
25. state, province
26. bay, gulf

読む練習
<small>れんしゅう</small>

1. 証券不況が長引くなか、合理化の遅れた*和光証券*は 95 年 3 月期に 200 億円強
<small>ながび</small> <small>わこう</small>

   の経常赤字を計上し、無配に転落する見通し。
   <small>むはい</small>

   > ★ 無配 → 無〜 (st 44) ＋配当 (st 41)
   > <small>むはい</small>

   > ☆ 〜なか (〜中、st12)

2. 富士アジアオープンは香港などアジア市場の株式で運用する投信。
<small>ふ じ</small>

   > ★ 投信 → 投資＋信託
   > <small>とうしん</small>

3. 今年に入り円高が進んだこともあって、各商社は現地雇用社員を今後もさらに

   増やす計画。

   > ☆ 〜こともあって because 〜 also

4. (ＡＸＬ *[*の情報サービスは)新製品情報や業界動向を対象とし、重要事項は即

   日か翌日に流す。インターネットのユーザー急増に対応し、新しいメディアと

   して育てる。

   > ☆ 即〜 immediate, immediately (即日 on the same day, within the day)

5. 大蔵省は国内での社債の発行基準に関する規制を全面的に撤廃する。

6. 〈*鐘紡* の〉再建計画を受けてメーンバンクの**さくら*銀行***は年内にも役員を派
<small>かねぼう</small>

   遣、全面支援に乗り出す。

   > ★ 年内 → 今年＋以内
   > <small>ねんない</small>

7. 〈貯蓄預金は〉昨年 10 月以降、金利の完全自由化の一環として引き出し手数料
<small>ちょちくよきん</small> <small>かんぜん</small> <small>てすう</small>

   を無料にするなど、商品性を改善してから残高が急増し始めた。
   <small>ざんだか</small>

   > ★ 無料 → 無〜 (st 44) ＋料金
   > <small>むりょう</small>

   > ☆ 〜の一環として as a part of 〜

8. 「APEC (アジア太平洋経済協力会議) は先進国と途上国の経済協力の新しいや
<small>たいへいよう</small>

   り方を世界に示すことを考えたほうがよい」

ステップ 26

a) よく使われる名詞 (11)

1.	戦略	せんりゃく	銀行の大型合併により、ほかの銀行は戦略の見直しを迫られるだろう。
2.	団体	だんたい	地方公共団体など第3セクターによる輸送機関の開発が進んでいる。
3.	業者	ぎょうしゃ	この業界は新規参入業者にとって厳しい。
4.	方式	ほうしき	生産方式を「Uライン」と呼ばれる方式に改めた。
5.	要因	よういん	一人当たりの所得が増加していることも個人消費の伸びの大きな要因となっている。
6.	会計	かいけい	企業会計審議会では会計基準の設定や整備などを行っている。
7.	指数	しすう	消費者物価指数は1970年を100とすると、1991年3月は2.95倍である。
8.	収支	しゅうし	A社は中間期に営業外収支で株式評価損を計上した。
9.	条件	じょうけん	A社とB社の契約条件を比べてみる。
10.	施設	しせつ	A不動産は北海道にリゾート施設を建設中。

b) 時や時間などに関することば (2)

11.	～年代	～ねんだい	80年代後半から90年代初めにかけて日本中がバブル景気にうかれていた。
12.	時期	じき	時期を見て会議で提案するつもりだ。
13.	短期	たんき	FRB(米連邦準備理事会)は短期金利の引き下げを促した。
14.	時点	じてん	経団連(経済団体連合会)は26日、4月19日時点で集計した経済動向に関する主要企業アンケート調査の結果を発表した。
15.	～旬	～じゅん	6月中旬に先進国首脳会議が開かれる。上旬、下旬
16.	戦後	せんご	戦後50年、日本経済はどのように変わったか。

17.　深夜　　しんや　　　　　オフィス関連サービスは仕事が深夜や休日になる

　　　　　　　　　　　　　　　ことが多い。

18.　世紀　　せいき　　　　　21世紀へ向けて各社とも中長期計画を見直している。

19.　夜間　　やかん　　　　　電話料金の夜間<ruby>割引<rt>わりびき</rt></ruby>制度を利用する。

20.　早朝　　そうちょう　　　A店はオフィス<ruby>街<rt>がい</rt></ruby>にあることから、早朝営業を始

　　　　　　　　　　　　　　　めることにした。

VOCABULARY IN ENGLISH

a) Frequently Used Nouns (11)
1. strategy, tactic
2. group, body, organization
3. businessman, trader
4. method, formula
5. major cause, primary factor
6. accounting
7. index
8. income and expenditure
9. condition, terms, requirements
10. facilities, institution

b) Time-related Vocabulary (2)
11. decade, the ~'s (ex. the nineties)
12. time, period, season
13. short-term
14. time, a point in time
15. period of (first, middle, last) ten days in a month
16. postwar
17. midnight, late night
18. century
19. nighttime
20. early morning

読む練習

1. 7月からの電気料金の引き下げなど一部には引き下げの動きもあるが、今年に入りサービスの価格が落ち着いているなかで、公共料金の引き上げが相次いでおり、公共料金が物価の押し上げ要因になりそうだ。

2. 日米自動車交渉をめぐる橋本通産相と Ｊ 米通商代表部 (USTR) 代表のジュネーブでの交渉は 28 日深夜 (ジュネーブ 28 日夕方)、米側が新しい提案を示し、実質的に合意した。

    ☆ ～をめぐる (～を巡る st 14)

3. 住宅金融公庫の貸付金利が 5 月中旬にも引き下げられる見通しとなった。

    ☆ ～ (時) にも as early as ～、　　見通し (st 16)

4. 〈APEC の貿易・投資の自由化について〉 これは分野ごとに交渉する従来方式ではなく一定のガイドラインに沿って各国が自主的に自由化を進めるものだ。

    ☆ ～に沿って (st 14)

5. 〈学生向けマーケティング事業は〉学生に携帯電話を無料で貸し出す代わりに、会員企業が商品サンプリングを手掛ける際に協力を求める。

    ★ 無料 → 無～ (st 44)＋料金

6. 日本の輸出に占める円建比率はひところの 30% から 40% に、輸入のそれは 15% から 20% に上昇している。

7. 日本では電力需要が安定して伸びているため電気の卸供給は一定の条件がそろえば有望な新規事業となる。

ステップ 27

a) よく使われる名詞 (12)

1.	拠点	きょてん	円高により海外に生産拠点を移す会社が多い。
2.	最終	さいしゅう	委員会は最終答申を通産相に提出した。
3.	作業	さぎょう	環境庁は基準の見直し作業を進めている。
4.	内需	ないじゅ	政府は内需拡大を打ち出している。
5.	会談	かいだん	日独首脳会談が行われた。
6.	課題	かだい	今後数年、大蔵省が抱える最大の課題は金融だと言われる。
7.	工事	こうじ	香港で日本のＡ建設がトンネル工事を受注した。
8.	構造	こうぞう	日本経済の構造を見直す動きがある。
9.	効率	こうりつ	工場では効率を上げるため生産ラインを合理化する。
10.	商業	しょうぎょう	新都市計画では商業地域への交通アクセスの整備に重点を置く。

b) 政治や経済政策に関することば

11.	財政	ざいせい		24.	財投	ざいとう(財政投融資の略)
12.	行政	ぎょうせい		25.	投融資	とうゆうし (投資＋融資)
13.	法案	ほうあん		26.	交付	こうふ
14.	借款	しゃっかん		27.	政令	せいれい
15.	政治	せいじ		28.	条例	じょうれい
16.	政権	せいけん		29.	減税	げんぜい
17.	与党	よとう (〜党)		30.	増税	ぞうぜい
18.	行革	ぎょうかく(行政改革の略)		31.	国庫	こっこ
19.	公定歩合	こうていぶあい		32.	財源	ざいげん
20.	原案	げんあん		33.	税収	ぜいしゅう
21.	速報	そくほう		34.	通達	つうたつ
22.	概算	がいさん		35.	歳入	さいにゅう
23.	法制	ほうせい		36.	歳出	さいしゅつ

VOCABULARY IN ENGLISH

a) Frequently Used Nouns (12)
1. base place
2. the last, the final
3. work, operation
4. domestic demand
5. talk, conference
6. problem, subject, assignment
7. construction, construction work
8. structure, construction, framework
9. efficiency
10. commerce, business

b) Vocabulary Related to Politics and Economic Policy
11. finance, public finances
12. administration
13. bill
14. loan
15. politics
16. political power
17. ruling party
18. administrative reform
19. (official) discount rate
20. original bill, draft
21. news flash, preliminary report
22. rough estimate
23. legislation, laws
24. treasury investments and loans
25. investments and loans
26. delivery, issue
27. government ordinance
28. regulations
29. tax cut, tax reduction
30. tax increase
31. the national treasury
32. source of revenue, funds
33. tax revenue
34. notification, communication
35. annual revenue
36. annual expenditure

読む練習

1. 〈全国の製造業の主要な産地組合を対象に**日本経済新聞社**が実施した調査によると〉海外に生産拠点を持つ企業は 280 社に達している。

2. 〈地価の〉下落率は住宅地が 1.6%、商業地が 10% ちょうどで、それぞれ昨年より縮小した。

3. 〈対アジア貿易額が急増している〉ただ、アジアでは貿易ルールが未整備の国も多く、日本にとってはアジア太平洋経済協力会議 (APEC) などでのルールづくりへの対応が課題になりそうだ。

   ★ 未〜 → まだ〜ない

   ☆ ただ however、 〜にとって(は) for (Japan)

4. 〈規制撤廃で〉関連省令の改正作業を急ぎ、95 年中に実施する。

   ★ 省令 → 省＋(政)令

5. 大阪証券取引所の 95 年 3 月期決算は、最終損益が 35 億円の赤字 (前期は 4 億 8000 万円の黒字) になる見通しだ。

   ★ 損益 (st 41) → 損＋利益

6. 〈経済企画庁のアンケートによると〉パソコンを使えない人が電子メディアを使った行政サービスを利用できなくなると懸念する人は約 3 割を占めた。

7. 公定歩合 (現行年 1%) は史上最低水準。だが、物価が低下しているため、実質金利は高いとの評価が〈一段の下げの要求の〉背景にある。

ステップ 28

a) よく使われる名詞 (13)

1.	傾向	けいこう	この数年、失業率は増加傾向にある。
2.	中央	ちゅうおう	欧州中央銀行総裁会議で利下げの合意があった。
3.	合弁	ごうべん	A国は外国資本との合弁によりリゾート開発を進める。
4.	不振	ふしん	A社は業績不振のため役員のボーナスカットに踏み切った。
5.	現行	げんこう	A国はニッケルの生産を90年代には現行の2倍にする計画。
6.	相互	そうご	A航空は米B航空と業務提携し、相互乗り入れを取り決めた。
7.	段階	だんかい	日本では新車開発段階から部品メーカーが参加する「デザイン・イン」という方式をとっている。
8.	品目	ひんもく	消費税見直しで新たに税金がかからない品目が発表された。
9.	需給	じゅきゅう	総合エネルギー調査会は長期エネルギー需給見通しを発表した。
10.	声明	せいめい	A国、B国は首脳会議後、共同声明を発表した。

b) 接尾辞としてよく使われることば (4) (前に数字が来ることが多いもの)

11.	～強	～きょう	90年比で6割強もの削減計画を打ち出している商社がある。
12.	～弱	～じゃく	ゴム相場は昨年8月に比べると16%弱下落している。
13.	～前後	～ぜんご	日銀は4－6月の通貨供給量の伸びを4%前後と予想している。
14.	～位	～い	A自動車は世界の大企業6位 (90年) にランキングされている。
15.	～余り	～あまり	課長になってから1カ月余りが過ぎた。
16.	～件	～けん	新製品に関する問い合わせが20件余りあったそうだ。

17.	〜歳 〜さい	国民年金は 65 歳から受けられる。
18.	(〜)前半 (〜)ぜんはん	97 年度前半に業績が回復する見込みだ。
19.	(〜)後半 (〜)こうはん	円は 83 円台後半で取り引きを終えた。
20.	〜行 〜こう	A 社は大手都市銀行 2 行と取引がある。
21.	〜当たり 〜あたり	国民一人当たりの所得が増加し、個人消費が伸びている。
22.	〜分の〜 〜ぶんの〜	A 社の経常利益は 90 年 3 月期に比べ 3 分の 1 に落ち込んだ。
23.	〜名 〜めい	今回のリストラにより役員の数が 7 名削減される。
24.	〜未満 〜みまん	大人は 20 歳以上、子供は 20 歳未満。

VOCABULARY IN ENGLISH

a) Frequently Used Nouns (13)
1. tendency, trend, inclination
2. center, middle
3. joint venture
4. slump, depression
5. present, existing
6. mutual
7. stage
8. item, list of articles
9. supply and demand
10. statement, declaration

b) Kanji Frequently Used as Suffixes (4)
11. slightly more than
12. slightly less than, just under (a figurer)
13. around, more or less
14. rank, position, place
15. more than, over, about
16. case, matter
17. ~ years old, unit for counting ages
18. first half of ~
19. second half of ~
20. unit for counting banks
21. per ~
22. division: used between division and dividend 3 分の 1 = a third
23. unit for counting people
24. under ~, less than ~

読む練習

1. 〈信用組合の1月末の預金量が減ったことについて〉日銀や信組業界は「年末のボーナス支払いのための取り崩しが増えるので、1月の預金量は例年前月より減る**傾向にあり**、深刻な状況ではない」と説明している。

> ★ 取り崩し → 預金 (st 33) の一部を引き出す
>
> ☆ 傾向 (st 28) にある

2. すでに決まっている生命保険と損害保険会社の子会社方式による相互参入なども**含めて**、今月中旬にも法改正案を閣議決定し、今国会に提出する見通しだ。

> ★ 閣議 → 内閣 (cabinet) の会議
>
> ☆ ～(を) 含めて (st 14)

3. 日本産業機械工業会では「プラントの増加は一時的な要因が強く、むしろ内需の不振が心配」と慎重な見方をしている。

> ☆ むしろ rather

4. 〈規制緩和5カ年計画で〉国内企業と外国企業による国内での合弁事業など「国際契約」の届け出制について廃止・縮小を検討する。

5. **コンチネンタル・クレイン**(ニューヨーク)は中国で30件近い食料関係の合弁事業を展開中。米国では**傘下**にLPG事業を持つが、中国で手掛けるのは初めて。

> ☆ 傘下 affiliation, subsidiary

6. 〈医療費は〉国民一人当たりでは19万5300円で前年度よりも6600円増えた。

7. 〈日銀総裁は〉公定歩合引き下げなどの金融緩和策については「まだ検討する段階ではない」と語った。

ミニコラム

～ぐらい

　会話では「～ぐらい」ということばがよく使われますが、新聞ではあまり使われず、次のようなことばが使われます。

- ～程度 (st 12)　　　　10億程度の黒字
- ～前後 (st 28)　　　　10億前後の黒字
- ～余り (st 28)　　　　10億余りの黒字
- ～近い　　　　　　　10億近い黒字
- ～近辺 (～きんぺん)　円相場は98円50銭近辺で推移している。(動きがある感じ)

　「程度」「前後」「近辺」は「ぐらい」の意味で、「余り」は少し多い、「近い」は少し少ないという意味です。

ステップ 29

a)「～する」で動詞としても使われる名詞 (14)

1.	向上	こうじょう	A事務次官はB社の株価下落について「経営内容を向上させることが必要だ」と述べた。
2.	提言	ていげん	「日本的雇用制度研究会」は安心して仕事を変えられるようにさまざまな提言をしている。
3.	適用	てきよう	A国の同法が海外にも適用された場合には日本にも影響が出てきそうだ。
4.	突破	とっぱ	95年4月ついに円は85円を突破した。
5.	編成	へんせい	政府は97年度予算案の編成方針を決定した。
6.	担当	たんとう	A氏は大手都市銀行で融資を担当している。
7.	公開	こうかい	この工場はA社製品のモデル工場としてユーザー企業に公開される。
8.	促進	そくしん	雇用を促進するために社会的な制度の整備が必要だ。
9.	追加	ついか	コンピュータA社はソフトウエアのサービスなどサービスメニューを追加する。
10.	表明	ひょうめい	A長官はB国の内需拡大政策には見るべきものがないと懸念を表明した。

b) よく使われる名詞 (14)

11.	外為	がいため	外為というのは外国為替の略である。
12.	意向	いこう	A市はビンやカンのデポジット制度を導入する意向。
13.	会合	かいごう	この問題については24日日米構造協議の会合で説明される。
14.	債権	さいけん	最大の債権国であったA国は債務国になってしまった。
15.	総会	そうかい	毎年6月下旬に株主総会を開く会社が多い。
16.	空港	くうこう	新空港の建設には海外の企業も入札に参加した。
17.	組織	そしき	組織を合理化するためリストラを進める。

18.	白書	はくしょ	毎年５月に通商白書が発行される。
19.	意識	いしき	経営者の意識改革が求められる。
20.	意欲	いよく	会社は意欲のある人を採用したがっている。

VOCABULARY IN ENGLISH

a) Nouns Which Can Become Verbs with Suru-endings (14)
   1. advancement, improvement
   2. proposal, suggestion
   3. application
   4. breaking through, passing
   5. organization, composition, compilation
   6. in charge
   7. opening to the public, disclosure
   8. promotion, encouragement
   9. addition
   10. expression, demonstration

b) Frequently Used Nouns (14)
   11. foreign exchange
   12. intention
   13. meeting, gathering
   14. credit, claim
   15. general meeting, general assembly
   16. airport
   17. organization
   18. white paper
   19. consciousness, awareness, way of thinking
   20. will, ambition, desire

読む練習
<small>れんしゅう</small>

1. ジュネーブ入りしている**越智**運輸省顧問を通じて、米国製自動車部品の輸入
<small>おち</small>
促進策や、重要保安部品に関する規制緩和を米側に説明する考えを示した。
<small>ほあん</small> <small>せつめい</small>

   ☆ 〜を通じて (st 14)

2. 〈労働〉白書によると、93 年の製造業生産労働者の総実労働時間は日本が前年比
51 時間減の 1966 時間だった。これに対し、米国は同 19 時間増の 1976 時間となっ
た。

   ★ 総実 → 総〜＋実質
   <small>そうじつ</small>

   ☆ ………。これに対し (st 14) Compared with this, On the contrary

3. 連立与党が月内に取りまとめる与党三党の新たな政策合意 (新三党合意) で金
融機関の不良債権処理に向けた公的資金導入の方針が盛り込まれる公算になった。
<small>ふりょう</small> <small>こうさん</small>

   ★ 月内 → 今月＋以内
   <small>げつない</small>

   ☆ 〜に向けた (st14)、   公算 (st45) になった

4. 〈経済 4 団体の〉4 氏は「円高と株式市場不振の悪循環が続くならば、経済その
<small>じゅんかん</small>
ものが破たんする恐れがある」との危機感を表明。
<small>は</small> <small>きき</small>

   ★ 経済 4 団体

   経団連 (経済団体連合会) Federation of Economic Organizations
   <small>けいだんれん</small>

   日経連 (日本経営者団体連盟) Japan Federation of Employers' Associations
   <small>にっけいれん</small> <small>れんめい</small>

   同友会 (経済同友会) Japan Committee for Economic Development
   <small>どうゆうかい</small> <small>どうゆうかい</small>

   日商 (日本商工会議所) Japan Chamber of Commerce and Industry
   <small>にっしょう</small> <small>しょうこう</small>

   ☆ 恐れ (st 15) がある

5. 〈三菱マテリアル は〉コンピュータ化を促進し、本社人員を 2−3 割をメドに
<small>みつびし</small> <small>じんいん</small>
削減する。

   ☆ 〜をメドに aiming at, with the goal of 〜

6. 〈取引銀行団10数行の**神戸製鋼** に対する〉融資額は短期借入金残高の約2割に
<small>だん</small> <small>こうべせいこう</small> <small>ざんだか</small>
あたり、適用金利は通常より 0.6% 程度低い模様。
<small>つうじょう</small> <small>もよう</small>

   ☆ 模様 (st 32)

7. ここにきて円高を受け企業の生産や業績が落ち込む懸念が出てきたこともあ
り、**武村**蔵相は今回の会合で一層の円高・ドル安への懸念を明らかにする考えだ。
<small>たけむら</small> <small>いっそう</small>

ステップ 30

a)「～する」で動詞としても使われる名詞 (15)

1. 予測	よそく	日本経済研究センターは日本経済 5 カ年予測 (95－99 年) をまとめた。
2. 回答	かいとう	調査は全国 900 の企業に対し、2 月に実施、378 社から回答を得た。
3. 構築	こうちく	リストラというのは事業の再構築のことである。
4. 加速	かそく	「鉄鋼業は 90 年代に国際化が加速する」と A 社会長。
5. 協調	きょうちょう	G7 中央銀行総裁会議で各国は協調して介入することに合意した。
6. 更新	こうしん	円はまたまた最高値を更新した。
7. 委託	いたく	A 社はオーストラリアのビールメーカーに日本向けビールの生産を委託した。
8. 出店	しゅってん	この数年日系百貨店はアジア各国へ積極的に出店するようになった。
9. 操業	そうぎょう	約 120 億円を投資して工場を建設、98 年春から操業する予定。
10. 注目	ちゅうもく	鉄鋼業のベースアップの結果が注目されている。

b) よく使われる名詞 (15)

11. 危機	きき	今回の問題で経営危機に対する認識が改められるだろう。
12. 行動	こうどう	G7 では各国が利下げの協調行動をとることで合意した。
13. 主導	しゅどう	今回の銀行の合併は大蔵省の主導で行われた。
14. 中堅	ちゅうけん	中堅アパレルメーカーの A 社は中国に進出し、事業を急拡大した。
15. 店頭	てんとう	A 社の株は店頭公開されている。
16. 前提	ぜんてい	大規模な経済協力は政治的な安定が前提となる。

17.	大口	おおぐち	土地を売った金を金利の高い大口定期^{ていき}預金で運用する。
18.	義務	ぎむ	株式を公開している会社は決算を発表する義務がある。
19.	限界	げんかい	いままで値上げを見送ってきたが、合理化はもう限界だ。
20.	高齢	こうれい	高齢化社会に向けて自治体は住みやすい町^{まち}づくりに取り組んでいる。

VOCABULARY IN ENGLISH

a) Nouns Which Can Become Verbs with Suru-endings (15)
　　1. forecast, estimate, prediction
　　2. answer, reply, response
　　3. construction
　　4. acceleration
　　5. concert
　　6. renewal, replacement
　　7. trust, commission, entrustment, consignment
　　8. launching (retail business)
　　9. operation, running
　　10. attention, notice

b) Frequently Used Nouns (15)
　　11. crisis
　　12. action, act, behavior
　　13. leadership
　　14. middle, midsized, the mainstay
　　15. storefront, over-the-counter (stock market)
　　16. premise, prerequisite
　　17. large amount, large-scale
　　18. duty, obligation, responsibility
　　19. limit, limitation
　　20. old age, aging

読む練習

1. 昨年のエアコン商戦は猛暑で過去最高の販売台数を記録したが、小売店による値引き販売が加速、価格は前年同期より 1 割近く下落した。

   ★ 値引き → 値段を引く

2. 26 日の店頭株相場で**ソフトバンク**株が前週末比 300 円安と、3 日続落した。

   ☆ 続落 (st50)

3. 同社 (株式を店頭公開する**ジャストシステム**) はパソコン通信事業に進出するなど将来のマルチメディア市場をにらんで積極投資を続けており、公開で資金調達力を高める。

   ☆ ～をにらんで watching (the market) closely, taking ~ into consideration

4. 小口利用者向けの都市ガス料金はLPG (液化石油ガス) の3割ほど安いと言われる。

   ★ 小口 ↔ 大口

5. 運輸省が23日まとめた海運や旅行業、航空など主要企業向け緊急調査で、運輸関連企業の約9割が景況を「悪い」と回答、円高による景況感の悪化が浮き彫りになった。

   ★ 景況 → 景気の状況

   ☆ 浮き彫りになる   has become apparent, emerge clearly

6. 国土庁は介護が必要な高齢者一人を地域住民の何人で支えるかを示す「介護負担力」に関する調査をまとめた。

   ★ 住民 → 住む＋(国)民

7. **西松建設**は米国の中堅ゼネコン (総合建設会社) **オースチン・インダストリーズ** (テキサス州) との業務提携を解消した。

8. 自国通貨の大幅高を追い風に、スイス、ドイツの企業が海外でのM&A (企業の合併・買収) を加速している。

   ★ 自国 → 自分の国

   ☆ ～を追い風に backed by a favorable wind of ~, supported by ~

ステップ 31

a) 「～する」で動詞としても使われる名詞 (16)

1.	注文	ちゅうもん	A社から大口注文があった。
2.	提供	ていきょう	A社はカード会員に対して保険取り扱いなどのサービスを提供する。
3.	拡充	かくじゅう	都銀各行は中堅・中小企業に対する支援を拡充している。
4.	返済	へんさい	計画性のない借り入れにより返済が不可能になった。
5.	保障	ほしょう	企業の支払う社会保障費は年々増加の傾向にある。
6.	活動	かつどう	A国の景気には一部、経済活動の減速が見られる。
7.	希望	きぼう	A社はB国への建設市場への参入を希望している。
8.	強調	きょうちょう	あまりリスクを強調すると、海外進出が難しくなる。
9.	供与	きょうよ	A社は同社の持つ電子部品の技術をB社に供与する。
10.	減速	げんそく	景気が減速する中で、新規採用を控える会社が増えている。

b) 副詞または接続表現としてよく使われることば (3)

11.	直接	ちょくせつ	規制緩和が進めば電力を直接需要家に供給することが可能になる。
12.	～上	～じょう	利益を減らした安売りは経営上問題になるだろう。
13.	～限り	～かぎり	大幅なコスト引き下げができない限り、最終的には価格を引き上げざるを得ないだろう。
14.	依然	いぜん	企業の投資意欲は依然として強い。
15.	最も	もっとも	A国は新聞の種類が多く、世界で最も競争が激しい。
16.	再び	ふたたび	A国の対日赤字は35億ドル、前月比13.2%と、再び増加した。
17.	当面	とうめん	英国での日系企業金融機関のポンド債発行が当面続きそうだ。

18. 当然　　とうぜん　　電力市場が自由化されると、当然大幅な経営の合理化が求められるだろう。

19. 逆に　　ぎゃくに　　法人所得ランキングで都銀は後退したが、逆に製造業は上昇した。

20. 別にして　べつにして　最大手のＡ証券は別にして、大手・中堅の証券会社はそろって減益_{げんえき}となった。

21. 結局　　けっきょく　午前10時に始まった会合は午後7時まで続いたが、結局、合意できなかった。

22. 一層　　いっそう　　消費者の低価格商品を求める傾向が一層強まっている。

23. 一斉　　いっせい　　規制緩和により、各社は一斉に合理化に取り組みだした。

VOCABULARY IN ENGLISH

a) Nouns Which Can Become Verbs with Suru-endings (16)
1. order
2. offer
3. expansion and improvement
4. payment, reimbursement
5. guarantee, security
6. activity, action
7. hope, desire
8. emphasis, stress
9. provision, giving, grant
10. speed reduction, slowdown, deceleration

b) Frequently Used Adverbs and Conjunctive Expressions (3)
11. directly
12. from the viewpoint, from the standpoint
13. as long as ~
14. still, as before, as ever
15. most
16. again
17. for the time being
18. naturally, consequently
19. on the contrary
20. except for, aside from, apart from
21. in the end, after all
22. more, still more
23. all at once, simultaneously

読む練習

1. 三菱銀行では「市場リスクの開示は投資判断の際の重要な情報になるので今後も拡充したい」としている。

   ★ 開示 (disclosure) → 開く＋示す

   ☆ ～としている　explain

2. ジャスコは26日、資生堂、鐘紡、コーセー、花王の化粧品800品目を7月1日から一斉に10-15%値下げすると発表した。これまでメーカーの希望小売価格通りに販売されてきた化粧品を安売りするのは、大手スーパーでは初めて。

3. 〈アジア諸国にとって〉円高は輸入価格の上昇につながり、円債務の返済が厳しくなることを意味する。

   ☆ ～につながる　linked to ~, mean, result in

4. 昨秋以降、百貨店売上高は回復の兆しが見えていたが、阪神大震災で再び消費マインドが冷え込んでおり、営業日数の拡大で売り上げ増を目指す。

   ★ ～日数 → ～日＋数

   ☆ 兆し (st 42)

5. 中国は急激な円高によって日本から供与された円借款の返済負担が急膨張しているとして、日本と返済条件などを含む対応策を話し合う方針を打ち出した。

   ★ 膨張 → 膨らむ

   ☆ ～を含む　include (cf. 含める st 14)

6. 〈民間設備投資動向調査で〉非製造業を加えた全産業では0.5%減と依然マイナスが続くが、減少幅は縮まっている。

   ★ 縮まる → 縮小

   ☆ ～を加えた (st 14)

ステップ 32

a)「〜する」で動詞としても使われる名詞 (17)

1.	主張	しゅちょう	通産相はアジア経済協力はAPECを中心に、と主張した。
2.	指導	しどう	政府の企業に対する行政指導が海外から批判されている。
3.	集中	しゅうちゅう	A社では医薬部門への投資が集中している。
4.	所有	しょゆう	A社は所有しているホテルをB社に売却する。
5.	成立	せいりつ	A国で同法案が成立すれば、日本企業にも影響が出てきそうだ。
6.	相談	そうだん	政府は税金に関する相談を受けたり、情報を提供するよう各都道府県の知事に求めた。
7.	比較	ひかく	日本の公共料金は欧米と比較すると、ほとんどの場合高い。
8.	変動	へんどう	円高が進む中、為替の変動に対応できない企業も出てきた。
9.	先行	せんこう	AメーカーはBメーカーに先行してテレビ電話の販売に踏み切る。
10.	落札	らくさつ	A空港ターミナルビル建設は日本のB建設が落札した。

b) よく使われる名詞 (16)

11.	正式	せいしき	A国の債務削減は7カ国蔵相会議で合意され、先進国首脳会議で正式決定される。
12.	単位	たんい	欧州連合 (EU) の通貨単位はユーロになりそうだ。
13.	能力	のうりょく	この機械は従来のものと比べると3倍の生産能力がある。
14.	模様	もよう	カメラの売り上げは4%台の伸びにとどまった模様。
15.	財産	ざいさん	弁護士に財産の管理を委託する。

16. 材料　　ざいりょう　　雇用統計は今後の景気を予測する材料として注目
　　　　　　　　　　　　　　される。

17. 摩擦　　まさつ　　　　Ａ経済研究センターの予測によると、経常黒字が
　　　　　　　　　　　　　　縮小し、対外_{たいがい}摩擦は緩和されるそうだ。

18. 指針　　ししん　　　　指針はガイドラインと言われることが多い。

19. 同様　　どうよう　　　日本でもＡ国と同様の制度が導入される可能性が
　　　　　　　　　　　　　　高い。

20. 独自　　どくじ　　　　コンピュータ大手Ａ社は、ソフト子会社が開発した
　　　　　　　　　　　　　　独自のソフトやシステムを販売できるようにした。

VOCABULARY IN ENGLISH

a) Nouns Which Can Become Verbs with Suru-endings (17)
 1. assertion, claim, insistence
 2. guidance, leading
 3. concentration
 4. possession
 5. establishment, formation
 6. consultation
 7. comparison
 8. change, fluctuation
 9. preceding
 10. successful bid

b) Frequently Used Nouns (16)
 11. proper form, formal
 12. unit
 13. ability
 14. pattern, appearance, look
 15. fortune, assets
 16. material, factor, element
 17. friction, (trade) friction
 18. pointer, guide, index
 19. similar, same
 20. original, one's own

読む練習

1. 大蔵省による証券会社の配当指導は年によって方針が変わるなど不透明だった。大蔵省は今後、経営の健全性を前提に、配当額の決定を基本的に証券会社にゆだねる意向だ。

2. 証券投資信託協会は信託各社がデリバティブ (金融派生商品) を利用する際のリスク管理について詳細な指針を作成した。

3. 同社の連結子会社32社のうち、8社程度が赤字となった模様。

　　　☆ (数) 程度 (st 12)、　模様 (st 32)

4. 阪神大震災に配慮して、野党側が予算の早期成立に協力する方針を打ち出したため、本予算としては52、56両年度の3月27日を上回り、戦後最も早い時期の成立となった。

　　　★ 野党 ← 与党、　早期 → 早い時期

5. すでに一部の都市銀行が変動金利型を導入して融資金利を引き下げているが、三和銀行の融資金利が最も低くなる。

6. 〈東京都の〉指導方針は毎年春、信用組合の新年度の経営の指針として都がまとめ、都信組協会に提示している。

7. 東京金融先物取引所は取引手数料を33%引き下げ、最低取引単位である1枚 (1億円) 当たり100円にする。

　　　★ 最低 ← 最高

8. 労働省は中高年を中心としたホワイトカラーの職業能力開発に本格的に乗り出す。

　　　★ 中高年 → 中年＋高年

　　　☆ 〜を中心 (キソ) とした focused on 〜, centered on

ステップ 33

a) 「～する」で動詞としても使われる名詞 (18)

1.	解決	かいけつ	特別調査委員会を設け、問題の解決にあたる。
2.	回収	かいしゅう	新会社は債権の管理や回収を担当する。
3.	激化	げきか	パソコンの値下げ競争が激化している。
4.	購入	こうにゅう	土地を購入するため、銀行に融資を申し込んだ。
5.	固定	こてい	A銀の住宅ローンには決められた期間の金利を固定する「固定型」もある。
6.	設置	せっち	PL法 (製造物責任法) ができ、企業はクレーム対応のため専門の委員会を設置した。
7.	説明	せつめい	大手スーパーAはB社製品の販売停止について説明を求められた。
8.	反対	はんたい	A国の債務削減に関する提案には当初、日本などが反対していた。
9.	補助	ほじょ	ある市ではソーラーシステムを設置するための補助金が出る。
10.	延長	えんちょう	同じ条件で契約を延長することになった。

b) 金融関係でよく使われることば

11.	利回り	りまわり	20.	貸付	かしつけ
12.	残高	ざんだか	21.	担保	たんぽ
13.	預金	よきん	22.	貯蓄	ちょちく
14.	貯金	ちょきん	23.	利払い	りばらい
15.	利上げ	りあげ	24.	邦銀	ほうぎん
16.	利下げ	りさげ	25.	与信	よしん
17.	利率	りりつ	26.	譲渡	じょうと
18.	生命保険 (生保)		27.	償還	しょうかん
	せいめいほけん (せいほ)		28.	振込	ふりこみ
19.	損害保険 (損保)		29.	満期	まんき
	そんがいほけん (そんぽ)				

VOCABULARY IN ENGLISH

a) Nouns Which Can Become Verbs with Suru-endings (18)
1. solution, resolution, settlement
2. collection, recovery, withdrawal
3. intensification
4. purchase
5. fixed (interest rate, etc.)
6. installment, establishment
7. explanation
8. opposition, objection
9. supplement
10. extension, continuation

b) Vocabulary Related to Finance
11. yield (on an investment), return, interest
12. balance
13. deposit in a bank account, savings in a bank account
14. deposit in a postal account, savings in a postal account
15. increase in an interest rate
16. decrease in an interest rate
17. interest rate
18. loan, loaning
19. life insurance
20. non-life insurance, damage insurance
21. collateral, security, mortgage
22. savings
23. interest payment
24. Japanese bank
25. credit provision
26. transferable, negotiable (securities, property, etc.)
27. repayment, refund, redemption
28. money transfer (banking)
29. maturity

読む練習 _{れんしゅう}

1. **三菱銀行**_{みつびし} は邦銀としては初めて金利や為替変動にさらされている同行の市場リスク額を公表する。また7月にも不良債権_{ふりょう}の担保になっている不動産を邦銀として初めて証券化する。

2. 〈生命保険4社は住宅ローン金利を引き下げ〉長期の市場金利が下がったことに対応した。各社とも引き下げを機_きに、住宅ローンの取り扱い増加を目指す。**日本生命** が引き下げるのは、固定金利型の住宅ローンの融資金利。

    ☆ 〜を機に taking an advantage of (a good chance of) ~, seizing a good opportunity of

3. 共同債権買取機構は、民間金融機関から買い取った不動産担保付き不良債権_{ふりょう}の_つ回収を強化する。

4. (改正保険業法は) 生保と損保の相互参入を認めるなど規制緩和を進めたのが特徴_{とくちょう}で、1939年の同法制定_{せいてい}以来56年ぶりの全面改正_{ぜんめん}となった。

    ☆ 〜のが特徴 (st44)

5. 信用取引の約7割を個人投資家による利用が占めていることから、大蔵省は、〈信用取引制度の拡充が〉個人の株離_{ばな}れに歯止_{はど}めをかけ、低迷する証券市場の活性化_{かっせい}につながると期待している。

    ☆ 歯止め (st48) をかける

ステップ 34

a) よく使われる名詞 (17)

1.	表面	ひょうめん	中小金融機関の経営不振が相次いで表面化している。
2.	格差	かくさ	日米における情報通信のインフラ格差はきわめて大きい。
3.	大半	たいはん	今期、大半の百貨店は売上高が大幅に減少した。
4.	代理	だいり	A社はB国C社と輸入総代理店契約を結んだ。
5.	当局	とうきょく	米当局のニューヨーク市場での介入は過去最大規模という。
6.	道路	どうろ	空港建設に伴い、都心への道路整備が急がれる。
7.	範囲	はんい	原油は1バレル21ドル台の狭い範囲内での値動きとなろう。
8.	理由	りゆう	消費者は円高を理由に輸入品の値下げを要求している。
9.	割合	わりあい	メーカーによると、新製品の売り上げ全体に占める割合は5%程度。
10.	上位	じょうい	法人所得ランキングで上位10社に都銀が5行、証券会社が3社入る結果になった。

b) 接尾辞としてよく使われることば (5)

11.	〜分	〜ぶん	今年度分、物価上昇分
12.	〜内	〜ない	企業内、年度内
13.	〜度	〜ど	必要度、コンピュータの認識度
14.	〜書	〜しょ	報告書、要請書
15.	〜機	〜き	自動販売機(自販機)、大型機
16.	〜車	〜しゃ	輸送車、大型車
17.	〜主義	〜しゅぎ	保護主義、自由主義
18.	〜幅(幅)	〜はば	値下げ幅、利幅
19.	〜益	〜えき	評価益、売却益
20.	〜界	〜かい	財界、産業界

21.	～種 (種類)	～しゅ(しゅるい)	機種、車種
22.	～値	～ち	平均値、最小値
23.	～団	～だん	代表団、交渉団
24.	～料	～りょう	使用料、キャンセル料
25.	～外	～がい	範囲外、予想外
26.	～先	～さき	輸出先、相手先
27.	～網	～もう	通信網、販売網
28.	～制	～せい	変動制、週休2日制
29.	～論	～ろん	改革論、日米比較論
30.	～線	～せん	国内線、ローカル線
31.	～並み	～なみ	前年度並み、欧米並み
32.	～級	～きゅう	5万トン級のタンカー、次官級の協議
33.	～難	～なん	財政難、経営難
34.	～筋	～すじ	政府筋、金融筋

VOCABULARY IN ENGLISH

a) Frequently Used Nouns (17)
1. surface
2. difference, gap
3. most, majority
4. agency, agent
5. authority
6. road, street
7. range, extent, scope
8. reason
9. ratio, percentage
10. superior rank, high ranking

b) Kanji Frequently Used as Suffixes (5)
11. part, portion, share
12. within
13. degree
14. document, used for any kind of written forms
15. machine
16. vehicle
17. ~ ism
18. width, extent, range
19. profit
20. world, circles
21. type, kind
22. price, value, figure
23. group
24. fee, charge, cost
25. outside, beyond
26. destination, the other party
27. web, network
28. system
29. argument, discussion, debate, view
30. line (transportation)
31. the same level as ~, on par with ~
32. level, rank, grade, class
33. difficulty, trouble
34. sources

読む練習

1. 都銀店舗への来客者の大半が機械コーナーを利用しているため、銀行間のオンライン提携の幅を広げることでサービスを向上し、郵便局に対抗する。

2. 半導体はゲーム機のコストの 50% 以上を占めるが、国内調達比率が高い。

3. 日商岩井は為替・金融商品から相場商品まで広範囲なディーリングを単一組織で展開していくことを決めた。

   ★ 広〜 → 広い〜

4. 日本経済研究センター(香西泰 理事長) がまとめた超短期経済予測 (修正値) によると、今年 1–3 月期の国内総生産 (GDP, 季節調整値) の前期に比べた実質成長率は 0.3% にとどまる。

   ☆ 〜にとどまる remain at ~, be confined to ~

5. 都市銀行の住宅ローンに占める固定金利型の割合が急速に高まっている。

6. リスク管理体制強化による消費者金融の無担保・小口融資拡大は有担保主義の銀行業務の一歩先を行っている。

   ★ 小口 ↔ 大口、 有〜 ↔ 無〜 (st 44)

7. 米自動車メーカー、クライスラーが日本市場で自前の販売網を持つことは、日本の自動車販売市場が少なくとも資本面からは開放された市場であることを示す。

ステップ 35

a) よく使われる名詞 (18)

1. 期限	きげん	A銀は債務返済期限を延長する。
2. 現実	げんじつ	1ドル＝80円が現実となった。
3. 行為	こうい	再販売価格維持行為、つまりメーカーが値引き販売を理由に取引きを断ること。
4. 実際	じっさい	法的には禁止されているが、実際には業者間で価格調整が行われている。
5. 収入	しゅうにゅう	支出の伸びが収入の伸びを上回っている。
6. 目的	もくてき	アンテナショップは市場の動向を見ることが目的。
7. 主力	しゅりょく	A社の主力部門、大型工作機械の売り上げが低迷している。
8. 上方	じょうほう	1月のA国貿易赤字は当初発表から71億6380万ドルに上方修正された。
9. 年齢	ねんれい	A社の従業員の平均年齢は33.8歳、B社のそれは45.2歳。
10. 臨時	りんじ	今回の値下げは円高に伴う臨時措置との考え。

b) よく使われる動詞 (7)

11. 付ける	つける	従来の製品に新機能を付け、さらに価格を下げて売り出す。
12. 移す	うつす	A自動車は部品生産の一部をB国へ移すことも検討している。
13. 置く	おく	Aパソコンメーカーは横浜市内に拠点を置く。
14. 異なる	ことなる	本社ビル建設で異なった二つのプランを提出し、検討してもらう。
15. 向かう	むかう	景気もようやく回復に向かっているようだ。
16. 陥る	おちいる	A社は経営不振に陥り、93年度決算で経常赤字になった。

17.	迎える	むかえる	A社はB銀行から社長を迎え、会社再建に取り組む。
18.	集まる	あつまる	利回りのいいオプション取り引きに人気（にんき）が集まっている。
19.	起きる	おきる	報告書では世界的な資金不足が起きていると指摘。
20.	生じる	しょうじる	経済企画庁長官は「急速（きゅうそく）な円高は景気に悪影響（あく）が生じる恐れがある」と述べた。
21.	備える	そなえる	円高・ドル安に備え、通貨オプション取引を利用する。
22.	転じる 転ずる	てんじる てんずる	欧州の自動車販売台数が先月減少に転じた。
23.	生かす	いかす	A商社はノウハウを生かし、独自のルートでカナダ産住宅を輸入する。
24.	失う	うしなう	アルミニウム業は生産コストの上昇で国際競争力を失ってしまった。
25.	望む	のぞむ	「ハイリスク、ハイリターン」の取引を望む個人投資家が増えているそうだ。
26.	防ぐ	ふせぐ	失業拡大を防ぐため、成長産業への労働移動（いどう）を進める。

VOCABULARY IN ENGLISH

a) Frequently Used Nouns (18)
1. period, time limit, deadline
2. reality
3. act, action, behavior
4. reality, in fact
5. income, earnings,
6. goal, aim, target
7. main strength, leading power
8. upward, upper part, (revision) upward
9. age
10. temporary

b) Frequently Used Verbs (7)
11. attach, apply
12. move, shift, transfer
13. put, place, leave
14. differ, be dissimilar
15. head toward, face, be opposite to
16. fall into, slide into, lapse into
17. welcome, greet
18. gather, meet
19. occur, happen, get up
20. yield, bring about
21. furnish, equip, prepare, make provisions for
22. change, alter, switch
23. make the most of, utilize
24. lose, miss
25. want, hope for, desire
26. prevent, defend against, protect from

読む練習

1. 大蔵省 (**武村正義**蔵相) は将来の国債増発に備えるとともに短期金融市場を育成する狙いから、短期国債 (TB) を安定的に市場へ放出する方針を決めた。

    ★ 増発 → 増やす＋発行

    ☆ 狙い (st 17)

2. (景気討論会で) 政策面では「不良債権の処理で金融システムが危機に陥るようなら公的資金の導入も必要だ」などの意見が出た。

3. 女子大卒の採用を減らす企業が多い中、同社 〈**オリックス**〉 は支店や営業所の開設、既存店舗の増強など営業強化のため、採用数を上方修正することにした。

    ★ 増強 → 増やす＋強化

4. 〈民間設備投資動向調査によると〉 製造業全体では 94 年度実績見込みを 3.8% 上回り、4 年ぶりに増加に転じる。

5. 半導体メーカーは増産の構えだが、年初、前年比 50 万台増の 400 万台強と予測されていた今年の国内パソコン販売は、最近では 500 万－520 万台に上方修正されている。

    ★ 増産 → 増やす＋生産、　年初 → 年の初め

    ☆ 構え is set to ~, is prepared to ~

6. 格付け機関の米 **ムーディーズ・インベスターズ・サービス** は 28 日、経営危機に陥っている住宅金融専門会社 (住専) の処理方法によっては「邦銀の信用度に不安が広がる」とのリポートをまとめた。

    ☆ 格付け (bond) rating, bond rating (agency)

ステップ 36

a) よく使われる名詞 (19)

1.	外資	がいし	わが国の電気通信事業法では外資の出資比率を33.3％まで認めている。
2.	構想	こうそう	A通産相は東アジア経済圏構想の問題点を指摘した。
3.	資源	しげん	資源開発は抑制される傾向にある。
4.	事実	じじつ	A社工場の進出には反対の声もあったが、地元に利益をもたらしたのも事実だ。
5.	成果	せいか	赤字部門を廃止しても、あまり成果は上がらなかった。
6.	世帯	せたい	首都圏のテレビの普及台数は1世帯当たり2.1台となっている。
7.	総務	そうむ	総務部の業務の合理化を進めている。
8.	倍率	ばいりつ	住宅マンションの価格を年収 (年間収入) 倍率の5倍にすることが政府の目標。
9.	民営	みんえい	A国は98年までに国営企業4社を民営化する方針。
10.	焦点	しょうてん	A国B国の通商会議で市場開放問題が焦点となっている。

b) 流通関係でよく使われることば

11.	問屋	とんや		21.	量販 (店)	りょうはん (てん)
12.	流通	りゅうつう		22.	外食	がいしょく
13.	店舗	てんぽ		23.	仕入れ	しいれ
14.	卸売	おろしうり		24.	粗利	あらり
15.	物流	ぶつりゅう		25.	納入	のうにゅう
16.	売り場	うりば		26.	納期	のうき
17.	安売り	やすうり		27.	納品	のうひん
18.	再販	さいはん		28.	品ぞろえ	しなぞろえ
19.	在庫	ざいこ		29.	値引き	ねびき
20.	出荷	しゅっか				

VOCABULARY IN ENGLISH

a) Frequently Used Nouns (19)
1. foreign capital, foreign funds
2. idea, scheme, plan, vision
3. resources
4. fact, truth
5. result, product, achievement
6. household
7. general affairs
8. magnification rate/ratio, competition rate
9. private management
10. focus

b) Vocabulary Related to Distribution
11. wholesaler, wholesale store
12. distribution
13. shop, store, office
14. wholesale
15. flow of goods, distribution, physical distribution
16. sales counter, point of sales
17. bargain sale
18. resale
19. stock, inventory
20. shipment
21. volume retailer
22. eating out
23. stocking, buying
24. rough profits
25. delivery (of goods), payment (of tax)
26. appointed date of delivery, appointed date of payment
27. delivery of goods, delivered goods
28. lineup of goods
29. discount, price reduction

読む練習

1. 公正取引委員会は21<u>日付</u>で、大規模小売店舗法の廃止など、流通分野の政府規制を抜本的に見直すべきだとする研究会の報告書を発表した。

      ★ 〜日付 → 〜日 + (日)付

2. 政府・連立与党内に、大型の95年度補正予算案を<u>早期</u>に編成する構想が<u>浮上</u>してきた。

      ★ 早期 → 早い時期

      ☆ 浮上する　surface, emerge

3. 〈**アイワ**〉は<u>今秋</u>から**ラオックス**や**上新電気**など量販店20社以上との契約を、海外で生産したテレビやミニコンポを大型コンテナで直接納入する方式に切り替える。同社の国内物流センターを中継せず一度に800台前後運び込むことで、物流コストを3割以上削減する狙い。

      ★ 今秋 → 今年の秋

      ☆ 〜せず　without 〜、　　(数) 前後 (st 28)

4. 〈オーストラリアとシンガポールの合意は〉豪州をはじめ世界の番組がアジア地域で流通しやすい環境整備を狙っている。

      ☆ 〜をはじめ　such as

5. 11月の新食糧法 (食糧需給価格安定法) の施行でコメの流通規制が大幅に緩和され、ビジネスチャンスは膨らむ。

6. 〈家電量販店トップのベスト電気は計画していたカローラ II の安売りを断念した。〉新規参入の困難さは、日本国内からも浮き彫りになった格好だ。

      ☆ 浮き彫りになる　has become apparent, emerge clearly、　格好　it appears that 〜

ステップ 37

a) よく使われる名詞 (20)

1. 既存　きそん　最近の問題は既存の法律では対応できなくなっているものもある。

2. 原則　げんそく　この会社では管理職は原則として残業手当がつかない。

3. 後発　こうはつ　この分野なら、後発メーカーが既存メーカーと十分に競争することができる。

4. 過剰　かじょう　紙・パルプ業界は生産設備のおよそ2割が過剰と言われていた。

5. 生活　せいかつ　戦後50年、国民の生活水準は上昇したが、一方でさまざまな問題が生まれた。

6. 職業　しょくぎょう　職業別人口統計によると、第三次産業 (商業、サービス業) の人口が増えている。

7. 通常　つうじょう　A社では通常の価格の50%引きでパソコンを売っている。

8. 基礎　きそ　経営の基礎を固めるのに10年かかった。

9. 局面　きょくめん　ぎりぎりの局面で貿易戦争の危機を避けることができた。

10. 権利　けんり　A社はB社の総代理店として国内でB社製品を販売する権利を得た。

b) よく使われる動詞 (8)

11. 経る　へる　A大型プラントは取締役会を経て正式決定される。

12. 任せる　まかせる　経験のある社員に仕事を任せ、責任を持たせる。

13. 及ぶ　およぶ　失業率が上がったのは企業のリストラが雇用にまで及んでいるからだ。

14. 崩れる　くずれる　バブル経済が崩れ、「バブル崩壊」ということばがよく使われるようになった。

15.	限る	かぎる	現在の為替水準で競争力を維持できるのは一部の製品に限られる。
16.	果たす	はたす	国民は国民としての義務を果たさなければならない。
17.	違う	ちがう	日本の流通機構は欧米と違い、原則として卸問屋を通して行われる。
18.	伝える	つたえる	大蔵省は大手銀行幹部を呼び、意向を伝えた。
19.	図る	はかる	土地の有効利用を図る。
20.	招く	まねく	バブル期のノンバンクへの過剰融資は批判を招くことになった。
21.	増す	ます	A国では景気に明るさが増してきた。
22.	守る	まもる	合意内容を守るのは当然のことである。
23.	当たる	あたる	計画の実現に当たっては、関係部門の協力を得なければならない。
24.	整える	ととのえる	来年の法改正に当たり、各企業は販売体制を整える。
25.	探る	さぐる	A社は上場の可能性を探っている。
26.	役立つ	やくだつ	大型減税は景気回復に役立つだろう。
27.	裏付ける	うらづける	雇用統計でさらに景気の低迷が裏付けられた。

VOCABULARY IN ENGLISH

a) Frequently Used Nouns (20)
1. existing
2. principle, rule, basic rule
3. less developed, newcomer, late starter
4. surplus, excess
5. life, living, life style
6. occupation, job
7. usual, normal
8. basis, foundation
9. aspect, situation
10. right

b) Frequently Used Verbs (8)
11. pass, go through
12. entrust
13. reach, extend to

14. collapse, crumble, fall apart
15. limit, restrict, confine
16. carry out, accomplish, achieve
17. be different, disagree, be wrong
18. transmit, tell, communicate
19. plan to carry out
20. invite, incur
21. increase, gain, grow
22. protect, obey, keep (a promise)
23. be successful, undertake, when the time comes, hit the right spot, be equal to
24. arrange, get (something) ready, prepare
25. search, probe, explore
26. be useful, be helpful
27. prove, back up, substantiate

読む練習
^{れんしゅう}

1. 首都圏の 15－65 歳の<u>男女</u>2000 人にアンケートし、メディア情報機器と生活とのかかわりを調べたところ、<u>男女</u>の間には情報の収集^{しゅうしゅう}や利用の<u>仕方</u>^{しかた}に大きな差があったという。

     ★ 男女^{だんじょ} → 男＋女、 仕方^{しかた} → 〜する＋〜方^{かた}(方法)

2. 米国の<u>出方</u>次第では、日本や欧州諸国にも影響が及ぶ恐れが出てきた。

     ★ 出方^{でかた} → 出る＋〜方^{かた}(状態、様子^{ようす})

     ☆ 〜次第　depending on 〜

3. 「価格破壊^{はかい}が続く中で 30％ も粗利がとれる化粧品^{けしょう}は値下げしないでおきたい」(大手化粧品^{けしょう}・医薬品店チェーン幹部) というのが、既存の化粧品^{けしょう}小売店側の本音^{ほんね}で、業界内には、化粧品は定価販売にとどまるという見方もある。

     ☆ 本音　true feeling

4. 円高などにより石油化学分野での国際競争が厳しさを増しており、アジアを中心にした日本の<u>石化</u>産業の海外展開や分業^{ぶんぎょう}体制の在^あり方^{かた}などについて95年度中に報告書をまとめる。

     ★ 石化^{せっか} → 石油＋化学

     ☆ 在り方　the way how something should be

5. 40<u>歳代</u>^{だいそつ}後半以降の大卒ホワイトカラーの過剰感に関する調査では、「建設業」が比較的過剰感が弱かったのに対し、「卸・小売業等^{とう}」や「金融・保険業」などは過剰感が強くなっており、膨らんだ<u>中高年</u>ホワイトカラーの処遇^{しょぐう}が難しくなりつつあることを裏付けた。

     ★ 〜歳代^{だい} → (年) 代、 中高年^{ちゅうこうねん} → 中年^{ちゅうねん}＋高年^{こうねん}

     ☆ 〜等　etc., such as 〜、 〜つつある　continue to 〜

6. 新しい国際ルール (WTOの政府調達協定) の導入で、公共工事のコスト高にもつながっていた「地域優先主義」が崩れるきっかけになりそうだ。

     ☆ きっかけ(になる)　(is) the factor triggering 〜

ステップ 38

ステップ 38

a) 「〜する」で動詞としても使われる名詞 (19)

1. 確認　かくにん　　　　A社とB社は合弁事業に関する合意内容を最終的に確認した。

2. 活用　かつよう　　　　土地を活用してマンションを建てた。

3. 完成　かんせい　　　　A国は近く生産プラントを完成させ、ニッケルの生産、輸出量を約5割増加させる。

4. 議論　ぎろん　　　　　今回の合併に関して、社内で十分議論されたわけではない。

5. 警戒　けいかい　　　　インフレに対する警戒感が高まっている。

6. 決着　けっちゃく　　　AB国間の農業交渉は決着に向けて動き出すことになった。

7. 換算　かんさん　　　　日銀の介入額はドル換算すると、約120億ドルになる。

8. 登録　とうろく　　　　学生データを登録し、企業が採用に利用できるデータベースを開発する。

9. 課税　かぜい　　　　　消費税は消費一般に課税されるもので付加価値税の一種。

10. 対立　たいりつ　　　　A国はB国とダンピングを巡って対立している。

b) 複合動詞 (動詞 + 動詞) (3)

11. 割り当てる　わりあてる (割る+当てる)　A国はOPEC総会で割り当てられた生産枠に不満を表明した。

12. 受け止める　うけとめる (受ける+止める)　今回の救済措置は経済界では当然のことと受け止められたようだ。

13. 落ち着く　おちつく　(落ちる+着く)　株価もやっと落ち着いた動きを見せるようになった。

14. 据え置く　すえおく　(据える+置く)　コメの政府買い入れ価格は据え置かれるだろう。(95年に食糧管理制度は廃止)

15. 伸び悩む　のびなやむ (伸びる+悩む)　個人消費が伸び悩み、成長率を下方修正した。

124

16. 請け負う　うけおう　(請ける+負う)　A社がセンタービルの建設工事を請け負うことになった。

17. 生き残る　いきのこる (生きる+残る)　女性の能力を十分に生かせないような国はとても21世紀に生き残ることはできない。

18. 見極める　みきわめる (見る+極める)　為替がどの水準で安定するか見極めるのは難しい。

19. 差し引く　さしひく　(差す+引く)　輸出額から輸入額を差し引いた輸出超過額、つまり、貿易黒字が、また増えた。

20. 繰り返す　くりかえす (繰る+返す)　社長は新しい経営方針を社員に繰り返し訴えた。

21. 切り替える　きりかえる (切る+替える)　A市では公用車の10%を電気自動車に切り替える。

22. 届け出る　とどけでる (届ける+出る)　A社は輸送料を値上げする、と運輸省に届け出た。

23. 押し上げる　おしあげる (押す+上げる)　為替差益がA社の収益を押し上げている。

c) 接尾辞のように使われることば
24. ～済み　～ずみ　　(済む　すむ)　契約済み　調整済み
25. ～付き　～つき　　(付く　つく)　条件付き　多機能付き
26. ～争い　～あらそい (争う　あらそう) シェア争い　主導権争い
27. ～通り　～どおり　　　　　　　　予想通り　従来通り

125

VOCABULARY IN ENGLISH

a) Nouns Which Can Become Verbs with Suru-endings (19)
  1. confirmation, validation, verification
  2. utilization, making good use of ~
  3. completion, perfection
  4. argument, debate, discussion
  5. caution, warning
  6. settlement, conclusion
  7. conversion
  8. registration, record, entry
  9. taxation, levy
  10. opposition, confrontation

b) Compound Verbs (3) : Verb + Verb
  11. allot, assign   (divide + appropriate or allot)
  12. interpret, see (facts), accept, understand   (accept + stop)
  13. calm down   (fall + reach)
  14. leave (a matter) as it is, defer (payment)   (set + leave or put down)
  15. make little progress, be held in check   (stretch + trouble)
  16. contract (for work), undertake   (undertake + owe)
  17. survive   (live + remain)
  18. get to the bottom of (something)   (see + ascertain)
  19. deduct, subtract   (point + subtract)
  20. repeat   (turn + return)
  21. renew, changeover, switch   (cut + change)
  22. report, notify   (deliver + come out)
  23. push up   (push + raise)

c) Words Similar to Suffixes
  24. a suffix denoting that something is finished (finished)
  25. attached, appended   (adhere, stick)
  26. dispute, argument   (dispute, struggle)
  27. in the manner   (described, expected, etc.)

読む練習
<ruby>読<rt>れんしゅう</rt></ruby>

1. 〈自動車の〉米国での<u>増産</u>が計画どおり進めば、<u>北米</u>への完成車輸出は30万台前後となり、94年実績に比べて<u>半減</u>する。

    ★ <ruby>増産<rt>ぞうさん</rt></ruby> → 増やす＋生産、 <ruby>北米<rt>ほくべい</rt></ruby> → 北＋アメリカ (米)、 <ruby>半減<rt>はんげん</rt></ruby> → 半分に減る

2. パソコン通信の **ケイネット** では既存のネットワークのインフラをフルに活用する一方で、コンテンツ (情報の内容) の開発を強化する戦略を徹底する。

    ☆ 〜一方 (st 12)

3. 〈大蔵省銀行局長は〉「議論にタブーを設けるつもりはない」と述べ、公的資金導入をめぐる<u>論議</u>自体には前向きに取り組む姿勢を示した。
   <ruby>自体<rt>じたい</rt></ruby>

    ★ <ruby>議論<rt>ぎろん</rt></ruby> ＝ <ruby>論議<rt>ろんぎ</rt></ruby> (ほとんど同じ意味)

    ☆ 前向き positively、 姿勢 (st 15)

4. 消費者金融<u>専業</u>会社の営業貸付金が<u>年率</u>2ケタで伸びている。銀行の消費者ローンが個人破産が急増したバブル<u>末期</u>から急速に伸び悩んでいるのとは対照的だ。
   <ruby>破産<rt>はさん</rt></ruby> <ruby>急速<rt>きゅうそく</rt></ruby> <ruby>対照<rt>たいしょう</rt></ruby>

    ★ <ruby>専業<rt>せんぎょう</rt></ruby> → 専門＋〜業、 <ruby>年率<rt>ねんりつ</rt></ruby> → 年＋〜率、 <ruby>末期<rt>まっき</rt></ruby>→ 終りごろの時期 (cf. 期末)

5. 企業が店頭市場で株式を公開するには、直前の決算期の利益や発行済み株式数など<u>様々</u>な基準を<u>満</u>たす必要がある。
   <ruby>直前<rt>ちょくぜん</rt></ruby> <ruby>様々<rt>さまざま</rt></ruby> <ruby>満<rt>み</rt></ruby>

    ☆ 〜を満たす   satisfy, meet

6. **ニッセイ** *基礎研究所*が7日発表したリポートによると、95年1−3月期の実質国内総生産(GDP) の成長率は前期比で0.02％、<u>年率</u>換算で0.1％にとどまる見通しだ。

    ★ <ruby>年率<rt>ねんりつ</rt></ruby> → 年＋〜率

7. 「海外展開の進んだ日本企業にとって、政府の国内政策がグローバルにみてメリットかデメリットかの見極めは難しい。」

自動詞・他動詞のまとめ (3)

1. 付く　　つく　　　付ける　つける　　　いろいろな機能が付いている。／機能を付ける。

2. 移る　　うつる　　移す　　うつす　　　本社が移る。／本社を移す。

3. 集まる　あつまる　集める　あつめる　　客(きゃく)が集まる。／イベントで客(きゃく)を集める。

4. 起きる　おきる　　起こす　おこす　　　変化が起きる。／Aさんが問題を起こす。
   起こる　おこる

5. 備わる　そなわる　備える　そなえる　　工場に機械が備わっている。／工場に機械を備える。

6. 生きる　いきる　　生かす　いかす　　　経験(けいけん)が生きる。／経験(けいけん)を生かす。

7. 及ぶ　　および　　及ぼす　およぼす　　影響は海外にまで及んだ。／影響を及ぼす。

8. 崩れる　くずれる　崩す　　くずす　　　バブル経済が崩れる。／強硬姿勢(きょうこう)を崩さない。

9. 伝わる　つたわる　伝える　つたえる　　ニュースが世界中(じゅう)に伝わる。／ニュースを伝える。

10. 当たる　あたる　　当てる　あてる　　　予想が当たった。／クイズの答(こたえ)を当てる。

11. 整う　　ととのう　整える　ととのえる　環境が整った。／環境を整える。

12. 役立つ　やくだつ　役立てる　やくだてる　経験(けいけん)がいつか役立つ。／経験(けいけん)を役立てたい。

13. 終わる　おわる　　終える　おえる　　　仕事が終わる。／仕事を終える。

14. 向かう　むかう　　向ける　むける　　　景気は回復に向かっている。／東南アジアに目を向ける。

　　　向く　　むく　　　　　　　　　　　　ビルは東を向いている。

15. 届く　　とどく　　届ける　とどける　　デパートから注文品が届いた。／この品物(しなもの)を今週中に届けてください。

16. 止る　　とまる　　止める　とめる　　　電力の供給が止まった。／電力会社は(電力の)供給を止めた。

17. 戻る　　もどる　　戻す　　もどす　　　元(もと)の状態に戻った。／残った製品を倉庫(そうこ)に戻す。
    (st50)

Intransitive Verbs and Transitive Verbs (3)

1. be attached — attach
   be added, be gained — add (object), gain
2. be transferred — transfer
   be moved — move
3. (subject) gather — gather (object), collect
4. get up, get out of bed — wake
   take place, happen — cause
5. be provided — provide
   be equipped — equip
   be prepared — prepare
6. live — make use of
7. reach, extend to — exert, have (an influence on)
8. crumble, collapse — destroy, pull down
9. be conveyed, be transmitted, reach — tell, communicate, convey (news, etc.)
10. (subject) hit — hit (object)
    be proven correct — guess correctly
    be successful — succeed
11. be arranged, be prepared, be ready — arrange, prepare, fix
12. be useful — make use of
    prove useful — put (something) to good use
13. (subject) end — end (object)
    (subject) finish — finish (object)
14. (subject) turn toward — turn (object) toward
    head toward, face
15. arrive, reach — send, deliver
16. (subject) stop — stop (object)
17. (subject) return — return (object)

ステップ 39

a) 「〜する」で動詞としても使われる名詞 (20)

1.	達成	たっせい	EU の通貨統合の条件を達成したのは 1994 年時点で 2 カ国のみ。
2.	表示	ひょうじ	食品には製造年月日が表示されている。
3.	保証	ほしょう	預金保険は預金者一人に 1000 万円まで保証する。
4.	開設	かいせつ	A 銀はタイに二つ目の支店を開設する。
5.	禁止	きんし	A 国ではタバコのテレビ広告は禁止されている。
6.	再開	さいかい	中国との航空交渉が北京で再開される。
7.	指定	してい	現在、全国に政令で指定された都市が 12 市ある。
8.	審査	しんさ	新会社はカードを発行する際の審査などを担当する。
9.	是正	ぜせい	内外価格差の是正が求められている。
10.	配慮	はいりょ	景気回復の遅れに配慮して公共料金の値上げを見送る。

b) 労働や人事でよく使われることば

11.	賃金	ちんぎん		27.	年功	ねんこう
12.	賃上げ	ちんあげ		28.	終身	しゅうしん
13.	春闘	しゅんとう		29.	異動	いどう
14.	人材	じんざい		30.	出向	しゅっこう
15.	組合	くみあい		31.	昇進	しょうしん
16.	人事	じんじ		32.	初任給	しょにんきゅう
17.	人手	ひとで		33.	解雇	かいこ
18.	労使	ろうし		34.	配転	はいてん
19.	求人	きゅうじん			(配置転換)	(はいちてんかん)
20.	年俸	ねんぽう		35.	退職	たいしょく
21.	大卒	だいそつ		36.	賞与	しょうよ
22.	勤務	きんむ		37.	勤労	きんろう
23.	残業	ざんぎょう		38.	考課	こうか
24.	手当(て)	てあて				
25.	給与	きゅうよ				
26.	定年	ていねん				

VOCABULARY IN ENGLISH

a) Nouns Which Can Become Verbs with Suru-endings (20)
1. achievement, attainment, accomplishment
2. display, expression, indication
3. guarantee, warranty
4. establishment, setting up, opening
5. ban, embargo, prohibition
6. reopening, resumption
7. designation, specification, appointment
8. examination, investigation, inspection
9. correction, rectifying
10. consideration, attention, care

b) Vocabulary Related to Labor and Human Resources
11. wage, pay
12. pay rise, wage hike
13. "spring offensive"
    (annual wage negotiations between unions and employers)
14. talented person, capable person, human resource
15. union, an association, a society
16. human affairs, personnel affairs
17. help, assistance, man power
18. labor and management
19. recruitment of workers
20. annual pay, annual salary
21. university graduate
22. work, service, duty
23. overtime work
24. allowance, benefit
25. pay, salary
26. retirement age
27. seniority, long service
28. lifetime (employment)
29. personnel transfer
30. temporary transfer, loan to a related company
31. promotion, advancement
32. starting salary, initial pay
33. discharge, dismissal
34. reshuffle, reassignment
35. retirement, resignation
36. bonus
37. work, labor, service
38. performance evaluation, merits

読む練習

1. 「生活水準維持のために内外価格差是正を計画的に推進すべきです」とA氏は語った。

2. 中高齢者に対する処遇を年功尊重から実績主義に転換する流れは、ますます勢いを増している。

   ★ 中高齢者 → 中年 + 高齢者

   ☆ 勢い (st 49)

3. 〈政府は〉証券市場対策では4月の対策にも入っていた赤字のベンチャー企業にも株式公開の道を開く「第二店頭市場」開設の具体案がその後決まったため、これも柱として盛り込む。

   ☆ 〜に〜の道を開く   open the door to 〜

4. (富士通 は) 中間管理職については年俸制を導入した。年功制を前提にした画一的な採用の考え方は改めざるを得ない。

   ☆ 〜ざるを得ない   cannot help but 〜

5. 〈ゲームソフト会社、スクウェア では〉全社員の8割を占める開発者は午後1時に出社すればあとは何をしても自由という半面、開発したゲームの売れ行きなどに応じて賞与に大きな差がつく。

   ★ 出社 → 会社に出る、 売れ行き → 売れている状態

   ☆ 〜半面   while 〜、 〜に応じて (st 14)

6. 〈アンケートで〉日本的雇用慣行の特徴の1つである年功制が崩れつつある実態が浮き彫りになっている。

   ☆ 〜つつある continue to 〜、 浮き彫りになる has become apparent, emerge clearly

7. 中長期的な円高トレンドを終えんさせるためには、巨額な経常収支黒字の是正が不可欠であるが、マクロ経済政策では限界がある。

   ★ 中長期 → 中期 + 長期

   ☆ 不可欠 indispensable, essential

ステップ 40

a) 「～する」で動詞としても使われる名詞 (21)

1.	分配	ぶんぱい	日本の企業は株主への利益分配率が低いと言われている。
2.	移動	いどう	EU では技術者の労働力移動が盛んになると予想される。
3.	監視	かんし	この工場ではコンピュータで 24 時間設備を監視している。
4.	策定	さくてい	各省庁で規制緩和計画の策定作業が始まっているが、省庁間の話し合いはまとまりそうもない。
5.	普及	ふきゅう	インターネットの普及により、より多くの情報が得られるようになった。
6.	鈍化	どんか	日銀は国内景気については住宅投資の鈍化などを認めた。
7.	受託	じゅたく	生命保険会社による企業年金の受託が低迷している。
8.	防止	ぼうし	契約後のトラブルを防止するために契約条件をよく確認する。
9.	推定	すいてい	落札推定価格は 200 億と言われる。
10.	設計	せっけい	A データ通信はコンピュータシステムの企画、設計、建設やバックアップサービスを提供する。

b) 形容詞としてよく使われることば (3) 「～的な、～な、～い」

11.	全面	ぜんめん	A 社は B 地区の部品生産を全面的に中国に移す方針を固めた。
12.	包括	ほうかつ	政府は包括的な円高対策を決定した。
13.	多角	たかく	しっかりした中長期的な戦略をもって多角的経営を進める。
14.	流動	りゅうどう	A 法案が成立するかどうか、なお流動的だ。
15.	小幅	こはば	株価は依然、小幅な値動きで取り引きを終えた。

16.	有力	ゆうりょく	Ａ社は米有力映画会社を買収した。
17.	明確	めいかく	民間金融機関の経営責任を明確にするべきだ。
18.	有利	ゆうり	Ａ法はメーカー側に有利になっているといわれている。
19.	堅調	けんちょう	大型小売店販売統計によると、販売額は前年同月比6.5％増と堅調だった。
20.	主	おも	今回の会議の主なテーマは海外調達に伴う危機管理。
21.	急速	きゅうそく	Ａ社の収益は急速に落ち込んでいる。
22.	高級	こうきゅう	Ａ自動車はアメリカの高級車市場へ本格参入する。
23.	容易	ようい	店頭市場での株式公開は比較的容易である。
24.	重い	おもい	当局は今回の調査結果を重く受け止めている。
25.	根強い	ねづよい	Ａ社の時計は根強い人気がある。
26.	幅広い	はばひろい	経済のサービス化で、情報通信・レジャーなど幅広い分野で雇用が増えている。

VOCABULARY IN ENGLISH

a) Nouns Which Can Become Verbs with Suru-endings (21)
   1. division, sharing, distribution
   2. movement, shift, transfer
   3. supervision, watch, monitoring
   4. planning and decision making
   5. diffusion, spread, propagation
   6. slowdown
   7. trust, be entrusted with
   8. prevention
   9. presumption, estimation
   10. plan, design

b) Frequently Used Adjective (3)
   11. complete(ly)
   12. comprehensive(ly), general(ly)

   13. diverse, varied
   14. flowing, uncertain, unsettled
   15. in a narrow range
   16. influential, powerful
   17. clear(ly), definite(ly)
   18. advantageous(ly), favorable (favorably)
   19. firm(ly), steady (steadily)
   20. major, main(ly), principal(ly)
   21. rapid(ly), swift(ly), sharp(ly)
   22. high class, high-grade, luxury (cars)
   23. easy (easily), simple (simply)
   24. heavy (heavily), serious(ly)
   25. firmly rooted, deep-rooted
   26. wide, wide-ranging

読む練習

1. **アサヒビール**は米ビール第2位の**ミラー・ブルーイング** (ミルウォーキー市) と国際市場で包括提携する。

2. 〈米国〉主要小売り大手の2月の売上高は伸び率が大幅に鈍化、アパレル大手の中には前年同月実績を割り込むところも出ている。

3. 〈土地信託の受託件数は〉89年度からは毎年伸びが鈍(にぶ)っており、94年度は土地信託の取り扱いが始まった84年度以降、最も低い伸び率にとどまった。

　　　★ 鈍(にぶ)る → 鈍化(どんか)

4. 〈日銀と民間金融機関が出資して設立した**東京共同銀行**は〉通常の銀行と同様に預金、貸出業務をするが、**引き継(つ)いだ**不良(ふりょう)債権を回収、処理することが主な業務になる。

　　　☆ 引き継いだ (引き継ぐ)　　take over

5. 〈シェア調査によると〉移動電話、リチウムイオン電池(でんち)、さらに7月からサービスの始まるPHS (簡易(かんい)型携帯(けいたい)電話) などの新成長市場で、今後も激しいシェア争いが展開されそうだ。

6. 〈通産省の聞き取りの〉調査対象は大手企業から下請(したう)けの中小企業までで、業種も自動車や化学など幅広い業種**にわたり**、調査企業は数百社**にのぼる**見込み。

　　　☆ 〜にわたり　　span, spread, cover、　〜にのぼる　　reach, amount to

7. 「グローバルビジョン」は 通産省が**トヨタ自動車** など大手五社と調整し、各社の自主計画を策定する際の指針として示した。

ステップ 41

a) 「〜する」で動詞としても使われる名詞 (22)

1.	高騰	こうとう	オフィス関連サービスは人件費が高騰しているため、値上げせざるを得ない。
2.	短縮	たんしゅく	労働時間を短縮する企業が増えている。
3.	観測	かんそく	景気低迷が続くA国でも市場には利下げが近いとの観測が強まっている。
4.	発注	はっちゅう	今後発注されるターミナルビルなどを巡って国際的に受注競争が激化しそうだ。
5.	分析	ぶんせき	通産省は生産動向を分析し、発表した。
6.	優遇	ゆうぐう	減税法案は「金持ち優遇」と批判されている。
7.	圧縮	あっしゅく	97年までに赤字を約70億まで圧縮できる見込み。
8.	移行	いこう	90年の土地白書によると、個人から法人へと土地所有が急速に移行した。
9.	放送	ほうそう	外国語FM局は外国人を対象として英語、中国語などで放送される予定だ。
10.	開催	かいさい	5月23日に開催される株主総会で増資が正式決定される。

b) 企業財務に関することば

11.	財務	ざいむ		21.	増資	ぞうし
12.	損益	そんえき		22.	手形	てがた
13.	減益	げんえき		23.	人件費	じんけんひ
14.	増益	ぞうえき		24.	監査	かんさ
15.	増収	ぞうしゅう		25.	決済	けっさい
16.	配当	はいとう		26.	諸表	しょひょう(財務諸表)
17.	連結	れんけつ		27.	不渡り	ふわたり
18.	償却	しょうきゃく		28.	公認会計士	こうにんかいけいし
19.	損失	そんしつ		29.	税理士	ぜいりし
20.	経費	けいひ		30.	減価	げんか

VOCABULARY IN ENGLISH

a) Nouns Which Can Become Verbs with Suru-endings (22)
1. sudden rise in price, soaring in price
2. contraction, shortening, reduction
3. observation, survey
4. order, sending an order
5. analysis
6. preferential treatment
7. constriction, compression
8. movement, shift
9. broadcasting
10. holding (of a meeting), opening (of an exhibition)

b) Vocabulary Related to Corporate Finance
11. financial affairs
12. profit and loss
13. reduction in profit
14. an increase in profit
15. increased revenue/income
16. dividend, allotment
17. coupling, group, joined, interlinked
18. repayment, depreciation, amortization
19. loss
20. expense, cost, outlay
21. capital increase
22. note, bill
23. personnel expenses, salaries and wages
24. audit, inspection
25. settlement of account
26. financial statement
27. dishonor, nonpayment
28. a certified public accountant
29. a licensed tax accountant
30. reduction in price, discount, depreciation

読む練習

1. 不況の長期化で業績低迷が続く中で、3月期決算企業2104社 (警察庁まとめ) が29日、一斉に株主総会を開催した。

2. **セガ・エンタープライゼス** は来年をめどに、家庭用ゲーム機類の生産を100%海外に移行する。

　　　☆ 〜をめどに (メド)　by a targeted (date) of 〜

3. **第一勧業銀行** (**奥田正司** 頭取) は95年度から、系列ノンバンクの **東京リース** が抱える不良債券のうち、約400億円を **肩代わり** し償却する。

　　　☆ 肩代わり　take over (someone's debt)

4. 〈**高島屋** は〉9月に吸収合併する **横浜高島屋** (横浜市) など百貨店子会社5社を含め、現在、人件費総額は1150億円程度だが、**向こう** 3年間、この水準に抑制していく方針。

　　　☆ 向こう〜　the next 〜 (e.g. the next three years)

5. オーストラリア放送庁はシンガポール放送庁とテレビの放送基準の作成などについて協力することで合意した。

6. 国が94年度に一般競争入札で発注した公共工事のうち、米企業による落札は **ベクテル社** の建築工事1件にとどまり、実際の参入実績はさっぱり。

　　　★ さっぱり → 全然ない

7. 工作機械主要7社の95年3月期決算が31日、**出そろった**。輸出主導による増収と人員削減を柱とした合理化を支えに **オークマ** や **牧野フライス製作所** の経常赤字が3分の1程度に縮小するなど5社の損益が大きく改善した。

　　　☆ 出そろった (出そろう)　come out all together, all be present

ステップ 42

a) 「～する」で動詞としても使われる名詞 (23)

1.	加盟	かめい	A 国は OECD に加盟を申請した。
2.	経験	けいけん	A さんは技術や経験を評価されて、採用された。
3.	交換	こうかん	Aホテルでは「本日の交換レートは1ドル＝107円」と表示されている。
4.	依存	いぞん	A 食品はバター、チーズへの依存度が高く、ほかに有力商品もないため、営業利益は横ばい状態。
5.	集約	しゅうやく	米国に進出した企業の間で工場を集約する動きが見られる。
6.	終了	しゅうりょう	G7蔵相会議は28日共同声明を発表し、終了した。
7.	宣伝	せんでん	A社は「エアバッグ車」を積極的に宣伝している。
8.	撤退	てったい	A 社は石油化学事業から撤退することを決めた。
9.	点検	てんけん	工場の製造機械を定期的に点検する。
10.	一致	いっち	環境保護という点では意見が一致したが、具体策の決定にはまだ時間がかかりそうだ。

b) よく使われる名詞 (21)

11.	国家	こっか	国家予算を編成する。
12.	雑貨	ざっか	日用雑貨屋の経営者は「今後プライベートブランドは急速に増える」と予想している。
13.	役割	やくわり	「21世紀における日本の役割と日米関係」をテーマにシンポジウムが開かれる。
14.	事前	じぜん	合併に向け、事前に意見調整をする。
15.	障害	しょうがい	女性の社会進出の障害が一つ一つ取り除かれていることも事実だ。
16.	定期	ていき	スーツを着ない日を定期的に設けている会社が増えた。
17.	手続き	てつづき	会社設立の手続きに関する本がたくさん出ている。
18.	兆し	きざし	企業の業績回復の兆しはなかなか見えてこない。

19. 日用品　にちようひん　　日用品業界の価格競争は一段と激しくなっている。

20. 負債　ふさい　　民間の信用調査機関によるとA社の負債総額は630億円。

VOCABULARY IN ENGLISH

a) Nouns Which Can Become Verbs with Suru-endings (23)
1. alliance, affiliation, participation
2. experience
3. exchange, swap
4. dependence, reliance
5. concentration, intensification
6. finish, end, completion
7. advertisement, publicity, propaganda
8. withdrawal, retreat, evacuation
9. inspection, examination
10. agreement, concurrence, conformity, consistency

b) Frequently Used Nouns (21)
11. nation, a state, a country
12. miscellaneous goods, sundries
13. role
14. before the event, before the fact, advance (preparations)
15. obstacle, hindrance, barrier, fire walls (between industries)
16. regular, periodical, fixed (term)
17. procedure, process, formalities
18. sign, indication, omen
19. daily necessities
20. debt, liabilities

――――― ミニコラム ―――――

形容詞 + 化 (+する)

1. 強い　＋ 化 ＝ 強化 (する)　……強くする
2. 悪い　＋ 化 ＝ 悪化 (する)　……悪くなる
3. 鈍い　＋ 化 ＝ 鈍化 (する)　……鈍くなる

「～くする」(他動詞) になることばと、「～くなる」(自動詞) になることばがあります。

読む練習

1. 時代の変化とともに政府の事業に求められる役割も変わってくる。(郵便事業と民間のクレジットカード宅配事業に関して)

2. 中国政府はインフラ整備を急いでおり、中国開銀〈国家開発銀行〉などを窓口にした海外資金の導入を一段と活発にする方針だ。

   ★ インフラ → インフラストラクチャー (社会基盤)

   ☆ ～を窓口に　using ~ as a liaison office, contact point (between organizations)

3. 〈景気討論会で〉国内景気は全体としてデフレの懸念が強まっているとの認識で一致。

4. 銀行の融資の利ザヤが再び拡大する兆しを見せている。公定歩合引き下げなどに伴う金利低下の浸透で、銀行が市場から調達する資金のコストが低下したためだ。

   ☆ ～ザヤ (サヤ)　margin, spread、　～に伴う (st 14)

5. 日米建設協議は昨年1月、外国企業に開放する一般競争入札を日本が一定規模以上の公共工事に導入することで合意、年一回参入実績などを点検する。

6. 〈生命保険は〉景気回復の鈍さから高額の商品が売れなくなったことに加え、阪神大震災の影響もあり、生保販売は上向く兆しを見せないでいる。

   ★ 鈍さ → 鈍い → 鈍化、　高額 → 高い + ～額

7. 英国のネクタイ専門店チェーンのタイラック (ロンドン) は輸入雑貨卸の藤田商店 (東京・港、藤田元 社長) と提携し、日本に進出する。

ステップ 43

a) よく使われる名詞 (22)

1.	郵便	ゆうびん	郵便貯金は国民に根強い人気がある。
2.	圧力	あつりょく	日本の圧力団体は有名だが、程度の差はあれ、ど この国にもある。
3.	活性	かっせい	A国は外資導入によって、自動車産業の活性化を 目指している。
4.	関心	かんしん	地震対策についての関心が全国で高まっている。
5.	基調	きちょう	今後も円高基調が続くものとみられる。
6.	系列	けいれつ	系列取引は自由競争の障害となっている。
7.	原因	げんいん	日本の物価高の原因は公共料金の高さにあるので はないか。
8.	現状	げんじょう	A銀は成長業種の業種別現状や課題についての情 報を提供している。
9.	刺激	しげき	景気刺激のために利下げを検討している。
10.	志向	しこう	かつて日本人は高級品志向と言われ、高いものほ どよく売れた。

b) 産業関係でよく使われることば

11.	衛星	えいせい		23.	鉱業	こうぎょう	
12.	汽船	きせん		24.	先端	せんたん	
13.	原子力	げんしりょく		25.	装置	そうち	
14.	原発	げんぱつ (原子力発電)		26.	素材	そざい	
15.	発電	はつでん		27.	搭載	とうさい	
16.	乗用車	じょうようしゃ		28.	原料	げんりょう	
17.	燃料	ねんりょう		29.	資材	しざい	
18.	液晶	えきしょう		30.	実用	じつよう	
19.	製鉄	せいてつ		31.	電源	でんげん	
20.	鋼板	こうはん		32.	組み立て	くみたて	
21.	漁業	ぎょぎょう		33.	下請け	したうけ	
22.	原油	げんゆ					

VOCABULARY IN ENGLISH

a) Frequently Used Nouns (22)
1. postal service
2. pressure
3. revitalization, activation
4. interest, concern
5. basic direction, keynote, undertone (of the market)
6. *keiretsu*, system of affiliation
7. cause
8. current situation, existing state
9. stimulus, stimulation
10. intention, aim, inclination

b) Industry-related Vocabulary
11. satellite
12. steamer, liner
13. nuclear power, atomic energy
14. nuclear power generation
15. generation of electricity
16. car
17. fuel
18. liquid crystal
19. iron manufacture
20. steel sheet, steel plate
21. fishing industry
22. crude oil
23. mining, mining industry
24. forefront, advanced, leading edge
25. equipment, device, installation
26. material
27. loading, embarking
28. raw materials
29. materials, supplies, resources
30. practical use
31. electric outlet, source of electricity
32. assembly
33. subcontract

読む練習

1. 通産省の石油化学基本問題協議会・国際委員会は業績の低迷している石油化学産業を活性化するためのビジョン作成に入る。

2. 〈日米自動車交渉に対する〉海外マスコミの関心の深さは、新聞や雑誌に日米自動車摩擦を描いた漫画がひんぱんに登場したことでわかる。

3. Ｖ　Ｉ　Ｖは、液晶表示装置 (LCD) の主要部材であるカラーフィルターの内製化に着手した。外部調達に比べ内製でフィルター代は２割以上低減でき LCD 価格も引き下げられる。

     ★ 部材 → 部品 + 材料、　内製 → 社内 + 製造、　外部 → 外 + ～部、

      ～代 → 代金 (st 48)、　低減 → 低くする + 減らす

4. 安全装置として普及してきたエアバッグの**コントローラ**は*日産*の増産要請に対応した後は**トヨタ**にも売り込む構えだ。

     ★ 増産 → 増やす + 生産

     ☆ 構え　～ is set to ~, ~ is poised to ~

5. 〈政府の景気対策〉株式市場の活性化策では赤字のベンチャー企業にも株式公開の道を開く「第二店頭株市場」を７月に設けるのが柱になる。

     ☆ ～に～の道を開く　open the door for ~, pave the way for ~、　柱 (st 15)

6. **日立メディコ**は 97 年度をメドに、海外からの医療機器部品・資材の調達比率を現在の 20% から 30% に引き上げる方針を決めた。

     ☆ ～をメドに　by a targeted (date) of ~

7. 日本の完成車メーカーは部品メーカーに出資し、ヒトも派遣して強固なピラミッド型の系列を作ってきた。

ステップ 44

a) よく使われる名詞 (23)

1.	実態	じったい	今回の株価下落は経済の実態を反映したものではないとの見方がある。
2.	手数 (料)	てすう(りょう)	証券各社の手数料収入が減少した。
3.	試練	しれん	日本経済は戦後最大の試練を迎えることになる。
4.	戦争	せんそう	世界で戦争状態にある地域はかなりの数になる。
5.	均衡	きんこう	貿易不均衡の是正に向けて努力する。
6.	民主	みんしゅ	今後A国の民主化に伴い、対A貿易の拡大は確実と見られる。
7.	見解	けんかい	蔵相は金融市場の安定化策について見解を示した。
8.	相手	あいて	A銀行は株式公開の相談相手になる「ファイナンシャル・アドバイザー」を増やす。
9.	特徴	とくちょう	自由に引き出すことができる「貯蓄預金」は普通預金よりも金利が高いのが特徴。
10.	教育	きょういく	OECDは発展途上国の技術者教育を援助する。

b) 接頭辞としてよく使われる漢字 (2)

11.	急〜	きゅう〜	急成長、急ピッチ
12.	短〜	たん〜	短プラ (短期プライムレート)、短時間
13.	他〜	た〜	他業種、他社
14.	超〜	ちょう〜	超大型、超円高
15.	小〜	しょう〜	小規模、小生産
16.	無〜	む〜	無担保、無条件
17.	両〜	りょう〜	両首脳、両者
18.	純〜	じゅん〜	純利益 (純益)、純資産
19.	初〜	はつ〜	初会合、初仕事
20.	元〜	もと〜	元幹部、元首相
21.	反〜	はん〜	反体制、反保護主義
22.	多〜	た〜	多目的、多チャンネル化

VOCABULARY IN ENGLISH

a) Frequently Used Nouns (23)
1. actual state
2. handling/processing fee, brokerage charge
3. trial, test, ordeal
4. war, battle
5. balance, equilibrium
6. democracy
7. opinion, view
8. partner, opponent, rival
9. feature, characteristic
10. education

b) Kanji Frequently Used as Prefixes (2)
11. sudden, urgent, rapid
12. short
13. other
14. super ~, ultra ~
15. small
16. non ~
17. both
18. pure, net
19. first
20. former
21. anti ~
22. multi ~

読む練習 _{れんしゅう}

1. 今回の証券化は不動産を市場で直接売却せずに証券化して高利回りを狙える金融商品にすることで機関投資家が購入しやすくしたのが特徴。

2. 世界の石油消費量に占める貿易取引量の比率 (対外貿易依存率) が高まっている。インドや石油の純輸入国に転じた中国の消費も自国内の生産の伸びを上回る勢いで増える見通しのため、世界的な石油の対外依存の傾向は今後さらに強まるのは確実。

   ★ 自国 _{じこく} → 自分の国

   ☆ 勢い (st 49)

3. 経済企画庁は 24 日、経済活動による環境破壊 _{はかい} などの損失額を国内総生産 (GDP) から除いた「グリーンGDP」(環境調整済み国内純生産) を世界で初めて公表した。

4. 川崎市 _{かわさき} が実施した経営実態調査によると、従業員 100 人未満の中小企業で円高などを受けて経営環境が厳しくなっているにもかかわらず、研究開発機能や人材教育の強化に取り組む企業がほぼ半数を占めた。

   ★ 半数 _{はんすう} → 半分 + 数

   ☆ ～にもかかわらず despite, despite the fact that ~, although

5. 「何とか売り上げを作ろうと粗利を削って _{けず} 価格を下げているのが実態で、大手の百貨店・スーパーは 94 年度決算で軒並み _{のきな} 経常減益に陥っている」

   ★ 削る _{けず} → 削減

   ☆ 軒並み across the board, all

ステップ 45

a) よく使われる名詞 (24)

1.	巨額	きょがく	A社は巨額の不良債権を抱えている。
2.	限定	げんてい	地域限定ビールがよく売れている。
3.	公算	こうさん	A国副大統領の来日で厳しい要求がでる公算が大きい。
4.	構成	こうせい	対策委員会は副社長を委員長に担当部長ら5人で構成。
5.	項目	こうもく	A社は、現在実施しているサービスを20項目から50項目に増やす。
6.	採算	さいさん	A地銀 (地方銀行) では採算の合わない店舗は廃止することにした。
7.	先行き	さきゆき	景気の先行きについて「今年後半には回復に向かう」との予測がある。
8.	人員	じんいん	工場を集約し、人員も縮小してコスト削減を図る。
9.	制約	せいやく	国営企業のままでは外国企業との提携などで制約が多い。
10.	不良	ふりょう	A社は不良品の回収を始めた。

b) 法律や法的問題行為に関することば

11.	特許	とっきょ		21.	勧告	かんこく
12.	出願	しゅつがん		22.	知的	ちてき
13.	談合	だんごう			(知的所有権)	
14.	解任	かいにん		23.	著作 (権)	ちょさく(けん)
15.	更生	こうせい		24.	制裁	せいさい
16.	公取委	こうとりい		25.	破たん	はたん
	(公正取引委員会の略)			26.	不当	ふとう
17.	独禁法	どっきんほう		27.	欠陥	けっかん
	(独占禁止法の略)			28.	排除	はいじょ
18.	独占	どくせん		29.	差し止め	さしとめ
19.	紛争	ふんそう		30.	粉飾	ふんしょく
20.	倒産	とうさん		31.	商標	しょうひょう

VOCABULARY IN ENGLISH

a) Frequently Used Nouns (24)
1. huge sum, enormous amount
2. limitation, qualification
3. probability, likelihood
4. composition, organization
5. item, clause, provision
6. profitability, calculation
7. future, future prospect
8. staff, crew
9. restriction, limitation
10. badness, poorness, delinquency, defective (products, etc.)

b) Legal Problems and Matters
11. patent
12. application
13. consultation, conference, illegal monopoly

> An illegal practice by subcontractors comprising behind-the-scenes confering on bidding for works and construction projects, etc.

14. dismissal, release from office
15. rehabilitation, revival, reorganization
16. Fair Trade Commission
17. Anti-trust (Anti-monopoly) Act
18. monopoly, exclusive possession
19. dispute, strife
20. bankruptcy
21. official advice, counsel, recommendation
22. intellectual
23. authorship (copyright)
24. sanction, punishment
25. bankruptcy, failure, rupture
26. injustice, unreasonableness
27. defect, fault, shortcoming
28. exclusion, removal, elimination
29. suspension, ban, prohibition
30. embellishment
31. trademark

読む練習

1. 通産省によると「輸出企業の輸出採算が悪化するという問題だけでなく、製造業全般にわたって輸入品が急増したり内需が冷え込むことを懸念する声が多い」(産業政策局) という。

2. **住友銀行**は**バンダイ**と協力し著作権やコンピュータソフトなど知的所有権を担保とする融資に乗り出す。

3. 公正取引委員会が21日に行った**資生堂**に対する排除勧告をきっかけに、化粧品の小売価格の下落が急ピッチで進みそうだ。

4. 今年2月に閣僚会合を開いた「インドシナ総合開発フォーラム」(日米、ASEAN、英独仏など25ケ国で構成)の活用を軸に、アジア・太平洋地域の安全保障戦略の一環としてインドシナ支援に積極的に取り組む。

   ☆ 軸 pivot, axis, center、   一環として as part of (a plan, policy, etc.)

5. 住宅〈金融〉公庫の標準的な基準金利は今より0.3%程度低い4%前後とほぼ1年ぶりの低水準となる見込みで、景気の先行き不透明感から勢いが鈍ってきた住宅需要を喚起する要因になりそうだ。

   ★ 鈍る → 鈍化

   ☆ 勢い (st 49)

6. 特許庁は意匠法改正の骨格を固めた。

   ★ 意匠 → デザイン

   ☆ 骨格 framework, frame

ステップ 46

a) よく使われる名詞 (25)

1.	立場	たちば	コメの自由化に対しては立場によって見解が異なる。
2.	展望	てんぼう	展望が明るくなければ、リスクを伴う投資には踏み切れない。
3.	特定	とくてい	特定の企業とのみ取引をする系列取引はだんだん崩れてきている。
4.	累積	るいせき	Ａ社の３月末の累積損失額は130億。
5.	枠組み	わくぐみ	７カ国蔵相会議で協調利下げの枠組みをＡ国主導で作り上げた。
6.	一体	いったい	Ａ社とＢ社は将来の経営一体化をにらみ、さらに業務提携を進めている。
7.	機会	きかい	男女の雇用機会は法律ができて、いくらか改善した。
8.	結論	けつろん	公的資金導入に関しては、まだ結論が出せない。
9.	世代	せだい	世代が違えば、ライフスタイルも消費行動も違う。
10.	慣行	かんこう	商慣行の違いが自由貿易の障害となっている。

b) 裁判・訴訟などでよく使われることば

11.	訴訟	そしょう		21.	違反	いはん
12.	罰金	ばっきん		22.	解釈	かいしゃく
13.	裁判	さいばん		23.	疑い	うたがい
14.	地裁	ちさい		24.	調停	ちょうてい
15.	高裁	こうさい		25.	和解	わかい
16.	賠償	ばいしょう		26.	起訴	きそ
17.	提訴	ていそ		27.	勝訴	しょうそ
18.	仲裁	ちゅうさい		28.	敗訴	はいそ
19.	係争	けいそう		29.	原告	げんこく
20.	侵害	しんがい		30.	被告	ひこく

VOCABULARY IN ENGLISH

a) Frequently Used Nouns (25)
1. position, standpoint, stand
2. view, outlook, prospect
3. specific
4. accumulation, cumulative (deficit)
5. frame, framework
6. unification, incorporation
7. opportunity, chance, occasion
8. conclusion
9. generation
10. customs, habit, practice

b) Legal Proceedings
11. lawsuit, legal action, litigation
12. fine, monetary sanction
13. trial, hearing
14. district court
15. a high court
16. compensation, reparation
17. instituting, filing an action
18. arbitration, mediation
19. dispute, contention, lawsuit
20. infringement, violation
21. violation/contravention (of law), breach (of contract)
22. interpretation
23. doubt, uncertainty, skepticism, suspicion
24. mediation, arbitration, peacemaking
25. reconciliation, peaceful settlement
26. prosecution, indictment, complaint, petition
27. prevailing (winning)
28. non-prevailing (losing)
29. plaintiff, complainant, prosecutor, petitioner
30. defendant, the accused

読む練習

1. 〈通産省は〉内外価格差の要因に関して、規制や取引慣行など5項目に分けて分析、価格差縮小には規制緩和の推進や非効率な取引慣行の是正が必要と訴えている。

  ★ 内外 → 国内 + 外国

2. 公共事業を巡っては欧米企業の受注機会がほとんどなく、今後新たな市場開放策が迫られる可能性も出てきた。

  ☆ ～を巡って (st 14)

3. 〈PL法＝製造物責任法の施行に伴い〉裁判外の紛争処理を迅速にするため、政府・自治体は都道府県、政令指定都市にすでにある紛争処理委員会をテコ入れしている。

  ☆ テコ入れする prop up, bolster, reinforce

4. もともと〈富士アジアオープンの〉株式投信の分配は年一回だったが、運用成績が好調なため、年二回に増やし、投資家が分配金を受け取る機会を増やした。

  ★ 投信 → 投資 + 信託

5. 全国の高裁、地裁で94年末に係争中の株主代表訴訟の件数が145件となり、93年末 (84件) に比べ7割強増えたことが最高裁判所の調べでわかった。〈中堅・中小企業で増加しているとみられる〉

6. 〈日本の酒税でEUがWTOに提訴〉決着は長期化が予想され、二国間協議で解決が得られず、パネル (紛争処理小委員会) が設置される公算が大きい。

  ★ 酒税 → 酒 + ～税

  ☆ 公算 (st 45) が大きい

ステップ 47

a)　「〜する」で動詞としても使われる名詞 (24)

1.　移転	いてん	A自動車はB市のトラック生産ラインを海外に移転した。
2.　救済	きゅうさい	当局は公的資金で金融機関を救済することを検討している。
3.　開拓	かいたく	工作機械メーカー大手のA社は東欧市場の開拓に乗り出した。
4.　獲得	かくとく	昨年A国系証券2社が東京証券取引所の会員権を獲得した。
5.　加工	かこう	加工食品の表示項目を決める。
6.　投入	とうにゅう	A社はB国高級車市場に新型車を投入し、売上高を伸ばしたい考え。
7.　変更	へんこう	A銀行は4月1日付で行名を「すみれ銀行」に変更する。
8.　誘導	ゆうどう	日銀総裁は短期金利を低めに誘導すると発表した。
9.　要望	ようぼう	EU (欧州連合) は日本政府に数十項目の規制緩和を要望した。
10.　連動	れんどう	短期プライムレートが上昇すると、融資金利も連動して引き上げられる変動金利型ローンがある。

b)　形容詞としてよく使われることば (4)

11.　急激	きゅうげき	急激な円高を受けて、A社も海外進出が必要と判断した。
12.　望ましい	のぞましい	A国B国の農業交渉は望ましい方向へ移行しつつある。
13.　抜本的	ばっぽんてき	政府は行政の抜本的な改革を迫られている。
14.　大胆	だいたん	新社長は大胆なリストラに踏み切った。
15.　確か	たしか	不良債権の状況についての情報が預金者に十分伝えられていなかったことは確かだ。

| 16. | 鮮明 | せんめい | 都銀各行とも地元重視の姿勢が鮮明になりそうだ。 |
| 17. | 微妙 | びみょう | A社は今年度中に赤字が解消できるかどうか微妙な情勢_{じょうせい}だ。 |

17. 微妙　びみょう　A社は今年度中に赤字が解消できるかどうか微妙な情勢（じょうせい）だ。

18. 詳細　しょうさい　詳細な合意内容はまだ明らかにされていない。

19. 強硬　きょうこう　両者とも強硬な姿勢を崩していない。

20. 円滑　えんかつ　A社・B社の合併に伴う組織の再編（さいへん）が円滑に進んでいる。

21. 割安　わりやす　A社は割安な新製品を投入する。

22. 割高　わりだか　国産住宅は円高のため、輸入住宅に比べ、割高になっている。

23. 盛ん　さかん　今後、日本でもM＆A（企業の合併・買収）が盛んに行われるだろう。

24. 簡単　かんたん　クレジットカードは学生（がくせい）でも簡単な手続きで手に入れることができる。

VOCABULARY IN ENGLISH

a) Nouns Which Can Become Verbs with Suru-endings (24)
1. move, shift, transfer
2. relief, aid, help
3. development, breaking into a new field
4. acquisition, possession, securing
5. processing, manufacturing
6. investment, introduction, pushing
7. change, alteration, modification, updating
8. induction, inducement, guidance, encouragement
9. demand, request
10. linkage, connecting with

b) Frequently Used Adjectives (4)
11. sudden, abrupt, rapid, drastic
12. desirable, welcome
13. drastic, radical
14. bold, daring, audacious
15. certain, definite, sure
16. vivid, clear, distinct, clearly pointing (to a weaker economy, etc.), (when a factor becomes) clear, (when something is) revealed
17. delicate, subtle, fine
18. details, particulars
19. hard, tough, resolute

20. smooth, harmonious
21. comparatively cheap, relatively lower priced/prices, oversold, bargain (issues/stocks), undervalued (issues/stocks)
22. comparatively expensive, relatively higher priced/prices over bought (issues), a premium (paid)
23. prosperous, thriving, popular
24. simple, easy, uncomplicated

読む練習

1. 〈*西武自動車販売* を買収した〉*クライスラー社* は96年5月から小型乗用車「ネオン」、97年にはミニバンをそれぞれ右ハンドルで投入する予定。

　　★ 小型 ↔ 大型

2. 日本公認会計士協会は規則で料金の引き下げによる顧客獲得を禁止しているうえ、広告も制限している。

　　☆ 〜うえ　in addition to 〜, also

3. 中国はここ数年、日米欧の半導体メーカーに先端技術の移転を強く要請していた。

4. 円高で日本企業が生産設備の海外移転を進めているだけに、海外で引き起こす環境破壊をどう把握していくかも課題になる。

　　☆ 〜だけに　especially because 〜

5. 「感情的には、金融機関の自らの判断ミスのツケを税金で払うのかという思いはあるが、ここまでくれば、公的資金の投入もやむを得ないかなと思います。」

　　☆ ツケ　bad consequence、　やむを得ない (得る st 17) unavoidable, inevitable

6. 「景気低迷が長引けば、雇用確保はむずかしくなる。やはり抜本的な対策は欠かせません。」

　　☆ 欠かせない＝不可欠　essential, indispensable

7. 新車販売の回復基調が鮮明になってきた。

8. マネー・マネージメント・ファンド (MMF) は92年の開設以来、企業資金を中心に拡大してきたが、個人資金の受け皿という色彩が鮮明になってきた。

　　★ MMF → 短期の公社債投資信託

　　☆ 受け皿　place/system prepared for 〜

ステップ 48

a) 「〜する」で動詞としても使われる名詞 (25)

1.	作成	さくせい	事業計画を作成する。
2.	貢献	こうけん	日本は世界に対してどんな貢献ができるか。
3.	吸収	きゅうしゅう	Ａ銀行はＢ地銀 (地方銀行) を吸収合併することが決まった。
4.	形成	けいせい	自然食品の全国的な販売網が形成されつつある。
5.	ひっ迫	ひっぱく	北米・中南米などでは、ステンレス需給がひっ迫している。
6.	計算	けいさん	牛肉の輸入関税が70%から60%に下がり、原料コストは6%下落した計算になる。
7.	継続	けいぞく	G7ではＡ国が金融引き締め策を継続したい意向。
8.	検査	けんさ	大蔵省は金融機関の経営状況に関する検査体制を改める。
9.	発足	ほっそく	公正な取引のための証券取引等監視委員会は92年に発足した。
10.	推移	すいい	午前10時現在、日経平均は1万7350円で推移している。

b) よく使われる名詞 (26)

11.	疑問	ぎもん	「今後も急ピッチの拡大が続くかどうかは疑問」との声も出ている。
12.	共通	きょうつう	各社が値上げを検討する共通の理由は、人件費が高くなったこと。
13.	緊急	きんきゅう	政府は緊急経済対策を実施した。
14.	現象	げんしょう	94年の米不足は一時的な現象だと思われるが、また起こらないとも限らない。
15.	充実	じゅうじつ	Ａ社は今後提携先を拡大して、一層のソフトの充実を図りたい考え。

16.	手段	しゅだん	原油はＡ国の主要な外貨獲得手段である。
17.	代金	だいきん	パソコン代金はローンで支払う。
18.	大量	たいりょう	大量生産によりコストを下げた。
19.	攻勢	こうせい	Ａ社はさらに販売拡大のための攻勢をかける。
20.	歯止め	はどめ	OPECは原油相場の下落傾向に歯止めをかけたい意向。

VOCABULARY IN ENGLISH

a) Nouns Which Can Become Verbs with Suru-endings (25)
1. drawing up, preparation
2. contribution
3. absorption, assimilation
4. formation
5. tightness
6. calculation
7. continuation, maintaining (something in place)
8. inspection, examination, test
9. starting, inauguration
10. change, fluctuation

b) Frequently Used Nouns (26)
11. question, doubt
12. common point
13. emergency, urgency
14. phenomenon
15. fullness, substantiality, completeness
16. means, way, step
17. price, cost
18. large quantity, enormous amount, mass
19. aggression, offensive
20. brake, stop

読む練習<small>れんしゅう</small>

1. 「伸びが急激過ぎ、半導体の需給ひっ迫は少なくとも<u>年内</u>は続く見込み」(半導体商社) という。

　　　★ 年内 → 今年 + 〜内

2. 〈政府の景気対策〉雇用対策では、円高で業績不振に陥っている産業から雇用吸収力のある成長産業への労働移動策を具体化する。

3. 大蔵省は信用組合の経営破たん問題を踏まえて、信組を<u>監督</u>している地方自治体に対し、経営を検査・監視する部門に民間銀行のOBを積極的に活用するように呼びかける。

　　　☆ 〜を踏まえて (st 14)

4. **松下**<small>まつした</small> (**電器産業**) は 3 年後をメドに日本とマレーシア、中国・広州<small>こうしゅう</small>で生産しているエアコンのシャシーを出力の同じ<u>機種</u>別に共通化する。

　　　★ 電器 → P. 70 の「でんき」参照、　機種 → 〜機 + 〜種

5. 昨年度の平均相場を 1 ドル = 99 円 39 銭として計算すると、今年度の円相場が平均 85 円で推移した場合は、円建て取引による黒字分のドル換算額が 160 億ドル前後増えるという。

6. <u>自社</u>株買いが進めば、株式需給が<u>好転</u>、一株利益の上昇を通じて投資価値が改善する。ただ、「株主を<u>軽視</u>してきた企業が実際に、自社株買いに踏み切るかどうか疑問」(**朝日生命保険**) との指摘もある。

　　　★ 自社 → 自分の会社、　好転 → 好調に転じる

　　　☆ 〜を通じて (st 14)

7. 大手自動車メーカーの米ビッグスリーが中国市場への攻勢を強めている。

ステップ 49

a) 「〜する」で動詞としても使われる名詞 (26)

1.	選択	せんたく	商品選択の幅を広げ、利用者のニーズに合ったサービスを選べるようにする。
2.	退任	たいにん	A社長が10月末付で退任し、B氏が社長になった。
3.	調印	ちょういん	Aセラミックは中国で合弁製造会社Bを設立する契約に調印した。
4.	圧迫	あっぱく	昨年稼働した新工場の償却負担が利益を圧迫している。
5.	育成	いくせい	国際ビジネス紛争に対応できる弁護士の育成が急務。
6.	運営	うんえい	A建設の子会社がビル、土地を管理、運営する。
7.	運送	うんそう	運送会社間ではサービス競争が激しい。
8.	許可	きょか	A国で外国人が働くためには許可が必要である。
9.	示唆	しさ	首相は農業交渉の決着が近いことを示唆した。
10.	試算	しさん	国土庁の試算によると、首都移転は14兆円という長期大型事業になるという。

b) よく使われる名詞 (27)

11.	季節	きせつ	季節限定商品に人気が集まっている。
12.	不満	ふまん	社内の不満をうまく吸収して、やる気を起こさせることが大切。
13.	拍車	はくしゃ	安い輸入品が入っていることから、製品価格の下落に拍車がかかっている。
14.	勢い	いきおい	今年の海外への旅行者数は過去最高だった昨年を上回る勢い。
15.	路線	ろせん	Aコンビニは販売店拡大路線を修正する。
16.	足並み	あしなみ	日米欧の足並みがそろい、大胆な協調介入に踏み切った。

17.	資格	しかく	資格取得のために社員に補助金を出す会社が増えている。
18.	余剰	よじょう	多くの企業が管理部門で余剰人員を抱えている。
19.	仕組み	しくみ	A社の年棒制の仕組みは基本年棒と業績賞与からなる。
20.	品質	ひんしつ	QCは日本語で品質管理と言われる。

VOCABULARY IN ENGLISH

a) Nouns Which Can Become Verbs with Suru-endings (26)
  1. choice, selection, option
  2. retirement, resignation
  3. signing, signature
  4. pressure, oppression
  5. rearing, nurturing, fostering
  6. management, administration, operation
  7. transport, freight, shipping
  8. permission
  9. suggestion, implication
  10. trial calculation, preliminary calculation

b) Frequently Used Nouns (27)
  11. season
  12. dissatisfaction, complaint
  13. spur, acceleration
  14. vigor, force, power
  15. route, line
  16. step, pace
  17. qualification, requirement
  18. surplus
  19. construction, setup, mechanism
  20. quality

ミニコラム

反対の意味のことば

1. 縮小 ↔ 拡大
2. 重視 ↔ 軽視（けいし）
3. 加速 ↔ 減速
4. 大口 ↔ 小口（こぐち）
5. 反対 ↔ 賛成（さんせい）
6. 上位 ↔ 下位（かい）
7. 収入 ↔ 支出（ししゅつ）（→ 収支）

8. 増資 ↔ 減資（げんし）
9. 短縮 ↔ 延長
10. 終了 ↔ 開始
11. 就任 ↔ 退任（しゅうにん）
12. 原因 ↔ 結果
13. 成功 ↔ 失敗

読む練習

1. 米国では 78 年に、証券取引委員会 (SEC) の意向に対応する形で米国公認会計士協会が会計事務所間の相互審査 (ピア・レビュー) の仕組みを創設した。

    ☆ ～形 (st 15)

2. 国内では産業界の設備投資の回復が遅れ、リース市場が伸び悩む中、最大手の同社〈**オリックス**〉がアジア重視の方針を掲げたことで、各社のアジアシフトに拍車がかかりそうだ。

3. 多くの自治体が入札参加資格に制限を設け、事実上地元企業を優先的に入札に参加させているが、こうした制限は今後 WTO のルール違反に問われかねない。(96 年 1 月から WTO の政府調達協定が発効)

    ☆ ～かねない　very possible to ~, (something bad, unfortunate) may happen

4. 日本の公共工事は米国に比べて 1－4 割高いという試算がある。

5. 〈第二地方銀行協会会長は〉5 月の通常総会で正式に決める。*浜田* 氏は 93 年 5 月に会長に就任、1 期 2 年の任期で退任する。

    ★ 就任 ↔ 退任

6 **日本興業銀行** と **韓国産業銀行** など海外の民間銀行 16 行は、中国の国家開発銀行に総額 5000 万ドルの融資を実施することを決め、16 日に北京で正式調印した。

7. **ソニー** は 22 日、4 月 1 日付で **出井信之** 常務が社長兼 COO(最高執行責任者) に就任する人事を発表した。

    ★ 就任 ↔ 退任

    ☆ ～兼～　~ as well as ~

ステップ 50

a) 「〜する」で動詞としても使われる名詞 (27)

1. 就職　　しゅうしょく　　中小企業でも、能力の生かせる会社に就職する人が増えている。

2. 清算　　せいさん　　A社は需要拡大は望めないとみて、子会社Bを6月にも清算する。

3. 成功　　せいこう　　A社は生産ラインの見直しで生産性の大幅な引き上げに成功している。

4. 失敗　　しっぱい　　A商事は経営に失敗し、倒産した。

5. 対抗　　たいこう　　後発の電話サービス会社に対抗してA社も電話料金を下げることにした。

6. 妥結　　だけつ　　A社の賃上げ交渉が2%アップで妥結した。

7. 追随　　ついずい　　鉄鋼最大手のA社が電力事業に参入するが、他の企業も追随することが予想される。

8. 認可　　にんか　　医薬品卸4社は公正取引委員会の認可を経て、来年4月をメドに合併する。

9. 難航　　なんこう　　A国との自動車・同部品分野交渉が難航している。

10. 発言　　はつげん　　現政権の中でA通産相の発言力が増している。

b) 株式や市況などでよく使われることば

11. 銘柄	めいがら	15. 債券	さいけん
12. 先物	さきもの	16. 予約	よやく
13. 現物	げんぶつ	17. 建玉	たてぎょく
14. 〜債	〜さい	18. 裁定(取引)	さいてい(とりひき)
・国債	こくさい	19. 指標	しひょう
・社債	しゃさい	20. 猶予	ゆうよ
・公債	こうさい	21. 反発	はんぱつ
・地方債	ちほうさい	22. 反落	はんらく
・外債	がいさい	23. 有価(証券)	ゆうか(しょうけん)

24. 投機　　とうき
25. 気配　　けはい
26. ～場　　～ば
　　　・前場　　ぜんば
　　　・後場　　ごば
27. 公募　　こうぼ
28. 利食い　　りぐい
29. 大引け　　おおびけ
30. 商い　　あきない
31. 貸株　　かしかぶ
32. 戻る　　もどる
33. 急落　　きゅうらく
34. 急騰　　きゅうとう
35. 急伸　　きゅうしん
36. 続落　　ぞくらく
37. 続騰　　ぞくとう
38. 続伸　　ぞくしん
39. ～建て　　～だて
　　　・円建て　　えんだて
　　　・ドル建て　　ドルだて

VOCABULARY IN ENGLISH

a) Nouns Which Can Become Verbs with Suru-endings (27)
1. being employed, getting hired
2. liquidation, winding up
3. success
4. failure, mistake
5. opposition, rivalry, confrontation
6. compromise settlement, agreement
7. following
8. approval, permission, authorization
9. difficulty, not proceeding well because of difficulty
10. speaking, voicing, utterance

b) Securities (Stocks and Bonds)
11. issue, stock, brand
12. futures
13. cash, spots
14. bond: government bonds securities
          corporate bond, corporate debenture
          public bond, government securities, public loan
          local bond, municipal bond
          foreign bond, foreign loan
15. bond, debenture
16. subscription, exchange contract, reservation
17. outstanding account, commitment, sales or purchase contract
18. arbitrage
19. index, indicator
20. postponement, deferment, extension (of time)
21. rally, recovery (in stock prices), rebound, repulse, opposition
22. reactionary fall (in stock prices)
23. negotiable instrument
24. speculation, venture
25. quotes, trend
26. market: morning session/trading, afternoon session/trading
27. public offering
28. profit-taking
29. closing (a market/session)
30. trading, dealing
31. stock loan, lending stock
32. return, recover, rebound
33. sudden fall
34. jump/sudden rise
35. spurt
36. continued — continued/continuous fall, drop
37. persistent upsurge
38. continued rise/advance
39. (denominated) in (currency unit): denomination in yen, denomination in dollar

読む練習

1. **住友銀行**はCD・ATMを11月から平日の午後9時まで稼働すると3月に発表し、都銀各行は追随して稼働時間を延長する。

2. **三菱重工**は昨年、造船用鋼板で使用する60万トンのうち、6万トンを韓国から調達した。国内鉄鋼業界からの調達価格をこの一年間で1割引き下げることに成功した。

   ★ 重工 → 重い + 工業

3. アジア企業が発行したドル建ての転換社債 (CB) が利回りの高さから人気を集め始めた。

4. 事実上倒産した英ベアリングズが残した日経平均先物など、先物の買い建玉の処分が28日、始まった。

   ☆ 事実上 (〜上) (st 36 + st 31)

5. **服部セイコー**も「日米自動車交渉が妥結しても貿易不均衡の大幅な改善にはつながらず、円安基調に転じるとは思えない」との見方から期近物を中心に84円台で予約を進めている。

   ☆ 〜につながる linked to 〜、 〜ず without doing (something)

6. 輸出企業の間で、7－9月分の為替予約 (先物のドル売り) を入れる水準を円高・ドル安方向に修正する動きが目立ってきた。

7. 小売業界では**ジャスコ**に追随して安売りに乗り出すドラッグストアも現れ、ディスカウントストア(DS)やスーパーも続々と値下げに動き出す構えを見せている。

   ★ 続々 → 続く + 続く

   ☆ 構え is set to 〜, is poised to 〜

新聞表現の索引　INDEX OF NEWSPAPER TERMS

ひょうげん　　さくいん

基礎語い索引　INDEX OF BASIC VOCABULARY

五十音索引　INDEX BY JAPANESE ALPHABET

ごじゅうおんさくいん

かいかく	改革	7a	23
かいけい	会計	26a	88
かいけつ	解決	33a	109
かいけん	会見	24a	82
かいこ	解雇	39b	130
かいごう	会合	29b	97
かいさい	開催	41a	136
がいさん	概算	27b	91
かいし	開始	21a	73
がいし	外資	36a	118
かいしゃく	解釈	46b	150
かいしゅう	回収	33a	109
かいしょう	解消	23a	79
がいしょく	外食	36b	118
かいせい	改正	11a	34
かいせつ	開設	39a	130
かいぜん	改善	24a	82
かいたく	開拓	47a	153
がいため	外為	29b	97
(がいこくかわせ) (外国為替)			
かいだん	会談	27a	91
かいちょう	会長	4b	16
かいとう	回答	30a	100
かいとる	買い取る	19b	61
かいにゅう	介入	22a	76
かいにん	解任	45b	147
かいはつ	開発	5a	18
かいふく	回復	16b	49
かいほう	開放	7a	23
かえす	返す	38b	125
かえはじめる	変え始める	19b	61
かえる	変える	自他まとめ (1)	54
かえる	替える	38b	125
かかえる	抱える	20a	65
かかく	価格	10b	31
かがく	化学	主要業種	69
かかる	掛かる	自他まとめ (2)	68
～かぎり	～限り	31b	103
かぎる	限る	37b	122
かく～	各～	3b	14
～がく	～額	8b	26
かくさ	格差	34a	112
かくじつ	確実	20b	66
かくじゅう	拡充	31a	103
かくだい	拡大	5a	18
かくとく	獲得	47a	153
かくにん	確認	38a	124
かくほ	確保	10a	31
かくりょう	閣僚	21b	73
かける	掛ける	20a	65
かこ	過去	1b	7
かこう	加工	47a	153
～かこく	～カ国	5b	18
かしかぶ	貸株	50b	163
かしだす	貸し出す	18b	58
かしつけ	貸付	33b	109
(貸付け・貸し付け)			
～かしょ	～カ所	25b	86
かじょう	過剰	37a	121
かす	貸す	18b	58
かぜい	課税	38a	124
かそく	加速	30a	100
～かた	～型	8b	26
かだい	課題	27a	91
かたち	形	15b	46
かたまる	固まる	自他まとめ (2)	68
かためる	固める	20a	65
かたる	語る	20a	65
かち	価値	10b	31
かちょう	課長	21b	73
かっこく	各国	5b	18
かっせい	活性	43a	142
かつどう	活動	31a	103
かっぱつ	活発	20b	66
がっぺい	合併	24a	82
かつよう	活用	38a	124
かてい	家庭	主要業種	69
かでん	家電	主要業種	69
かどう	稼働	24a	82
かのう	可能	11b	34

（～)かぶ	（～)株	9b	29
かぶか	株価	10b	31
かぶしき	株式	2a	10
かみ	紙	主要業種	69
かみき	上期	1b	7
かめい	加盟	42a	139
かもつ	貨物	主要業種	69
かりいれる	借り入れる	18b	58
かりる	借りる	18b	58
～がわ	～側	8b	26
かわせ	為替	13a	40
かわる	変わる	17	52
～かん	～間	2b	10
～かん	～感	8b	26
かんきょう	環境	15a	46
かんこう	慣行	46a	150
かんこく	韓国	2b	10
かんこく	勧告	45b	147
かんさ	監査	41b	136
かんさい	関西	25b	85
かんさん	換算	38a	124
かんし	監視	40a	133
かんじ	幹事	21b	74
かんして	関して	14b	43
かんしん	関心	43a	142
かんする	関する	14b	43
かんせい	完成	38a	124
かんぜい	関税	14a	43
かんそく	観測	41a	136
かんたん	簡単	47b	154
かんぶ	幹部	21b	73
かんり	管理	8a	26
かんれん	関連	15a	46
かんわ	緩和	23a	79
～き	～期	1b	7
～き	～機	34b	112
きかい	機械	主要業種	69
きかい	機会	46a	150
ぎかい	議会	23b	80
きかく	企画	22b	76

きかん	期間	1b	8
きかん	機関	3b	13
きき	機器	主要業種	69
きき	危機	30b	100
きぎょう	企業	1a	7
きげん	期限	35a	115
きこう	機構	23b	79
きざし	兆し	42b	139
きじ	記事	始める前に	5
きしゃ	記者	始める前に	5
ぎじゅつ	技術	3a	13
きじゅん	基準	4a	16
きせい	規制	6a	20
きせつ	季節	49b	159
きせん	汽船	43b	142
きそ	基礎	37a	121
きそ	起訴	46b	150
きそいあう	競い合う	19b	62
きそう	競う	19b	62
きそん	既存	37a	121
きたい	期待	11a	34
きちょう	基調	43a	142
きてい	規定	12a	37
きのう	機能	22b	76
きびしい	厳しい	20b	65
きぼ	規模	13a	40
きぼう	希望	31a	103
きほん	基本	14a	43
きまる	決まる	自他まとめ(1)	54
ぎむ	義務	30b	101
きめる	決める	自他まとめ(1)	54
ぎもん	疑問	48b	156
ぎゃく	逆	31b	104
～きゅう	～級	34b	113
きゅう～	旧～	7b	23
きゅう～	急～	44b	145
きゅうげき	急激	47b	153
きゅうさい	救済	47a	153
きゅうしゅう	吸収	48a	156
きゅうしん	急伸	50b	163

げきか	激化	33a	109
けっか	結果	4a	16
けっかん	欠陥	45b	147
けっきょく	結局	31b	104
けっさい	決済	41b	136
けっさん	決算	14a	43
けっちゃく	決着	38a	124
けってい	決定	7a	23
けつろん	結論	46a	150
けねん	懸念	9a	29
けはい	気配	50b	163
げらく	下落	21a	73
～けん	～県	2b	10
～けん	～圏	8b	26
～けん	～権	9b	29
～けん	～件	28b	94
～げん	～減	6b	20
げん～	現～	12b	37
げんあん	原案	27b	91
げんいん	原因	43a	142
げんえき	減益	41b	136
げんか	減価	41b	136
けんかい	見解	44a	145
げんかい	限界	30b	101
けんきゅう	研究	10a	31
げんこう	現行	28a	94
げんこく	原告	46b	150
けんさ	検査	48a	156
げんざい	現在	12b	37
げんじつ	現実	35a	115
げんしょう	減少	6a	20
げんしょう	現象	48b	156
げんじょう	現状	43a	142
げんしりょく	原子力	43b	142
げんぜい	減税	27b	91
けんせつ	建設	10a	31
げんそく	減速	31a	103
げんそく	原則	37a	121
げんち	現地	5b	18
けんちょう	堅調	40b	134

げんてい	限定	45a	147
けんとう	検討	6a	20
げんぱつ	原発	43b	142
げんぶつ	現物	50b	162
げんゆ	原油	43b	142
けんり	権利	37a	121
げんりょう	原料	43b	142
～ご	～後	1b	8
～こう	～行	28b	95
こう～	高～	7b	23
こうい	行為	35a	115
ごうい	合意	7a	23
こうか	効果	22b	76
こうか	考課	39b	130
こうかい	公開	29a	97
こうかん	交換	42a	139
こうきゅう	高級	40b	134
こうきょう	好況	16b	50
こうきょう	公共	24b	82
こうぎょう	工業	4a	16
こうぎょう	鉱業	43b	142
こうくう	航空	主要業種	69
ごうけい	合計	22b	76
こうけいき	好景気	16b	49
こうけん	貢献	48a	156
こうこく	広告	4a	16
こうさい	高裁	46b	150
こうさく	工作	主要業種	69
こうさん	公算	45a	147
こうじ	工事	27a	91
こうしょう	交渉	7a	23
こうじょう	向上	29a	97
こうしん	更新	30a	100
こうせい	公正	11b	35
こうせい	構成	45a	147
こうせい	更生	45b	147
こうせい	攻勢	48b	157
こうそう	構想	36a	118
こうぞう	構造	27a	91
こうたい	後退	16b	49

こうちく	構築	30a	100	こてい	固定	33a	109
こうちょう	好調	11b	34	ことなる	異なる	35b	115
こうつう	交通	主要業種	69	こはば	小幅	40b	133
こうていぶあい	公定歩合	27b	91	〜こむ	〜込む	18b	58
こうてき	公的	20b	66	こもん	顧問	4b	16
こうとう	高騰	41a	136	こよう	雇用	8a	26
こうどう	行動	30b	100	こん〜	今〜	1b	7
こうとりい	公取委	45b	147	こんご	今後	12b	37
(こうせいとりひきいいんかい)				こんなん	困難	20b	66
(公正取引委員会)				さ	差	15b	47
こうにゅう	購入	33a	109	〜さい	〜歳	28b	95
こうにん				〜さい	〜債	50b	162
かいけいし	公認会計士	41b	136	さい〜	再〜	7b	23
こうはつ	後発	37a	121	さい〜	最〜	7b	23
〜こうはん	〜後半	28b	95	さい	際	13b	41
こうはん	鋼板	43b	142	さいかい	再開	39a	130
こうひょう	公表	25a	85	さいきん	最近	1b	7
こうふ	交付	27b	91	さいけん	再建	22a	76
ごうべん	合弁	28a	94	さいけん	債券	50b	162
こうぼ	公募	50b	163	さいけん	債権	29b	97
こうもく	項目	45a	147	ざいげん	財源	27b	91
こうり	小売	13a	40	ざいこ	在庫	36b	118
ごうりてき	合理的	20b	66	さいこう	最高	2a	10
こうりつ	効率	27a	91	さいさん	採算	45a	147
こうれい	高齢	30b	101	ざいさん	財産	32b	106
こえ	声	15b	46	さいしゅう	最終	27a	91
こえる	超える	19a	61	さいしゅつ	歳出	27b	91
こえる	越える	19a	61	ざいせい	財政	27b	91
こがいしゃ	子会社	23b	79	さいてい(とりひき)	裁定(取引)	50b	162
こきゃく	顧客	21b	73	ざいとう	財投	27b	91
〜こく	〜国	5b	18	さいにゅう	歳入	27b	91
〜(カ)こく	〜(カ)国	5b	18	さいはん	再販	36b	118
こくさい	国際	1a	7	さいばん	裁判	46b	150
こくど	国土	25b	86	さいむ	債務	14a	43
こくない	国内	5b	18	ざいむ	財務	41b	136
こくみん	国民	22b	76	さいよう	採用	10a	31
こじん	個人	14a	43	ざいりょう	材料	32b	107
こっか	国家	42b	139	さがる	下がる	10b	31
こっかい	国会	23b	79	さかん	盛ん	47b	154
こっこ	国庫	27b	91	〜さき	〜先	34b	113

さきもの	先物	50b	162
さきゆき	先行き	45a	147
さぎょう	作業	27a	91
～さく	～策	9b	29
さくげん	削減	8a	26
さくせい	作成	48a	156
さくてい	策定	40a	133
さくねん	昨年	1b	7
さぐる	探る	37b	122
さける	避ける	19a	61
さげる	下げる	10b	31
ささえる	支える	20a	65
さしとめ	差し止め	45b	147
さしひく	差し引く	38b	125
さす	差す	38b	125
ざっか	雑貨	42b	139
さんか	参加	12a	37
さんぎょう	産業	2a	10
ざんぎょう	残業	39b	130
ざんだか	残高	33b	109
さんち	産地	25b	86
さんにゅう	参入	11a	34
～し	～市	2b	10
～し	～氏	4b	16
～じ	～時	13b	41
しいれ	仕入れ	36b	118
しえん	支援	9a	29
しかく	資格	49b	160
じかん	次官	21b	73
じき	時期	26b	88
じぎょう	事業	1a	7
しきん	資金	3a	13
しくみ	仕組み	49b	160
しげき	刺激	43a	142
しげん	資源	36a	118
じこ	自己	22b	76
しこう	志向	43a	142
しさ	示唆	49a	159
しざい	資材	43b	142
しさん	資産	16a	49

しさん	試算	49a	159
じじつ	事実	36a	118
じしゅてき	自主的	20b	66
しじょう	市場	1a	7
しじょう	史上	1b	7
ししん	指針	32b	107
しすう	指数	26a	88
しせい	姿勢	15a	46
しせつ	施設	26a	88
じぜん	事前	42b	139
したうけ	下請け	43b	142
したまわる	下回る	17	52
じちたい	自治体	23b	79
しつぎょう	失業	21a	73
じつげん	実現	23a	79
じっさい	実際	35a	115
じっし	実施	7a	23
じっしつてき	実質的	20b	65
じっせき	実績	15a	46
じったい	実態	44a	145
しつちょう	室長	21b	73
しっぱい	失敗	50a	162
じつよう	実用	43b	142
してい	指定	39a	130
してき	指摘	12a	37
してつ	私鉄	主要業種	69
してん	支店	23b	79
じてん	時点	26b	88
しどう	指導	32a	106
じどうしゃ	自動車	2a	10
しなぞろえ	品ぞろえ	36b	118
しはらう	支払う	18a	57
しはんき	四半期	1b	7
しひょう	指標	50b	162
しほん	資本	13a	40
しまる	締まる	自他まとめ(2)	68
じむ	事務	24b	82
しめきる	締め切る	18b	58
しめす	示す	17	52
しめる	占める	17	52

ちょうき	長期	1b	7
ちょうさ	調査	5a	18
ちょうせい	調整	8a	26
ちょうたつ	調達	12a	37
ちょうてい	調停	46b	150
ちょきん	貯金	33b	109
ちょくせつ	直接	31b	103
ちょさく(けん)	著作(権)	45b	147
ちょちく	貯蓄	33b	109
ちんあげ	賃上げ	39b	130
ちんぎん	賃金	39b	130
ついか	追加	29a	97
ついずい	追随	50a	162
つうか	通貨	24b	82
つうさん	通産	3b	13
つうじて	通じて	14b	43
つうしょう	通商	3b	13
つうじょう	通常	37a	121
つうじる	通じる	14b	43
つうしん	通信	3a	13
つうたつ	通達	27b	91
～つき	～付き	38c	125
つく	着く	38b	124
つく	付く	38c	125
つぐ	次ぐ	18a	57
つける	付ける	35b	115
つたえる	伝える	37b	122
つたわる	伝わる	自他まとめ (3)	128
つづく	続く	自他まとめ (1)	54
つづける	続ける	自他まとめ (1)	54
つよまる	強まる	17	52
つよめる	強める	自他まとめ (1)	54
て	手	15b	46
てあて	手当て	39b	130
てい～	低～	7b	23
ていあん	提案	22a	76
ていか	定価	10b	31
ていか	低下	21a	73
ていき	定期	42b	139
ていきょう	提供	31a	103
ていけい	提携	8a	26
ていげん	提言	29a	97
ていし	停止	24a	82
ていしゅつ	提出	24a	82
ていそ	提訴	46b	150
ていど	程度	12b	37
ていねん	定年	39b	130
ていめい	低迷	16b	49
てがける	手掛ける	20a	65
てがた	手形	41b	136
～てき	～的	6b	20
てきよう	適用	29a	97
てすう(りょう)	手数(料)	44a	145
てっこう	鉄鋼	主要業種	69
てったい	撤退	42a	139
てつづき	手続き	42b	139
てっていてき	徹底的	20b	66
てつどう	鉄道	主要業種	69
てっぱい	撤廃	25a	85
でる	出る	自他まとめ (1)	54
～てん	～店	3b	14
～てん	～点	9b	29
てんかい	展開	12a	37
てんかん	転換	21a	73
てんけん	点検	42a	139
でんげん	電源	43b	142
でんし	電子	主要業種	69
てんじる／ずる	転じる／ずる	35b	116
てんとう	店頭	30b	100
てんぽ	店舗	36b	118
てんぼう	展望	46a	150
でんりょく	電力	主要業種	69
と	都	2b	10
～ど	～度	34b	112
とう	問う	18a	57
どう～	同～	7b	23
とうおう	東欧	2b	10
とうき	投機	50b	163
とうきょく	当局	34a	112
とうけい	統計	16b	49

ねびき	値引き	36b	118
ねらう	狙う	17	52
ねんかん	年間	1b	8
ねんきん	年金	24b	82
ねんこう	年功	39b	130
～ねんだい	～年代	26b	88
ねんど	年度	1b	7
ねんぽう	年俸	39b	130
ねんりょう	燃料	43b	142
ねんれい	年齢	35a	115
のうき	納期	36b	118
のうぎょう	農業	13a	40
のうにゅう	納入	36b	118
のうひん	納品	36b	118
のうりょく	能力	32b	106
のこす	残す	自他まとめ (2)	68
のこる	残る	18a	57
のぞいて	除いて	14b	43
のぞく	除く	14b	43
のぞましい	望ましい	47b	153
のぞむ	望む	35b	116
のばす	伸ばす	自他まとめ (1)	54
のびなやむ	伸び悩む	38b	124
のびる	伸びる	17	52
のべる	述べる	19a	61
のりだす	乗り出す	18b	58
のる	乗る	18b	58
～ば	～場	50b	163
ばあい	場合	13b	40
～ばい	～倍	8b	26
ばいきゃく	売却	11a	34
はいけい	背景	16a	49
はいし	廃止	21a	73
ばいしゅう	買収	11a	34
はいじょ	排除	45b	147
ばいしょう	賠償	46b	150
はいそ	敗訴	46b	150
はいてん	配転	39b	130
（はいちてんかん）	（配置転換）		
はいとう	配当	41b	136
ばいばい	売買	21a	73
ばいりつ	倍率	36a	118
はいりょ	配慮	39a	130
はいる	入る	自他まとめ (1)	54
はかる	図る	37b	122
はくしゃ	拍車	49b	159
はくしょ	白書	29b	98
はげしい	激しい	20b	65
はけん	派遣	25a	85
はじまる	始まる	自他まとめ (1)	54
はじめて	初めて	12b	37
はじめる	始める	自他まとめ (1)	54
はしら	柱	15b	46
はたす	果たす	37b	122
はたん	破たん	45b	147
はつ～	初～	44b	145
ばっきん	罰金	46b	150
はつげん	発言	50a	162
はっこう	発行	9a	29
はっちゅう	発注	41a	136
はってん	発展	22a	76
はつでん	発電	43b	142
はつばい	発売	22a	76
はっぴょう	発表	5a	18
ばっぽんてき	抜本的	47b	153
はどめ	歯止め	48b	157
はなしあう	話し合う	19b	62
（～）はば	（～）幅	34b	112
はばひろい	幅広い	40b	134
はらう	払う	18a	57
はる	春	15b	47
はん～	反～	44b	145
はんい	範囲	34a	112
はんえい	反映	25a	85
はんたい	反対	33a	109
はんだん	判断	10a	31
はんどうたい	半導体	主要業種	69
はんばい	販売	6a	20
はんぱつ	反発	50b	162
はんらく	反落	50b	162

PART II

<ruby>総<rt>そう</rt>漢<rt>かん</rt>字<rt>じ</rt>表<rt>ひょう</rt></ruby>
総漢字表

KANJI INTRODUCED IN PART I
AND
ADDITIONAL KANJI

英訳は主としてチャールズ・E・タトル出版の"A Guide to Reading & Writing Japanese" による

キソ…基礎語い　Basic Vocaburary

st…ステップ　step

始める前に…始める前に　Introduction

自他まとめ…自動詞・他動詞のまとめ　Intransitive Verbs and Transitive Verbs

業種…主要業種と関連語　Main Indusrries and Related Words

表現…新聞によく使われる表現 (PART I の Section II 読む練習)

Terms Often Used in Newspapers (Reading Practice in Section II of PART I)

※見出し漢字の読み方で《　》内は常用漢字表にないもの

Readings in double parentheses are not listed in *Jyōyō kanji-hyō.*

1. イ (人)

人	ジン・ニン／ひと			person

1.	人口	じんこう (キソ)	15.	人	ひと (キソ)
2.	人材	じんざい (st39)	16.	人々	ひとびと
3.	人事	じんじ (st39)	17.	人減らし	ひとべらし
4.	人件(費)	じんけん(ひ) (st41)		------------------------	
5.	人員	じんいん (st45)	18.	～人	～にん (キソ) (ex. 三人)
6.	人為	じんい	19.	～人	～じん (キソ) (ex. 日本人)
7.	人選	じんせん	20.	法人	ほうじん (st3)
8.	人道	じんどう	21.	個人	こじん (st14)
9.	人民	じんみん	22.	求人	きゅうじん (st39)
10.	人権	じんけん	23.	婦人	ふじん
11.	人類	じんるい	24.	新人	しんじん
12.	人気	にんき	25.	故人	こじん
13.	人間	にんげん	26.	無人	むじん
14.	人数	にんずう	27.	大人	おとな

化	カ・ケ／ば(ける)・ば(かす)			transform, bewitch

1.	化学	かがく (業種)	8.	変化	へんか (st23)
2.	化粧	けしょう	9.	激化	げきか (st33)
3.	化工	かこう	10.	鈍化	どんか (st40)
4.	化成	かせい	11.	消化	しょうか
	----------------------		12.	文化	ぶんか
5.	～化	～か (st6) (ex. 国際化)	13.	酸化	さんか
6.	強化	きょうか (st8)	14.	硬化	こうか
7.	悪化	あっか (st16)			

1. イ(人)

仏	フツ・ブツ／ほとけ			France, Buddha
1. 仏	ふつ (st 2)	2. 仏教	ぶっきょう	

代	ダイ・タイ／ か(わる)・か(える)・よ・しろ			generation, price, substitute, change, age (time), era, in place of,
1. 代表	だいひょう (st4)	7. 時代	じだい (キソ)	
2. 代理	だいり (st34)	8. 近代	きんだい	
3. 代金	だいきん (st48)	9. 現代	げんだい	
4. 代わる	かわる	10. 交代	こうたい	
-----------------------		11. ～代	～だい (ex. 30代)	
5. ～年代	～ねんだい(st26)(ex.70年代)			
6 a. 世代	せだい (st46)			
b. 次世代	じせだい			

付	フ／ つ(く)・つ(ける)			adhere, stick, attach, add
1. 付ける	つける (st35)	5. ～付け	～づけ (ex. 30日付け)	
2. 付く	つく (st38)	6. 貸(し)付(け)	かしつけ (st33)	
3. 付加	ふか (st10)	7. 買い付ける	かいつける	
-----------------------		8. 格付け	かくづけ (st35 表現)	
4. ～付き	～つき (st38) (ex. 保証付)	9. 寄り付く	よりつく	

仕	シ・ジ／ つか(える)			work, serve
1. 仕事	しごと (キソ)	3. 仕切り	しきり	
2. 仕組み	しくみ (st49)	4. 仕方	しかた	

他	タ			other
1. 他～	た～ (st44) (ex. 他企業)	4. 他人	たにん	
2. 他社	たしゃ	-----------------------		
3. 他の	たの	5. その他	そのた	

任　ニン／まか(せる)・まか(す)　　duty, entrust, leave (responsibility to someone)

1.	任せる	まかせる (st37)	8.	就任	しゅうにん	
2.	任命	にんめい	9.	初任給	しょにんきゅう	
3.	任期	にんき	10.	辞任	じにん	
4.	任地	にんち	11.	留任	りゅうにん	
			12.	一任	いちにん	
5.	責任	せきにん (st16)	13.	兼任	けんにん	
6.	解任	かいにん (st45)	14.	背任	はいにん	
7.	退任	たいにん (st49)				

件　ケン　　matter, case

1.	件数	けんすう	4.	人件(費)	じんけん(ひ) (st41)	
			5.	事件	じけん	
2.	～件	～けん (st28) (ex. 4件)	6.	物件	ぶっけん	
3.	条件	じょうけん (st26)	7.	案件	あんけん	

伝　デン／つた(わる)・つた(える)・つた(う)　　report, impart, transmit, be reported

1.	伝える	つたえる (st37)	4.	伝票	でんぴょう	
2.	伝わる	つたわる (自他まとめ 3)				
3.	伝統	でんとう	5.	宣伝	せんでん (st42)	

休　キュウ／やす(む)・やす(まる)・やす(める)　　rest, vacation

1.	休日	きゅうじつ (キソ)	6.	休む	やすむ (キソ)	
2.	休止	きゅうし				
3.	休業	きゅうぎょう	7.	帰休	ききゅう	
4.	休暇	きゅうか	8.	週休	しゅうきゅう	
5.	休刊	きゅうかん	9.	遊休地	ゆうきゅうち	

1. イ(人)

仲　チュウ／なか　　　　　　　　　　　relations (between persons), terms

1.　仲裁　　ちゅうさい (st46)　　　　2.　仲介　　ちゅうかい

体　タイ・テイ／からだ　　　　　　　　　　　　　　　　body

1.　体制　　たいせい (st22)　　　　7.　団体　　だんたい (st26)
2.　体系　　たいけい　　　　　　　8.　一体　　いったい (st46)
3.　体力　　たいりょく　　　　　　9.　主体　　しゅたい
4.　体質　　たいしつ　　　　　　　10.　解体　　かいたい
-----------------------　　　　11.　自体　　じたい
5.　全体　　ぜんたい (st12)　　　　12.　単体　　たんたい
6.　具体(的)　ぐたい (てき) (st20)

低　テイ／ひく(い)・ひく(まる)・ひく(める)　　　　low, short, lower

1.　低〜　　てい〜 (st7) (ex. 低水準)　　5.　低調　　ていちょう
2.　低迷　　ていめい (st16)　　　　6.　低い　　ひくい (キソ)
3.　低下　　ていか (st21)　　　　-----------------------
4.　低利　　ていり　　　　　　　7.　最低　　さいてい

作　サク・サ／つく(る)　　　　　　　　　　　　　　　make

1.　作業　　さぎょう (st27)　　　　7.　制作　　せいさく
2.　作成　　さくせい (st48)　　　　8.　著作(権)　ちょさく(けん) (st45)
3.　作品　　さくひん　　　　　　　9.　転作　　てんさく
4.　作る　　つくる (キソ)　　　　10.　稲作　　いなさく
-----------------------　　　　11.　操作　　そうさ
5.　工作　　こうさく (業種)　　　　12.　動作　　どうさ
6.　製作(所)　せいさく(しょ／じょ) (st23)

伸　シン／の(びる)・の(ばす)　　　　　　　extend, grow, stretch

1.　伸びる　　のびる(st17)　　　　4.　続伸　　ぞくしん (st50)
2.　伸ばす　　のばす (自他まとめ 1)　　5.　急伸　　きゅうしん (st50)
3.　伸び悩む　のびなやむ (st38)

位　イ／くらい　　　　　rank, position, about (approximately)

1.	位置	いち	5.	首位	しゅい
			6.	優位	ゆうい
2.	～位	～い (st28) (ex. 第二位)	7.	地位	ちい
3.	単位	たんい (st32)	8.	順位	じゅんい
4.	上位	じょうい (st34)			

住　ジュウ／す(む)・す(まう)　　　　　dwell, live

1.	住所	じゅうしょ (キソ)	5.	在住	ざいじゅう
2.	住宅	じゅうたく (業種)	6.	定住	ていじゅう
3.	住民	じゅうみん			
4.	住む	すむ (キソ)			

伴　ハン・バン／ともな(う)　　　　　accompany, go with

1.	伴う	ともなう (st14)
2.	同伴	どうはん

何　カ／なに・なん　　　　　who, some, something, what, how many, why

1.	何(～)	なに (なん)(～)(キソ)	3.	何らか	なんらか
2.	何人	なんにん	4.	何より	なにより

価　カ／あたい　　　　　price, value, worth

1.	価格	かかく (st10)	6.	定価	ていか (st10)
2 a.	価値	かち (st10)	7.	評価	ひょうか (st11)
b.	付加価値	ふかかち (st10)	8.	減価	げんか (st41)
			9.	有価	ゆうか (st50)
3.	株価	かぶか (st10)	10.	原価	げんか
4.	物価	ぶっか (st10)	11.	米価	べいか
5.	地価	ちか (st10)	12.	簿価	ぼか

1. イ(人)

供　キョウ・ク／そな(える)・とも　　　　　　　　attendant, companion, offer, accompany

1. 供給　　きょうきゅう (st6)　　　3. 提供　　ていきょう (st31)
2. 供与　　きょうよ (st31)　　　　4. 子供　　こども (キソ)

使　シ／つか(う)　　　　　　　　　　　　　　　　　　　　　　use

1. 使う　　つかう (キソ)　　　　4. 労使　　ろうし (st39)
2. 使い捨て つかいすて　　　　　5. 行使　　こうし
3. 使用　　しよう

例　レイ／たと(える)　　　　　　　　　　　　example, compare with

1. 例　　　れい (st15)　　　　6. 異例　　いれい
2. 例外　　れいがい　　　　　7. 特例　　とくれい
3. 例えば　たとえば (st13)　　8. 慣例　　かんれい
-----------------------　　　　9. 月例　　げつれい
4. 条例　　じょうれい (st27)　10. 比例　　ひれい
5. 事例　　じれい

併　ヘイ／　　　　　　　　　　　　　　　　put (things) side by side,
　　　あわ(せる)　　　　　place (one thing) by the side of (another), combine

1. 併設　　へいせつ

----

2. 合併　　がっぺい (st24)

依　イ・エ　　　　　　　　　　　　　　depend on, remain unchanged

1. 依然　　いぜん (st31)　　　　3. 依頼　　いらい
2. 依存　　いぞん (st42)

200

保　ホ／たも(つ)　　keep, maintain

1. 保護　ほご (st6)
2. 保険　ほけん (st15)
3. 保有　ほゆう (st24)
4. 保障　ほしょう (st31)
5. 保証　ほしょう (st39)
6. 保全　ほぜん
7. 保守　ほしゅ
8. 保存　ほぞん
9. 保留　ほりゅう
10. 確保　かくほ (st10)
11. 生保　せいほ (st33)
　(生命保険) (せいめいほけん)
12. 担保　たんぽ (st33)
13. 損保　そんぽ (st33)
　(損害保険) (そんがいほけん)
14. 留保　りゅうほ

信　シン　　sincerity, trust, faith, believe

1. 信託　しんたく (st3)
2. 信用　しんよう (st22)
　・信金　しんきん
　(信用金庫)　(しんようきんこ)
　・信組　しんくみ
　(信用組合)　(しんようくみあい)
　・信販　しんぱん
　(信用販売)　(しんようはんばい)
3. 信頼　しんらい
4. 通信　つうしん (st3)
5. 与信　よしん (st33)
6. 電信　でんしん
7. 長(信)銀　ちょう(しん)ぎん
　(長期信用銀行) (ちょうきしんようぎんこう)
8. 投信　とうしん
　(投資信託)　(とうししんたく)
9. 自信　じしん

係　ケイ／かか(る)・かかり　　charge, concern, in charge (of)

1. 係　かかり
2. 係長　かかりちょう
3. 係争　けいそう (st46)
4. 関係　かんけい (キソ)

----

1. イ(人)

促　ソク／うなが(す)　　　　　　　　　　　　　　　urge, facilitate

1.	促す	うながす (st18)		3.	販促	はんそく
2.	促進	そくしん (st29)			(販売促進)	(はんばいそくしん)
----------------------				4.	催促	さいそく

侵　シン／おか(す)　　　　　　　　　　　　　　　　invade, violate

1.	侵害	しんがい (st46)		2.	侵略	しんりゃく

便　ベン・ビン／たよ(り)　convenience, letter, transportation service, excrements

1.	便利	べんり		4.	郵便	ゆうびん (st43)
2.	便乗	びんじょう		5.	〜便	〜びん (ex. 国際便)
3.	便数	びんすう		6.	不便	ふべん
----------------------				7.	利便	りべん

値　チ／あたい・ね　　　　　　　　　　　　　　　　price, value

1.	値上げ	ねあげ (st10)		9.	値崩れ	ねくずれ
2.	値上がり	ねあがり (st10)		----------------------		
3.	値下げ	ねさげ (st10)		10.	高値	たかね (st10)
4.	値下がり	ねさがり (st10)		11.	安値	やすね (st10)
5.	値段	ねだん (st10)		12.	終値	おわりね
6.	値引き	ねびき (st36)		13.	価値	かち (st10)
7.	値動き	ねうごき		14.	〜値	〜ち (st34) (ex. 平均値)
8.	値幅	ねはば				

個　コ　　　　　　　　　　　　　　　　　individual, suffix for counting

1.	個人	こじん (st14)		4.	〜個	〜こ(ex, 3個)
2.	個別	こべつ				
3.	個性	こせい				

202

借　シャク／か(りる)　　　　　　　　　　　　　　　　　　　　　　borrow

1.	借りる	かりる (st18)		5.	借地	しゃくち
2.	借り入れる	かりいれる (st18)		6.	借家	しゃくや
3.	借払(い)	かりばらい		-----------------------		
4.	借款	しゃっかん (st27)		7.	貸借	たいしゃく

修　シュウ・シュ／おさ(まる)・おさ(める)　　　　　master, cultivate, improve

1.	修正	しゅうせい (st22)		4.	研修	けんしゅう
2.	修復	しゅうふく				
3.	修理	しゅうり				

倒　トウ／たお(れる)・たお(す)　　　　　　　　　　　　　　　　　fall

1.	倒産	とうさん (st45)		3.	貸倒	かしだおし
2.	倒れる	たおれる		4.	圧倒	あっとう

倍　バイ　　　　　　　　　　　　　　　　　　　　　twice, double, ～ fold

1.	倍率	ばいりつ (st36)		3.	～倍	～ばい (キソ, st8) (ex. 3倍)
2.	倍増	ばいぞう				

俸　ホウ　　　　　　　　　　　　　　　　　　　　　　　stipend, salary

1.	俸給	ほうきゅう

2.	年棒	ねんぽう (st39)

側　ソク／かわ《がわ》　　　　　　　　　　　　　　　　　　　　　side

1.	側面	そくめん		3.	裏側	うらがわ

2.	～側	～がわ (st8) (ex. 相手側)

1. イ(人)

停　テイ　　　　　　　　　　　　　　　　　　　　　　　　stop

1. 停止　　ていし (st24)

----
2. 調停　　ちょうてい (st46)

備　ビ／そな(わる)・そな(える)　　preparation, prepare, furnish, be furnished with

1. 備える　　そなえる (st35)　　　　5. 整備　　せいび (st10)
2. 備わる　　そなわる (自他まとめ 3)　6. 準備　　じゅんび (st24)
3. 備蓄　　びちく　　　　　　　　　7. 装備　　そうび
----------------------　　　　　　　　8. 予備　　よび
4. 設備　　せつび (st3)　　　　　　9. 警備　　けいび

債　サイ　　　　　　　　　　　　　　　　　　　　　　　　debt, loan

1. 債務　　さいむ (st14)　　　　　4. 負債　　ふさい (st42)
2. 債権　　さいけん (st29)　　　　5. ～債　　～さい (st50) (ex. 国債)
3. 債券　　さいけん (st50)

働　ドウ／はたら(く)　　　　　　　　　　　　　　　　　　work

1. 働く　　はたらく (キソ)　　　　3. 労働　　ろうどう (st2)
2. 働き掛ける　はたらきかける　　　4. 稼働　　かどう (st24)

傾　ケイ／かたむ(く)・かたむ(ける)　　　　　　　　incline, tend to

1. 傾向　　けいこう (st28)　　　　2. 傾く　　かたむく

催　サイ／もよお(す)　　　　meeting, sponsorship, hold (a meeting)

1. 催し　　もよおし　　　　　　　2. 開催　　かいさい (st41)
----------------------　　　　　　　　3. 主催　　しゅさい

僚　リョウ　　　　　　　　　　　　official (n.), friend, colleague

1. 閣僚　　かくりょう (st21)　　　3. 同僚　　どうりょう
2. 官僚　　かんりょう

億	オク					one hundred million

1. 億　　　　おく (始める前に)

優	ユウ／ やさ(しい)・すぐ(れる)					excellent, gentle, tender, kind, affectionate, graceful

1.	優先	ゆうせん (st25)	5.	優秀	ゆうしゅう
2.	優遇	ゆうぐう (st41)	6.	優待	ゆうたい
3.	優勢	ゆうせい	7.	優劣	ゆうれつ
4.	優位	ゆうい	8.	優れる	すぐれる

償	ショウ／つぐな(う)					compensate, make up for, indemnify

1.	償還	しょうかん (st33)	4.	無償	むしょう
2.	償却	しょうきゃく (st41)	5.	有償	ゆうしょう
-----------------------			6.	代償	だいしょう
3.	賠償	ばいしょう (st46)	7.	補償	ほしょう

2. 十

千	セン／ち		thousand

1.	千	せん (始める前に)	2.	千代田区	ちよだく

半	ハン／なか(ば)		half

1.	半導体	はんどうたい (業種)	10.	四半期	しはんき (st1)
2.	半分	はんぶん (キソ)	11.	(〜)前半	(〜)ぜんはん (st28)
3.	半期	はんき	12.	(〜)後半	(〜)こうはん (st28)
4.	半数	はんすう	13.	大半	たいはん (st34)
5.	半減	はんげん	14.	折半	せっぱん
6.	半年	はんとし	15.	過半数	かはんすう
7.	半面	はんめん (st39 表現)	16.	西半球	にしはんきゅう
8.	半値	はんね			
9.	半ば	なかば			
-----------------------					

2. 十　3. ㇏

協	キョウ			cooperate, be in harmony

1. 協会　きょうかい (st3)　　6. 妥協　だきょう
2. 協力　きょうりょく (st7)　7. 農協　のうきょう
3. 協議　きょうぎ (st9)　　　　(農業協同組合) (のうぎょうきょうどう
4. 協定　きょうてい (st15)　　　　　　　　　　　　くみあい)
5. 協調　きょうちょう (st31)

卒	ソツ			finish, soldier at the lowest rank

1. 卒業　そつぎょう　　　3. ～年卒　～ねんそつ (ex. 96 年卒)
----------------------　　　4. 新卒　しんそつ
2. 大卒　だいそつ (st39)

南	ナン・ナ／みなみ			south

1. 南　みなみ (キソ)　　　4. 東南アジア　とうなんアジア (st25)
2. 南北　なんぼく
3 a. 中南米　ちゅうなんべい (st25)
　 b. 南米　なんべい

----

3. ㇏

次	ジ・シ／つ(ぐ)・つぎ			next

1. 次　つぎ (キソ)　　　　8. 次回　じかい
2 a. 次ぐ　つぐ (st18)　　　9. 次第に　しだいに
　 b. 相次ぐ　あいつぐ (st18)　----------------------
3. 次官　じかん (st21)　　10. ～次　～じ (cx. 第二次)
4. 次期　じき　　　　　　11. 年次　ねんじ
5. 次長　じちょう　　　　12. 月次　げつじ
6. ～次第　～しだい (st37 表現)　13. 順次　じゅんじ
　　　　(ex. 条件次第)　　14. 目次　もくじ
7. 次～　じ～ (ex. 次世代)　15. 取次　とりつぎ

4. 氵(水)

水　スイ／みず　water

1.	水	みず (キソ)	4 a. 水産	すいさん
2.	水曜日	すいようび (キソ)	b. 水産物	すいさんぶつ
3.	水準	すいじゅん (st3)	5. 水面下	すいめんか

汽　キ　steam, vapor

1.	汽船	きせん (st43)

法　ホウ・ハッ・ホッ　law, doctrine, reason, method

1.	法人	ほうじん (st3)	10.	法廷	ほうてい
2.	法案	ほうあん (st27)	11.	法令	ほうれい
3.	法制	ほうせい (st27)	------------------------		
4.	法～	ほう～ (ex. 法改正)	12.	方法	ほうほう (キソ)
5.	法律	ほうりつ	13.	～法	～ほう (st9) (ex. 大店法)
6.	法務(省)	ほうむ(しょう)	14.	司法	しほう
7.	法規	ほうき	15.	商法	しょうほう
8.	法定	ほうてい	16.	違法	いほう
9.	法的	ほうてき	17.	憲法	けんぽう

注　チュウ／そそ(ぐ)　pour, explain clearly, order

1.	注	ちゅう	6.	受注	じゅちゅう (st10)
2.	注目	ちゅうもく (st30)	7.	発注	はっちゅう (st41)
3.	注文	ちゅうもん (st31)	8.	受発注	じゅはっちゅう
4.	注意	ちゅうい		(受注 + 発注)	
5.	注視	ちゅうし			

油　ユ／あぶら　oil

1.	油	あぶら	5.	原油	げんゆ (st43)
2.	油脂	ゆし	6.	給油(所)	きゅうゆ(しょ)
3.	油田	ゆでん	7.	製油(所)	せいゆ(しょ)
------------------------			8.	灯油	とうゆ
4.	石油	せきゆ (業種)	9.	～油	～ゆ (ex. 重質油)

4. 氵(水)

治　ジ・チ／おさ(める)・おさ(まる)・なお(る)・なお(す)　rule, reign, cure

1. 治安　　ちあん
2. 治療　　ちりょう

3 a. 自治体　じちたい (st23)
　 b. 自治　　じち
4. 政治　　せいじ (st27)

沿　エン／そ(う)　go (be) along, be on (beside), in line with

1. 沿う　　そう (st14)

2. 沿線　　えんせん

海　カイ／うみ　sea, ocean

1. 海外　　かいがい (st5)
2. 海運　　かいうん
3. 海上　　かいじょう
4. 海岸　　かいがん

5. 北海道　ほっかいどう
6. 臨海　　りんかい
7. 掃海　　そうかい
8. 〜海　　〜かい (ex. 日本海)

活　カツ　live, make use of, alive

1. 活発　　かっぱつ (st20)
2. 活動　　かつどう (st31)
3. 活用　　かつよう (st38)
4. 活性　　かっせい (st43)
5. 活況　　かっきょう
6. 活力　　かつりょく

7. 生活　　せいかつ (st37)
8. 復活　　ふっかつ
9. 民活　　みんかつ
　(民間活力)(みんかんかつりょく)

派　ハ　group, party, school

1. 派遣　　はけん (st25)
2. 派閥　　はばつ
3. 派生　　はせい

4. 〜派　　〜は (ex. 推進派)

決　ケツ／き(まる)・き(める)　decide

1.	決める	きめる (キソ, 自他まとめ1)	9. 決裂	けつれつ
2.	決まる	きまる (キソ, 自他まとめ1)	10. 決して	けっして
3.	決定	けってい (st7)	------------------------	
4.	決算	けっさん (st14)	11. 解決	かいけつ (st33)
5.	決着	けっちゃく (st38)	12. 可決	かけつ
6.	決済	けっさい (st41)	13. 判決	はんけつ
7.	決議	けつぎ	14. 取り決め	とりきめ
8.	決断	けつだん	15. 値決め	ねぎめ

消　ショウ／き(える)・け(す)　vanish, go out, extinguish, switch off, disappear

1.	消費	しょうひ (st7)	7. 消える	きえる
2.	消化	しょうか	8. 消す	けす
3.	消却	しょうきゃく	9. 消印	けしいん
4.	消極(的)	しょうきょく(てき)	------------------------	
5.	消去	しょうきょ	10. 解消	かいしょう (st23)
6.	消滅	しょうめつ	11. 取り消す	とりけす

流　リュウ・ル／なが(れる)・なが(す)　stream, current, flow, set afloat, wash away

1.	流れる	ながれる (st20)	8. 物流	ぶつりゅう (st36)
2.	流す	ながす (自他まとめ2)	9. 還流	かんりゅう
3.	流通	りゅうつう (st36)	10. 交流	こうりゅう
4.	流動	りゅうどう (st40)	11. 潮流	ちょうりゅう
5.	流出	りゅうしゅつ	12. 主流	しゅりゅう
6.	流入	りゅうにゅう		
7.	流行	りゅうこう		

浮　フ／う(く)・う(かれる)・う(かぶ)・う(かべる)　float, be gay, emerge

1.	浮き彫り	うきぼり (st30 表現)	3. 浮上	ふじょう (st36 表現)
2.	浮かび上がる	うかびあがる		

4. 氵(水)

済	サイ ／ す(む)・す(ます)			end, be settled, be over

1.	済む	すむ (st38)	4.	決済	けっさい (st41)
----------------------			5.	救済	きゅうさい (st47)
2.	経済	けいざい (st1)	6.	共済	きょうさい
3.	返済	へんさい (st31)	7.	～済	～ずみ (st38) (ex. 契約済み)

況	キョウ			state of things

1.	不況	ふきょう (st16)	5.	活況	かっきょう
2.	状況	じょうきょう (st16)	6.	市況	しきょう
3.	好況	こうきょう	7.	景況	けいきょう
4.	好不況	こうふきょう	8.	業況	ぎょうきょう
	(好況 + 不況)				

渉	ショウ		wade, cross over, walk about

1.	渉外	しょうがい

2.	交渉	こうしょう (st7)

深	シン ／ ふか(い)・ふか(まる)・ふか(める)			deep, profound, thick (fog), close (relationship)

1.	深刻	しんこく (st11)	5.	根深い	ねぶかい
2.	深夜	しんや (st26)	6.	大深度	だいしんど
3.	深い	ふかい			
4.	深まる	ふかまる			

液	エキ		liquid, fluid

1.	液晶	·えきしょう (st43)	2.	液体	えきたい

清	セイ・ショウ ／ きよ(い)・きよ(まる)・きよ(める)	pure, clear

1.	清算	せいさん (st50)

港 コウ／みなと　harbor

1. 港湾　こうわん
---
2. 香港　ほんこん (st25)
3. 空港　くうこう (st29)
4. 開港　かいこう
5. ～港　～こう (ex. 大阪港)

満 マン／み(ちる)・み(たす)　full, fill, fulfill, rise (tide)

1. 満期　まんき (st33)
2. 満足　まんぞく
3. 満額　まんがく
4. 満たす　みたす (st38 表現)
---
5. 不満　ふまん (st49)
6. ～未満　～みまん (st28)

湾 ワン　bay, gulf

1. 湾岸　わんがん
---
2. ～湾　～わん (st25) (ex. 東京湾)
3. 台湾　たいわん(st25)
4. 港湾　こうわん

測 ソク／はか(る)　measure

1. 測定　そくてい
---
2. 予測　よそく (st30)
3. 観測　かんそく (st41)
4. 計測　けいそく
5. 憶測　おくそく

渡 ト／わた(る)・わた(す)　go over, hand over, migrate

1. 渡す　わたす
2. 渡る　わたる
---
3. 譲渡　じょうと (st33)
4. 過渡　かと
5. 不渡り　ふわたり (st41)
6. 引き渡す　ひきわたす

準 ジュン　model, rule, one rank before ~

1. 準備　じゅんび (st24)
2. 準拠　じゅんきょ
3. 準～　じゅん～ (ex. 準会員)
---
4. 水準　すいじゅん (st3)
5. 基準　きじゅん (st4)
6. 標準　ひょうじゅん
7. 照準　しょうじゅん

4. 氵(水)

源　ゲン／みなもと　　　　　　　　　　　　　　　　　　　origin, source

1.	源泉	げんせん	4.	財源	ざいげん (st27)
---------------------			5.	〜源	〜げん (ex. 収入源)
2.	資源	しげん (st36)	6.	起源	きげん
3.	電源	でんげん (st43)			

滑　カツ／すべ(る)・なめ(らか)　　　　　　　　　　　　slide, smooth, even

1.	滑走(路)	かっそう(ろ)

2.	円滑	えんかつ (st47)

漁　ギョ・リョウ　　　　　　　　　　　　　　　　　　　　fish, fishing

1.	漁業	ぎょぎょう (st43)	3.	漁船	ぎょせん
2.	漁獲	ぎょかく			

減　ゲン／へ(る)・へ(らす)　　　　　　　　　decrease, reduce, wear out

1.	減る	へる (st6)	14.	〜減	〜げん (st6) (ex. 3% 減)
2.	減らす	へらす(自他まとめ 1)	15.	削減	さくげん (st8)
3.	減少	げんしょう (st6)	16.	増減	ぞうげん
4.	減税	げんぜい (st27)	17.	半減	はんげん
5.	減速	げんそく (st31)	18.	軽減	けいげん
6.	減益	げんえき (st41)	19.	激減	げきげん
7.	減額	げんがく	20.	急減	きゅうげん
8.	減退	げんたい	21.	低減	ていげん
9.	減配	げんぱい	22.	微減	びげん
10.	減収	げんしゅう	23.	節減	せつげん
11.	減免	げんめん	24.	目減り	めべり
12.	減価	げんか (st41)	25.	人減らし	ひとべらし
13.	減産	げんさん			

激	ゲキ／はげ(しい)			hard, violent, fierce, encourage

1.	激しい	はげしい (st20)	5.	激励	げきれい
2.	激化	げきか (st33)		------------------------	
3.	激減	げきげん	6.	刺激	しげき (st43)
4.	激安	げきやす	7.	急激	きゅうげき (st47)

5. 彳

s	コウ・ギョウ／い(く)・ゆ(く)・おこな(う)			go, hold, conduct, do

1.	行政	ぎょうせい (st27)	17.	先行	せんこう (st32)
2.	行革	ぎょうかく (st27)	18.	移行	いこう (st41)
	(行政改革)	(ぎょうせいかいかく)	19.	運行	うんこう
3.	行動	こうどう (st30)	20.	進行	しんこう
4.	行為	こうい (st35)	21.	実行	じっこう
5.	行使	こうし	22.	施行	しこう
6.	行員	こういん	23.	慣行	かんこう (st46)
7.	行う	おこなう (キソ)	24.	試行	しこう
8.	行く	いく (キソ)	25.	直行	ちょっこう
9.	行き過ぎ	いきすぎ	26.	代行	だいこう
10.	行き詰まる	いきづまる	27.	並行	へいこう
11.	行方	ゆくえ	28.	履行	りこう
	------------------------		29.	流行	りゅうこう
12.	～行	～こう (st28) (ex. 都銀3行)	30.	旅行	りょこう (キソ)
13.	銀行	ぎんこう (キソ)	31.	先行き	さきゆき (st45)
14.	各行	かくこう (st3 + st28)	32.	売れ行き	うれゆき
15.	発行	はっこう (st9)	33.	成り行き	なりゆき
16.	現行	げんこう (st28)			

役	ヤク・エキ			role, duty, service, part

1.	役員	やくいん (st21)	7.	～役	～やく (st21) (ex. 相談役)
2.	役割	やくわり (st42)	8.	取締役	とりしまりやく (st4)
3.	役職	やくしょく	9.	監査役	かんさやく (st41 + st21)
4.	役所	やくしょ	10.	重役	じゅうやく
5.	役立てる	やくだてる(自他まとめ3)	11.	助役	じょやく
6.	役立つ	やくだつ (st37)			

後	ゴ・コウ ／ のち・うし(ろ)・あと・おく(れる)			after, behind, later

1.	後	あと (キソ)	10.	〜後	〜ご (st1) (ex. 終了後)
2.	後押し	あとおし	11.	今後	こんご (st12)
3.	後退	こうたい (st16)	12.	(〜)前後	(〜)ぜんご (st28)
4.	(〜)後半	(〜)こうはん (st28)	13.	戦後	せんご (st26)
5.	後発	こうはつ (st37)	14.	午後	ごご (キソ)
6.	後継	こうけい	15.	事後	じご
7.	後任	こうにん	16.	最後	さいご
8.	後場	ごば	17.	直後	ちょくご
9.	後	のち			

待	タイ ／ ま(つ)			wait (for)

1.	待つ	まつ	4.	期待	きたい (st11)
2.	待遇	たいぐう	5.	招待	しょうたい
3.	待機	たいき	6.	優待	ゆうたい
			7.	戻り待ち	もどりまち

従	ジュウ・ショウ ／ したが(う)・したが(える)			obey, comply with, follow

1.	従業(員)	じゅうぎょう(いん) (st21)	3.	従事	じゅうじ
2.	従来	じゅうらい (st13)	4.	従う	したがう

得	トク ／ え(る)・う(る)			profit, benefit, advantage, get, obtain

1.	得る	える (st17)	5.	獲得	かくとく (st47)
2 a.	得意	とくい	6.	既得	きとく
b.	お得意様	おとくいさま	7.	習得	しゅうとく
			8.	納得	なっとく
3.	所得	しょとく (st16)	9.	〜得る	〜える (ex. あり得る)
4.	取得	しゅとく (st22)			

術　ジュツ　　　　　　　　　　　art, technique, artifice, means, magic

1.	技術	ぎじゅつ (st3)		3.	美術	びじゅつ
2.	芸術	げいじゅつ		4.	戦術	せんじゅつ

復　フク　　　　　　　　　　　again, repeat, return

1.	復活	ふっかつ		4.	回復	かいふく (st16)
2.	復興	ふっこう		5.	報復	ほうふく
3.	復帰	ふっき		6.	修復	しゅうふく

微　ビ　　　　　　　　　　　slight, faint, minute

1.	微妙	びみょう (st47)		3.	微減	びげん
2.	微増	びぞう				

徴　チョウ　　　　　　　　　　　symptom, sign, collect

1.	徴収	ちょうしゅう		3.	課徴	かちょう
				4.	象徴	しょうちょう
2.	特徴	とくちょう (st44)				

徹　テツ　　　　　　　　　　　pierce, penetrate

1.	徹底(的)	てってい (てき) (st20)		2.	徹夜	てつや

衛　エイ　　　　　　　　　　　protect, defend

1.	衛星	えいせい (st43)		3.	防衛	ぼうえい (st23)
2.	衛生	えいせい		4.	自衛隊	じえいたい

衡　コウ　　　　　　　　　　　scale, measure, weigh, balance

1.	均衡	きんこう (st44)

6. 土 (土)

土	ド・ト／つち		earth, soil

1. 土曜日　どようび (キソ)
2. 土日　どにち
3. 土木　どぼく
4. 土壇場　どたんば
5. 土地　とち (業種)

6. 国土　こくど (st25)
7. 領土　りょうど
8. 風土　ふうど

去	キョ・コ／さ(る)		past, leave, depart

1. 去就　きょしゅう

----

2. 過去　かこ (st1)

3. 死去　しきょ
4. 消去　しょうきょ
5. 消え去る　きえさる

地	チ・ジ		earth, ground

1. 地域　ちいき (st5)
2. 地方　ちほう (st5)
3. 地価　ちか (st10)
4. 地区　ちく (st25)
5. 地裁　ちさい (st46)
6. 地上　ちじょう
7. 地球　ちきゅう
8. 地図　ちず
9. 地下鉄　ちかてつ (キソ)
10. 地点　ちてん
11. 地位　ちい
12. 地銀　ちぎん
(地方銀行) (ちほうぎんこう)

13. 地元　じもと (st25)
14. 地盤　じばん
15. 地震　じしん

----

16. 土地　とち (業種)
17. ～地　～ち (st25) (ex. 住宅地)
18. 現地　げんち (st5)
19. 産地　さんち (st25)
20. 農地　のうち
21. 立地　りっち
22. 各地　かくち
23. 余地　よち

在	ザイ／あ(る)		exist, area

1. 在庫　ざいこ (st36)
2. 在日　ざいにち
3. 在来　ざいらい
4. 在外　ざいがい
5. 在り方　ありかた (st37 表現)

----

6. 現在　げんざい (st12)
7. 存在　そんざい
8. 駐在員　ちゅうざいいん
9. 不在　ふざい

均	キン				level, equality

1. 均衡　きんこう (st44)　　3. 平均　　へいきん (st2)
2. 均等　きんとう

赤	セキ・シャク ／ あか・あか(い)・あか(らむ)・あか(らめる)	red

1. 赤字　　あかじ (st4)

型	ケイ ／ かた		type, model, mold

1. ～型　　～がた (st8) (ex. 96 年型)　4. 新型　しんがた
2. 大型　おおがた (st24)　　　　　　5. 典型　てんけい
3. 小型　こがた

基	キ ／ もと・もとい	foundation, basis

1. 基準　きじゅん (st4)　　　7. 基地　きち
2. 基本　きほん (st14)　　　8. 基づく　もとづく (st14)
3. 基礎　きそ (st37)　　　　9. 基に(して)　もとに(して)
4. 基調　きちょう (st43)　　------------------------
5. 基盤　きばん　　　　　　10. 労基法　ろうきほう
6. 基金　ききん　　　　　　　(労働基準法)(ろうどうきじゅんほう)

域	イキ	boundary, border, area, level, degree

1. 域内　いきない　　　　　3. 広域　こういき
------------------------　　4. 水域　すいいき
2. 地域　ちいき (st5)　　　5. 領域　りょういき

場	ジョウ／ば	place

1. 場合　ばあい (st13)　　　8. 登場　とうじょう
2. 場所　ばしょ (キソ)　　　9. ～場　～じょう (ex. ゴルフ場)
3. 場面　ばめん　　　　　　10. 相場　そうば (st4)
------------------------　　11. ～場　～ば (st50) (ex. 後場)
4. 市場　しじょう (st1)　　12. 売り場　うりば (st36)
5. 工場　こうじょう (キソ)　13. 現場　げんば
6. 上場　じょうじょう (st12)　14. 立場　たちば
7. 会場　かいじょう

217

6. 土 (土)

報	ホウ／むく(いる)		report, reward, return (a favor)

1.	報告	ほうこく (st10)	5. 情報　じょうほう (st14)
2.	報道	ほうどう	6. 速報　そくほう (st27)
3.	報酬	ほうしゅう	7. 広報　こうほう
4.	報復	ほうふく	8. 確報　かくほう

堅	ケン／かた(い)		firm, solid, sound, hard, tough, tight

1.	堅調	けんちょう (st40)	3. 中堅　ちゅうけん (st30)
2.	堅持	けんじ	4. 底堅さ　そこがたさ

増	ゾウ／ま(す)・ふ(える)・ふ(やす)		increase

1.	増える	ふえる (st6)	14. 増設　ぞうせつ
2.	増え続ける	ふえつづける	15. 増額　ぞうがく
3.	増やす	ふやす (st17)	-----------------------
4.	増す	ます (st37)	16. ～増　～ぞう (st6) (ex. 輸入増)
5.	増加	ぞうか (st8)	17. 急増　きゅうぞう
6.	増税	ぞうぜい (st27)	18. 新増設　しんぞうせつ
7.	増益	ぞうえき (st41)	(新設 + 増設)
8.	増資	ぞうし (st41)	19. 倍増　ばいぞう
9.	増収	ぞうしゅう (st41)	20. 微増　びぞう
10.	増強	ぞうきょう	21. 割増　わりまし
11.	増減	ぞうげん	22. 積み増す　つみます
12.	増産	ぞうさん	23. ～増　～まし (ex. 4割増)
13.	増大	ぞうだい	

境	キョウ・ケイ／さかい		border, boundary, border line

1.	境界	きょうかい	3. 国境　こっきょう
-----------------------			4. 苦境　くきょう
2.	環境	かんきょう (st15)	

7. 女

女　ジョ・ニョ・ニョウ／おんな・め　　　　　　　　　　woman, girl

1.	女性	じょせい (キソ)	3.	男女	だんじょ
2.	女子	じょし			

好　コウ／この(む)・す(く)・す(き)　　　　　　　　like, love, favor

1 a.	好調	こうちょう (st11)	7.	好不況　こうふきょう
b.	絶好調	ぜっこうちょう		(好況 + 不況)
2.	好況	こうきょう (st16)	8.	好不調　こうふちょう
3.	好景気	こうけいき (st16)		(好調 + 不調)
4.	好感	こうかん	9.	好き　すき
5.	好機	こうき		----------------------
6.	好転	こうてん	10.	格好　かっこう (st36 表現)

妥　ダ　　　　　　　　　　　　　compromise, peaceful, calm

1.	妥結	だけつ (st50)	3.	妥当	だとう
2.	妥協	だきょう			

妙　ミョウ　　　　　　strange, mysterious, clever, admirable

1.	微妙	びみょう (st47)

委　イ　　　　　　　　　　　　　　　　　　entrust with

1.	委員	いいん (st4)	4.	～委	～い (ex. 公取委)
2.	委託	いたく (st30)			
3.	委譲	いじょう			

----

7. 女　8. 子

始	シ／はじ(まる)・はじ(める)				begin

1.	始まる	はじまる (キソ, 自他まとめ 1)	6.	開始	かいし (st21)
2.	始める	はじめる (キソ, 自他まとめ 1)	7.	終始	しゅうし
3.	始値	はじめね	8.	出始める	ではじめる
4.	始動	しどう	9.	入れ始める	いれはじめる
5 a.	始末	しまつ	10.	動き始める	うごきはじめる
b.	後始末	あとしまつ	11.	崩れ始める	くずれはじめる
			12.	手始めに	てはじめに

要	ヨウ／い(る)				important, necessary

1.	要求	ようきゅう (st9)	9.	需要	じゅよう (st3)
2.	要請	ようせい (st11)	10.	必要	ひつよう (st11)
3.	要因	よういん (st26)	11.	主要	しゅよう (st11)
4.	要望	ようぼう (st47)	12.	重要	じゅうよう (st11)
5.	要旨	ようし	13.	不要	ふよう
6.	要員	よういん	14.	概要	がいよう
7.	要件	ようけん			
8.	要素	ようそ			

姿	シ／すがた				figure, shape, appearance

1.	姿	すがた	2.	姿勢	しせい (st15)

8. 子

子	シ・ス／こ				child

1.	子会社	こがいしゃ (st23)	7.	利子	りし
2.	子供	こども (キソ)	8.	少子化	しょうしか
-----------------------			9.	男子	だんし
3.	電子	でんし (業種)	10.	種子	しゅし
4.	原子力	げんしりょく (st43)	11.	骨子	こっし
5.	菓子	かし	12.	様子	ようす
6.	女子	じょし			

存　ソン・ゾン　　　　　　　　　　　　　　　　　　　exist

1.	存在	そんざい	5.	保存	ほぞん
2.	存続	そんぞく	6.	共存	きょうぞん
			7.	温存	おんぞん
3.	既存	きそん (st37)	8.	生存	せいぞん
4.	依存	いぞん (st42)			

学　ガク／まな(ぶ)　　　　　　　　　　　　　　　learn, study

1.	学校	がっこう	7.	化学	かがく (業種)
2.	学歴	がくれき	8.	大学	だいがく
3.	学者	がくしゃ	9.	進学	しんがく
4.	学識	がくしき	10.	科学	かがく
5.	学力	がくりょく	11.	哲学	てつがく
6.	学生	がくせい			

季　キ　　　　　　　　　　　　　　　　　　　　　　season

1.	季節	きせつ (st49)	3.	夏季	かき
			4.	四季	しき
2.	冬季	とうき			

9. 口

口　コウ・ク／くち　　　　　　　　　　　　　　　　mouth

1.	口	くち	6.	小口	こぐち
2.	口座	こうざ	7.	窓口	まどぐち (st42 表現)
3.	口頭	こうとう	8.	～口	～くち (ex. 2 口)
			9.	手口	てぐち
4.	人口	じんこう (キソ)	10.	糸口	いとぐち
5.	大口	おおぐち (st30)	11.	入口	いりぐち

9. 口

台	ダイ・タイ			table, unit for counting vehicles and machines
1.	台数	だいすう	4.	～台	～だい (st8) (ex. 車 2 台)
2.	台湾	たいわん (st25)	5.	数台	すうだい
3.	台頭	たいとう	6.	土台	どだい
			7.	大台	おおだい

可	カ			good, approval
1 a.	可能	かのう (st11)	3.	認可	にんか (st50)
b.	可能性	かのうせい (st11 + st6)	4.	不可欠	ふかけつ (st22 表現)
			5.	不可分	ふかぶん

| 2. | 許可 | きょか (st49) |

占	セン ／ し(める)・うらな(う)			occupy, tell fortunes
1.	占める	しめる (st17)	4.	独占	どくせん (st45)
2.	占有	せんゆう	5.	買い占め	かいしめ
3.	占う	うらなう			

古	コ ／ ふる(い)			old
1.	古い	ふるい (キソ)	3.	名古屋	なごや (st25)
2.	古代	こだい	4.	中古車	ちゅうこしゃ

史	シ			history, chronicles, record, recording secretary
1.	史上	しじょう (st1)	2.	歴史	れきし
			3.	女史	じょし

向	コウ／ む(く)・む(かう)・む(ける)・む(こう)			turn toward, be suited for, face, head for

1.	向ける	むける (st14)		8.	振り向ける	ふりむける
2.	向かう	むかう (st35)		9.	表向き	おもてむき
3.	向く	むく (自他まとめ 3)		10.	動向	どうこう (st16)
4.	向上	こうじょう (st29)		11.	方向	ほうこう (st24)
------------------				12.	傾向	けいこう (st28)
5.	〜向け	〜むけ (ex. 女性向け)		13.	意向	いこう (st29)
6.	上向く	うわむく (st16)		14.	出向	しゅっこう (st39)
7.	〜向き	〜むき (ex. 子供向き)		15.	志向	しこう (st43)

名	メイ・ミョウ／な			name, fame

1.	名前	なまえ (キソ)		7.	名刺	めいし
2.	名古屋	なごや (st25)		------------------		
3.	名指し	なざし		8.	〜名	〜めい (st28) (ex. 商品名)
4.	名目	めいもく		9.	社名	しゃめい
5.	名称	めいしょう		10.	知名度	ちめいど
6.	名義	めいぎ				

吸	キュウ／す(う)			sip, suck, absorb, inhale

1.	吸収	きゅうしゅう (st48)		2.	吸い上げる	すいあげる

各	カク／おのおの			each, every

1.	各国	かっこく(st5)		4.	各行	かくこう (st3 ＋ st28)
2.	各社	かくしゃ(st3)		5.	各地	かくち(st3 ＋ st25)
3.	各〜	かく〜 (st3) (ex. 各省庁)		6.	各位	かくい

9. 口

告	コク／つ(げる)				tell, inform
1.	告発	こくはつ			

			6.	被告	ひこく (st46)
			7.	通告	つうこく
2.	広告	こうこく (st4)	8.	公告	こうこく
3.	報告	ほうこく (st10)	9.	警告	けいこく
4.	勧告	かんこく (st45)	10.	申告	しんこく
5.	原告	げんこく (st46)			

呼	コ／よ(ぶ)					call, invite
1.	呼ぶ	よぶ (st20)		3.	呼び出す	よびだす
2.	呼び水	よびみず				

味	ミ／あじ・あじ(わう)				taste, relish, experience
1.	味方	みかた	3.	興味	きょうみ
			4.	〜気味	〜ぎみ (ex. 遅れ気味)

2.	意味	いみ (キソ)

品	ヒン／しな				elegance, dignity, goods, piece
1.	品目	ひんもく (st28)	7.	〜品	〜ひん (st9) (ex. 輸入品)
2.	品質	ひんしつ (st49)	8.	部品	ぶひん (st14)
3.	品種	ひんしゅ	9.	食品	しょくひん (業種)
4.	品ぞろえ	しなぞろえ(st36)	10.	薬品	やくひん

			11.	用品	ようひん
5.	商品	しょうひん (st2)	12.	高品位	こうひんい
6.	製品	せいひん (st4)			

員	イン				member, official, personnel
1.	委員	いいん (st4)	5.	社員	しゃいん
2.	職員	しょくいん (st21)	6.	会員	かいいん
3.	役員	やくいん (st21)	7.	人員	じんいん
4.	〜員	〜いん (st4) (ex. 銀行員)			

唆	サ／そそのか(す)	tempt, entice, imply
1.	示唆	しさ (st49)

善	ゼン／よ(い)			good, goodness, virtue

1. 改善　　かいぜん (st24)

器	キ／うつわ			container, tool, utensil, capacity

1. 器具　　きぐ	3. 電器　　でんき
----------------------	4. 武器　　ぶき
2. 機器　　きき (業種)	5. 兵器　　へいき

臨	リン／のぞ(む)			face, meet, be present at

1. 臨時　　りんじ (st35)	3. 臨む　　のぞむ
2. 臨海　　りんかい	

10. 弓

引	イン／ひ(ける)・ひ(く)			pull, draw, subtract

1. 引く　　ひく(キソ)	12. 取引　　とりひき(st5)
2. 引き上げる ひきあげる (st19)	13. 大引け　おおびけ (st50)
3. 引き下げる ひきさげる (st19)	14. 差し引く さしひく (st38)
4. 引き受ける ひきうける (st19)	15. 割引(き)　わりびき
5. 引き締める ひきしめる (st19)	16. 長引く　ながびく
6. 引き取る ひきとる (st19)	17. 綱引き　つなひき
7. 引当(て)　ひきあて	18. 税引き　ぜいびき
8. 引ける　　ひける	19. 手引き　てびき
9. 引き続き ひきつづき	20. 値引き　ねびき
10. 引き合い ひきあい	21. けん引　けんいん
11. 引き継ぐ ひきつぐ	

弱	ジャク・ニャク／よわ(い)・よわ(まる)・よわ(る)・よわ(める)			weaken, weak

1. 弱い　　よわい	6. 弱小　　じゃくしょう
2. 弱まる　よわまる	----------------------
3. 弱める　よわめる	7. 〜弱　　〜じゃく (st28) (ex. 3% 弱)
4. 弱〜　　よわ〜 (ex. 弱含み)	8. ぜい弱　ぜいじゃく
5. 弱気　　よわき	

強	キョウ・ゴウ／ つよ(い)・つよ(まる)・つよ(める)・し(いる)		strengthen, force, strong

1.	強化	きょうか (st8)	10.	強み	つよみ
2.	強調	きょうちょう (st31)	11.	強いる	しいる
3.	強硬	きょうこう (st47)		-----------------------	
4.	強制	きょうせい	12.	～強	～きょう (st28) (ex. 3% 強)
5.	強力	きょうりょく	13.	増強	ぞうきょう
6.	強い	つよい (キソ)	14.	根強い	ねづよい (st40)
7.	強まる	つよまる (st17, 自他まとめ1)	15.	心強い	こころづよい
8.	強める	つよめる (自他まとめ1)	16.	力強い	ちからづよい
9.	強気	つよき	17.	粘り強い	ねばりづよい

張	チョウ／は(る)		tension, expansion, stretch, spread, cover

1.	張る	はる	5.	出張	しゅっちょう
	-----------------------		6.	緊張	きんちょう
2.	主張	しゅちょう (st32)	7.	引っ張る	ひっぱる
3.	膨張	ぼうちょう	8.	縄張り	なわばり
4.	拡張	かくちょう	9.	～張り	～ばり (ex. ガラス張り)

11. 犭

狙	ソ／ねら(う)		aim at

1.	狙う	ねらう (st17)	2.	狙い打ち	ねらいうち

独	ドク／ひと(り)		Germany, alone, only

1.	独	どく (st2)	7.	独創	どくそう
2.	独自	どくじ (st32)	8.	独走	どくそう
3.	独占	どくせん (st45)	9.	独歩高	どっぽだか
4.	独禁法	どっきんほう (st45)		-----------------------	
	(独占禁止法)	(どくせんきんしほう)	10.	西独	せいどく
5.	独立	どくりつ		(旧西ドイツ)	(きゅうにしどいつ)
6.	独裁	どくさい	11.	単独	たんどく

猶	ユウ		hesitate, more over, even, still

1.	猶予	ゆうよ (st50)

獲	カク ／ え(る)			get, obtain, gain

1.	獲得	かくとく(st47)	2.	漁獲	ぎょかく
----------------------			3.	捕獲	ほかく

12. 忄

性	セイ・ショウ			sex, nature

1.	性	せい	7.	活性(化)	かっせい(か) (st43)
2.	性質	せいしつ	8.	女性	じょせい (キソ)
3.	性格	せいかく	9.	男性	だんせい (キソ)
4.	性別	せいべつ	10.	個性	こせい
----------------------			11.	適性	てきせい
5.	〜性	〜せい (st6) (ex. 収益性)	12.	感性	かんせい
6.	可能性	かのうせい (st11 + st6)			

悩	ノウ／なや(む)・なや(ます)・なや(み)		affliction, trouble, pain, be troubled with

1.	悩む	なやむ (st38)	3.	伸び悩む	のびなやむ (st38)
2.	悩ます	なやます			

情	ジョウ・セイ ／ なさ(け)			feeling, sympathy, love, mercy

1.	情報	じょうほう (st14)	4.	苦情	くじょう
2.	情勢	じょうせい	5.	実情	じつじょう
----------------------			6.	陳情	ちんじょう
3.	事情	じじょう	7.	感情	かんじょう

慎	シン ／ つつ(しむ)			be discreet, refrain from

1.	慎重	しんちょう (st11)	2.	慎しむ	つつしむ

慣	カン ／ な(れる)・な(らす)			get (oneself) accustomed to

1a.	慣行	かんこう (st46)	3.	慣れる	なれる
b.	商慣行	しょうかんこう	----------------------		
2.	慣例	かんれい	4.	習慣	しゅうかん

13. 巾

希	キ				rare, desire

1.	希望	きぼう (st31)	3.	希求	ききゅう
2.	希薄	きはく	4.	希少	きしょう

帯	タイ ／ おび・おび(る)				sash, area, wear, have

1.	世帯	せたい (st36)	4.	連帯	れんたい
2.	携帯	けいたい	5.	熱帯	ねったい
3.	地帯	ちたい			

幅	フク ／ はば				scroll, width

1.	幅	はば (st34)	4.	小幅	こはば (st40)
2.	幅広い	はばひろい (st40)	5.	〜幅	〜はば (st34) (ex. 下げ幅)
-----------------------			6.	利幅	りはば
3.	大幅	おおはば (st11)	7.	値幅	ねはば

14. ß

防	ボウ ／ ふせ(ぐ)				defend, keep off, prevent

1.	防衛	ぼうえい (st23)	6.	国防	こくぼう
2.	防止	ぼうし (st40)	7.	攻防	こうぼう
3.	防災	ぼうさい	8.	予防	よぼう
4.	防火	ぼうか			
5.	防ぐ	ふせぐ (st35)			

阪	ハン ／ さか				slope, Osaka

1.	阪神	はんしん	

2.	大阪	おおさか (st2)	

限　ゲン／かぎ(る)　　　　　　　　　　　　　　　　　　　limit

1.	限界	げんかい (st30)	6.	制限	せいげん (st24)
2.	限定	げんてい (st45)	7.	〜限り	〜かぎり(st31) (ex. 本日限り)
3.	限月	げんげつ	8.	期限	きげん (st35)
4.	限度	げんど	9.	上限	じょうげん
5.	限る	かぎる (st37)	10.	権限	けんげん
			11.	年限	ねんげん

除　ジョ・ジ／のぞ(く)　　　　　　division (math), remove, take off, exclude

1.	除く	のぞく (st14)	5.	解除	かいじょ
2.	除外	じょがい	6.	控除	こうじょ
3.	除数	じょすう	7.	免除	めんじょ
			8.	削除	さくじょ
4.	排除	はいじょ (st45)	9.	掃除	そうじ

降　コウ／お(りる)・お(ろす)・ふ(る)　　　　　get off, come down, fall

1.	降下	こうか	3.	以降	いこう(st13)
2.	降格	こうかく	4.	下降	かこう

陥　カン／おち(いる)・おとしい(れる)　　　　fall into, yield, cave in

1.	陥る	おちいる (st35)
2.	欠陥	けっかん (st45)

険　ケン／けわ(しい)　　　　　　　　　　　　　　　steep, fierce

1.	険しい	けわしい	2.	保険	ほけん (st15)
			3.	危険	きけん

階　カイ　　　　　　　　　　　　story of a building, floor, grade

1.	階段	かいだん	2.	段階	だんかい (st28)
			3.	〜階建て	〜かいだて (ex. 二階建て)

随	ズイ			follow, accompany

1.　追随　　ついずい (st50)

際	サイ／きわ			occasion

1.	際限	さいげん	4.	国際	こくさい (st1)
2.	際立つ	きわだつ	5.	実際	じっさい (st35)
	--------------------		6.	交際	こうさい
3.	〜際	〜さい (st13)	7.	間際	まぎわ

障	ショウ／さわ(る)			hinder, inference with

1.	障害	しょうがい (st42)	3.	保障	ほしょう (st31)
2.	障壁	しょうへき	4.	支障	ししょう
	----------------------		5.	故障	こしょう

15. 夕

外	ガイ・ゲ／そと・ほか・はず(れる)・はず(す)			outside, foreign, other

1.	外国	がいこく (キソ)	13.	外債	がいさい
2.	外為	がいため (st29)		(外国の債券) (がいこくのさいけん)	
	(外国為替) (がいこくかわせ)		14.	外食	がいしょく
3.	外資	がいし (st36)	15.	外部	がいぶ
4.	外資系	がいしけい (st36 + st8)	16.	外す	はずす
5.	外貨	がいか		--------------------	
6.	外務	がいむ	17.	海外	かいがい (st5)
7.	外交	がいこう	18.	対外	たいがい
8.	外需	がいじゅ	19.	以外	いがい (st13)
	(国外＋需要)		20.	内外	ないがい
9.	外相	がいしょう	21.	郊外	こうがい
10.	外圧	がいあつ	22.	〜外	〜がい (st34) (ex. 予想外)
11.	外郭	がいかく (ex. 外郭団体)	23.	例外	れいがい
12.	外銀	がいぎん	24.	意外	いがい
	(外国銀行) (がいこくぎんこう)				

多	タ／おお(い)				many, much, abundant

1.	多い	おおい (キソ)	5.	多数	たすう
2.	多角	たかく (st40)	6.	多様	たよう
3.	多額	たがく	------------------------		
4.	多〜	た〜(st44) (ex. 多機能)	7.	最多	さいた

夜	ヤ／よ・よる				evening, night

1.	夜	よる	4.	深夜	しんや (st26)
2.	夜型	よるがた	5.	前夜	ぜんや
3.	夜間	やかん (st26)	6.	徹夜	てつや

----

16. 扌(手)

手	シュ／て・た				hand

1.	手	て (キソ, st15)	11.	手法	しゅほう
2.	手掛ける	てがける (st20)	12.	手術	しゅじゅつ
3.	手当て	てあて (st39)	------------------------		
4.	手形	てがた (st41)	13.	大手	おおて (st4)
5.	手続き	てつづき (st42)	14.	人手	ひとで (st39)
6.	手数(料)	てすう(りょう) (st44)	15.	相手	あいて (st44)
7.	手口	てぐち	16.	担い手	にないて
8.	手軽	てがる	17.	仕手	して
9.	手段	しゅだん (st48)	18.	着手	ちゃくしゅ
10.	手腕	しゅわん			

払	フツ／はら(う)				pay, clear away, lop off (branches)

1.	払う	はらう (st18)	5.	利払い	りばらい (st33)
2.	払い戻す	はらいもどす	6.	前払い	まえばらい
3.	払しょく	ふっしょく	7.	仮払い	かりばらい
------------------------			8.	未払い	みはらい
4.	支払う	しはらう (st18)			

16. 扌

打	ダ／う(つ)		strike, beat

1. 打つ　　うつ (st18)
2. 打ち出す うちだす (st18)
3. 打ち切る うちきる (st18)
4. 打開　　だかい
5. 打撃　　だげき
6. 打診　　だしん
----
7. 頭打ち　あたまうち
8. 追い打ち おいうち
9. 狙い打ち ねらいうち

扱	あつか(う)		deal, manage, handle

1. 扱う　　　あつかう (st19)
----
2. 取り扱う とりあつかう (st19)

投	トウ／な(げる)		throw, give up

1. 投資　　　とうし (st5)
2. 投融資　　とうゆうし (st27)
　（投資＋融資）
3. 投入　　　とうにゅう (st47)
4. 投機　　　とうき (st50)
5. 投じる　　とうじる
6. 投信　　　とうしん
　（投資信託）（とうししんたく）
7. 投げ売り なげうり
----
8. 財投　　　ざいとう (st27)
　（財政投融資）（ざいせいとうゆうし）

技	ギ／わざ		art, skill

1. 技術　　ぎじゅつ (st3)
2. 技師　　ぎし
3. 技法　　ぎほう

批	ヒ		criticize, strike

1. 批判　　ひはん (st11)
2. 批准　　ひじゅん
3. 批評　　ひひょう

抑	ヨク／おさ(える)		restrain, hold down, stop

1. 抑える　おさえる (st19)
2. 抑制　　よくせい (st25)
3. 抑止　　よくし

抜　バツ／ぬ(ける)・ぬ(く)・ぬ(かす)・ぬ(かる)　　pull out, outstrip, omit, remove, capture

1. 抜本(的)　ばっぽん(てき) (st47)
2. 抜く　　ぬく
3. ～抜き　　～ぬき (ex. 日本抜き)-
4. 骨抜き　　ほねぬき

抗　コウ　　　　　　　　　　　　　　　　　　　　　　　　　resist, confront

1. 抗弁　　こうべん
2. 対抗　　たいこう (st50)
3. 抵抗　　ていこう

択　タク　　　　　　　　　　　　　　　　　　　　choose, select, sort out

1. 選択　　せんたく(st49)
2. 採択　　さいたく

拡　カク　　　　　　　　　　　　　　　　　　　　extend, unfold, spread

1. 拡大　　かくだい (st5)
2. 拡充　　かくじゅう (st31)
3. 拡張　　かくちょう
4. 拡販　　かくはん

担　タン ／　　　　　　　　　　　　　carry (something) on the shoulder,
　　　かつ(ぐ)・にな(う)　　　　　　　　　　deceive, be superstitious

1. 担当　　たんとう (st29)
2. 担保　　たんぽ (st33)
3. 担い手　にないて
4. 負担　　ふたん (st6)
5. 加担　　かたん
6. 分担　　ぶんたん

拠　キョ・コ　　　　　foundation, ground, authority, depend on, be based on, hold

1. 拠点　　きょてん (st27)
2. 拠出　　きょしゅつ
3. 証拠　　しょうこ
4. 根拠　　こんきょ
5. 準拠　　じゅんきょ

----

16. 扌(手)

押　オウ ／ お(す)・お(さえる)　　　　　　　　　　push, press

1. 押す　　　おす(st38)
2. 押さえる　おさえる
3. 押し上げる おしあげる (st38)
4. 押し下げる おしさげる
5. 押し戻す　おしもどす
6. 押し寄せる おしよせる
7. 押し付ける おしつける
----
8. 後押し　　あとおし

抱　ホウ ／ だ(く)・いだ(く)・かか(える)　　　　hold in one's arms, hug

1. 抱える　　かかえる (st20)

招　ショウ ／ まね(く)　　　　　　　　　　　　invite, beckon

1. 招く　　　まねく (st37)
2. 招待　　　しょうたい

拓　タク　　　　　　　　　　　　　　pioneer, a print from stone, rubbing

1. 拓殖　　　たくしょく
----
2. 開拓　　　かいたく (st47)

拍　ハク・ヒョウ　　　　　　　　　　　　　　　clap, beat

1. 拍車　　　はくしゃ (st49)

指　シ ／ ゆび・さ(す)　　　　　　　　　　　　finger, point

1. 指摘　　してき (st12)
2. 指数　　しすう (st26)
3. 指針　　ししん (st32)
4. 指導　　しどう (st32)
5. 指定　　してい (st39)
6. 指標　　しひょう (st50)
7. 指示　　しじ
8. 指令　　しれい
9. 指名　　しめい
10. 指し値　さしね
----
11. 目指す　めざす(st17)
12. 名指し　なざし

持　ジ／も(つ)　　　　　　　　　　　　　have, hold

1.	持つ	もつ (キソ)	7.	維持	いじ (st22)
2.	持ち株	もちかぶ	8.	支持	しじ
3.	持ち越す	もちこす	9.	保持	ほじ
4.	持ち直す	もちなおす	10.	堅持	けんじ
5.	持ち込む	もちこむ	11.	買い持ち	かいもち
6.	持続	じぞく	12.	気持ち	きもち

括　カツ　　　　　　　　　　　　　　collect, unite, bring together

1.	包括	ほうかつ (st40)	3.	総括	そうかつ
2.	一括	いっかつ			

振　シン／ふ(るう)・ふ(る)　　　wave, shake, wield, thrive, swing

1.	振興	しんこう	5.	振う	ふるう
2.	振込(み)	ふりこみ (st33)		------------------------	
3.	振替	ふりかえ	6.	不振	ふしん (st28)
4.	振り向ける	ふりむける			

採　サイ／と(る)　　　　　　　　　　adopt, gather, employ

1.	採用	さいよう (st10)	4.	採決	さいけつ
2.	採算	さいさん (st45)	5.	採り入れる	とりいれる
3.	採択	さいたく			

推　スイ／お(す)　　　　　　　infer, guess, recommend, nominate

1.	推進	すいしん (st12)	4.	推計	すいけい
2.	推定	すいてい (st40)	5.	推測	すいそく
3.	推移	すいい (st48)	6.	推奨	すいしょう

16. 扌(手)

| 接 | セツ | | | | adjoin, come in contact with, receive |

1.	接近	せっきん	6.	直接	ちょくせつ (st31)
2.	接合	せつごう	7.	間接	かんせつ
3.	接続	せつぞく	8.	面接	めんせつ
4.	接客	せっきゃく	9.	密接	みっせつ
5.	接触	せっしょく			

| 措 | ソ | | put, place, behave |

1.	措置	そち (st24)	

| 掛 | か(ける)・か(かる)・かかり | | hang, sit down, cover with, begin, spend |

1.	掛ける	かける (st20)	4.	手掛ける	てがける (st20)
2.	掛かる	かかる (自他まとめ 2)	5.	働き掛ける	はたらきかける
3.	掛け金	かけきん	6.	取り掛る	とりかかる

| 控 | コウ ／ ひか(える) | | write down, refrain from, be moderate in, wait, hold back |

1.	控える	ひかえる (st20)	3.	手控える	てびかえる
2.	控除	こうじょ	4.	買控え	かいびかえ

| 据 | す(える)・す(わる) | | set, lay, place |

1	据える	すえる (st38)	2.	据え置く	すえおく (st38)

| 探 | タン／さが(す)・さぐ(る) | | look for, search, feel for |

1.	探る	さぐる (st37)	2.	探検	たんけん

| 排 | ハイ | | reject, push out |

1.	排除	はいじょ (st45)	3.	排気	はいき
2.	排出	はいしゅつ			

| 提 | テイ／さ(げる) | | carry in one's hand, help each other, put up |

1.	提携	ていけい (st8)	6.	提訴	ていそ (st46)
2.	提案	ていあん (st22)	7.	提唱	ていしょう
3.	提出	ていしゅつ (st24)	8.	提示	ていじ
4.	提言	ていげん (st29)	-----------------------
5.	提供	ていきょう (st31)	9.	前提	ぜんてい (st30)

| 援 | エン | | help, rescue, pull |

1.	援助	えんじょ (st21)
2.	支援	しえん (st9)

| 換 | カン／か(える)・か(わる) | | exchange, change |

1.	換算	かんさん (st38)	4.	交換	こうかん (st42)
2.	換える	かえる	5.	借り換え	かりかえ
-----------------------		6.	乗り換え	のりかえ
3.	転換	てんかん (st21)

| 搭 | トウ | | load, embark, carry |

| 1. | 搭載 | とうさい (st43) |

| 損 | ソン／そこな(う)・そこ(ねる) | | loss, disadvantage, harm, damage, ruin |

1.	損	そん (st15)	6.	損金	そんきん
2.	損害保険	そんがいほけん (st33)	7.	損なう	そこなう
	(損保)	(そんぽ) (st33)	-----------------------
3.	生損保	せいそんぽ (生保＋損保)	8.	含み損	ふくみぞん
4.	損益	そんえき (st41)	9.	差損	さそん
5.	損失	そんしつ (st41)	10.	累損	るいそん

| 携 | ケイ／
たずさ(える)・たずさ(わる) | | carry (something) with (someone), cooperate, engage (oneself) in (business) |

| 1. | 携帯 | けいたい | 2. | 提携 | ていけい (st8) |
| ----------------------- | | 3. | 連携 | れんけい |

摘	テキ／つ(む)			disclose, reveal, pick up

1. 摘発　　てきはつ

----

2. 指摘　　してき (st12)

撤	テツ			remove, get rid of, withdraw

1. 撤廃　　てっぱい (st25)　　　3. 撤回　　てっかい
2. 撤退　　てったい (st42)

操	ソウ／あやつ(る)			handle, operate, manipulate

1. 操業　　そうぎょう (st30)　　2. 操作　　そうさ

擦	サツ／す(る)・す(れる)			rub, scrub, scratch

1. 摩擦　　まさつ (st32)

17. 牜(牛)

物	ブツ・モツ／もの			thing, article, object

1. 物　　　もの (キソ)
2. 物価　　ぶっか (st10)
3. 物流　　ぶつりゅう (st36)
4. 物件　　ぶっけん
5. 物産　　ぶっさん

----

6. ～物　　～もの (ex. 3ヵ月物)
7. 先物　　さきもの (st50)
8. 直物　　じきもの
9. ～物　　～ぶつ (ex. 水産物)
10. 現物　　げんぶつ
11. 貨物　　かもつ

特	トク			special

1. 特別　　とくべつ (st11)　　　7. 特恵　　とっけい
2. 特に　　とくに (st12)　　　　8. 特色　　とくしょく
3. 特殊　　とくしゅ (st20)　　　9. 特集　　とくしゅう
4. 特徴　　とくちょう (st44)　　10. 特長　　とくちょう
5. 特許　　とっきょ (st45)　　　11. 特約店　とくやくてん
6. 特定　　とくてい (st46)　　　12. 特急　　とっきゅう

18. 日

日	ニチ・ジツ ／ ひ・か				day, sun, unit for counting days

1.	日本	にっぽん (にほん) (キソ)	7.	〜日	〜にち (キソ) (ex. 11日)
2.	日経	にっけい (始める前に)			〜か (キソ) (ex. 3日)
3.	日米	にちべい (st2)	8.	休日	きゅうじつ (キソ)
4.	日銀	にちぎん (st3)	9.	今日	きょう (キソ)
5.	日用品	にちようひん (st42)			
6.	日付	ひづけ (始める前に)			

旧	キュウ	old

1.	旧〜	きゅう〜 (st7) (ex. 旧ソ連)

早	ソウ・サッ ／ はや(い)・はや(まる)・はや(める)				early

1.	早い	はやい (キソ)	3.	早期	そうき
2.	早朝	そうちょう (st26)	4.	早急	さっきゅう (そうきゅう)

旬	ジュン	period of ten days in a month

1.	〜旬	〜じゅん (st26) (ex. 上旬)

明	メイ・ミョウ ／ あか(るい)・あき(らか)・あ(ける)・あ(かす)・あか(らむ)				dawn, (day) break, bright, light, wise, clear

1.	明るい	あかるい (キソ)	10.	説明	せつめい (st33)
2.	明らか	あきらか (st11)	11.	鮮明	せんめい (st47)
3.	明確	めいかく (st40)	12.	証明	しょうめい
4.	明記	めいき	13.	発明	はつめい
5.	明示	めいじ	14.	解明	かいめい
6.	明言	めいげん	15.	不明	ふめい
			16.	言明	げんめい
7.	透明	とうめい (st11)	17.	年明け	としあけ
8.	声明	せいめい (st28)	18.	打ち明ける	うちあける
9.	表明	ひょうめい (st29)			

18. 日

易	イ・エキ／やさ(しい)				easy

1. 貿易　　ぼうえき (st1)　　　　3. 安易　　あんい
2. 容易　　 よ う い (st40)　　　 4. 簡易　　かんい

昇	ショウ／のぼ(る)		rise, go up

1. 昇進　　しょうしん (st39)

----

2. 上昇　　じょうしょう (st9)

昨	サク		yesterday, before

1. 昨年　　さくねん (st1)　　　　2. 昨日　　さくじつ

映	エイ／うつ(る)・うつ(す)・は(える)		movie, reflect, project on a screen

1. 映像　　えいぞう　　　　　　 4. 反映　　はんえい (st25)
2. 映画　　えいが　　　　　　　 5. 放映　　ほうえい
3. 映し出す　うつしだす

春	シュン／はる				spring

1. 春　　　 はる (st15)　　　　　3. 今春　　こんしゅん
2. 春闘　　しゅんとう (st39)　　 4. 来春　　らいしゅん

是	ゼ		right, just

1. 是正　　ぜせい (st39)　　　　 2. 是非　　ぜひ

香	コウ／か・かお(り)・かお(る)		incense, perfume, fragrance

1. 香港　　ほんこん (st25)　　　 2. 香水　　こうすい

時　ジ／とき　　　　　　　　　　　　　　　　　　　　　　　time

1.	時	とき (キソ)		9.	時刻	じこく
2.	時々	ときどき		10.	時計	とけい
3.	時間	じかん (キソ)		------------------------		
4.	時代	じだい (キソ)		11.	～時	～じ (st13) (ex. ピーク時)
5.	時期	じき (st26)		12.	一時	いちじ (st13)
6.	時点	じてん (st26)		13.	臨時	りんじ (st35)
7.	時短	じたん		14.	同時	どうじ
	(時間短縮)	(じかんたんしゅく)		15.	当時	とうじ
8.	時差	じさ				

書　ショ／か (く)　　　　　　　　　　　　　　　　　　　　write

1.	書く	かく (キソ)		4.	白書	はくしょ (st29)
2.	書類	しょるい		5.	肩書	かたがき
-----------------------				6.	覚書	おぼえがき
3.	～書	～しょ (st34) (ex. 保証書)		7.	秘書	ひしょ

最　サイ／もっと (も)　　　prefix which creates a superlative form, most, ~ est

1.	最～	さい～ (st7) (ex. 最高値)		8.	最初	さいしょ
2.	最高	さいこう (st2)		9.	最新	さいしん
3.	最近	さいきん (st1)		10.	最長	さいちょう
4.	最低	さいてい		11.	最前線	さいぜんせん
5.	最大	さいだい		12.	最貧国	さいひんこく
6.	最終	さいしゅう (st27)		13.	最も	もっとも (st31)
7.	最後	さいご				

景　ケイ　　　　　　　　　　　　　　　　　　　　　　view, scene

1 a.	景気	けいき (st2)		2.	景況	けいきょう
b.	好景気	こうけいき (st16)		------------------------		
c.	不景気	ふけいき (st16)		3.	背景	はいけい (st16)

替	タイ／か(える)・か(わる)		exchange, substitute, convert

1.	替える	かえる (st38)	4.	買い替える	かいかえる
----------------------			5.	振り替え	ふりかえ
2.	為替	かわせ (st13)	6.	代替	だいたい
3.	切り替える	きりかえる (st38)			

量	リョウ／はか(る)		quantity, measure, amount

1.	量販店	りょうはんてん (st36)	4.	大量	たいりょう (st48)
2.	量産	りょうさん	5.	容量	ようりょう
----------------------			6.	数量	すうりょう (st8)
3.	～量	～りょう (st8) (ex. 生産量)	7.	裁量	さいりょう

普	フ		wide, universal, general

1.	普及	ふきゅう (st40)	2.	普通	ふつう

晶	ショウ		crystal, bright

1.	液晶	えきしょう (st43)	2.	水晶	すいしょう

19. 木

本	ホン／もと	book, unit for counting long and slender objects

1.	本～	ほん～(ex. 本社)	9.	日本	にほん(にっぽん) (キソ)
2.	本文	ほんぶん (始める前に)	10.	資本	しほん (st13)
3.	本格(的)	ほんかく(てき) (st20)	11.	基本	きほん (st14)
4.	本部	ほんぶ	12.	抜本(的)	ばっぽん(てき) (st47)
5.	本来	ほんらい	13.	根本	こんぽん
6.	本体	ほんたい	14.	一本化	いっぽんか
7.	本当	ほんとう	15.	～本	～ほん (ex. 2 本)
8.	本音	ほんね (st37 表現)			

札　　サツ／ふだ　　　　　　　　　　bill (money), card, label, tag, ticket, charm

1.	札	さつ		3.	落札	らくさつ (st32)
				4.	応札	おうさつ
2.	入札	にゅうさつ (st21)		5.	切札	きりふだ

来　　ライ／く(る)・きた(る)・きた(す)　　　　　　come

1.	来る	くる (キソ)		7.	以来	いらい (st13)
2.	来〜	らい〜 (st1) (ex. 来週)		8.	従来	じゅうらい (st13)
3.	来年	らいねん (キソ)		9.	将来	しょうらい (st13)
4.	来日	らいにち		10.	本来	ほんらい
				11.	未来	みらい
5.	出来る	できる (キソ)		12.	〜来	〜らい (ex. 昨年来)
6.	出来高	できだか				

材　　ザイ　　　　　　　　　　material, timber, ability, talent

1.	材料	ざいりょう (st32)		5.	資材	しざい (st43)
2.	材質	ざいしつ		6.	取材	しゅざい
				7.	鋼材	こうざい
3.	人材	じんざい (st39)		8.	木材	もくざい
4.	素材	そざい (st43)				

条　　ジョウ　　　　　　　　clause in a law or treaty, logic, stripe

1.	条件	じょうけん (st26)		4.	〜条	〜じょう (ex. 第一条)
2.	条例	じょうれい (st27)				
3.	条約	じょうやく				

果　　カ／は(たす)・は(てる)・は(て)　　　　fruit, result, end, realize, fulfill

1.	果たす	はたす (st37)		3.	効果	こうか (st22)
				4.	成果	せいか (st36)
2.	結果	けっか (st4)				

19. 木

| 枠 | わく | | | | | frame |

| | 1. | 枠 | わく (st15) | 2. | 枠組み | わくぐみ (st46) |

| 析 | セキ | | | | divide, tear, break |

| | 1. | 分析 | ぶんせき (st41) |

| 板 | ハン・バン／いた | | | | board |

| | 1. | 鋼板 | こうはん (st43) |

| 相 | ソウ・ショウ／あい | | appearance, aspect, phase, minister, together |

1.	相場	そうば (st4)	8.	相次ぐ	あいつぐ (st18)
2.	相互	そうご (st28)	9.	相手	あいて (st44)
3 a.	相談	そうだん (st32)	-----------------------		
b.	相談役	そうだんやく(st32 + st21)	10.	〜相	〜しょう (st21)(ex. 外相)
4.	相当(する)	そうとう(する)	11.	蔵相	ぞうしょう (st4)
5.	相当(な)	そうとう(な)	12.	首相	しゅしょう (st4)
6.	相殺	そうさい	13.	様相	ようそう
7.	相乗	そうじょう			

| 査 | サ | | examine, investigate |

1.	査定	さてい	4 a.	監査	かんさ (st41)
-----------------------			b.	監査役	かんさやく (st41 + st21)
2.	調査	ちょうさ (st5)	5.	検査	けんさ (st48)
3.	審査	しんさ (st39)	6.	捜査	そうさ

| 柄 | ヘイ／がら・え | | handle, pattern, build (body), nature |

| | 1. | 銘柄 | めいがら (st50) |

| 柔 | ジュウ・ニュウ／やわ (らか)・やわ (らかい) | | soft, tender, mild, mellow |

| | 1. | 柔軟 | じゅうなん (st20) |

柱　チュウ／はしら　post, pillar

1. 柱　はしら (st15)

株　かぶ　share, stock, stump, root

1. 株　かぶ (st9)
2. 株式　かぶしき (st2)
3. 株価　かぶか (st10)
4. 株主　かぶぬし (st9 + st21)
5. 株券　かぶけん
----
6. ～株　～かぶ (st9) (ex. 建設株)
7. 貸株　かしかぶ (st50)
8. 残株　ざんかぶ

格　カク・コウ　status, case (grammar)

1. 格差　かくさ (st34)
2. 格付け　かくづけ (st35 表現)
3. 格好　かっこう (st36 表現)
----
4. 価格　かかく (st10)
5. 本格(的)　ほんかく(てき) (st20)
6. 資格　しかく (st49)
7. 骨格　こっかく (st45 表現)
8. 性格　せいかく
9. 昇格　しょうかく
10. 規格　きかく
11. 適格　てきかく

根　コン／ね　root, perseverance, nature of a person

1. 根強い　ねづよい (st40)
2. 根本　こんぽん
3. 根拠　こんきょ
4. 根底　こんてい
5. 根付く　ねづく
6. 根回し　ねまわし
----
7. 垣根　かきね

械　カイ　device

1. 機械　きかい (業種)

検　ケン　examine

1. 検討　けんとう (st6)
2. 検査　けんさ (st48)
3. 検索　けんさく
4. 検証　けんしょう
----
5. 点検　てんけん (st42)
6. 車検　しゃけん

19. 木

極	キョク・ゴク ／ きわ (める)・きわ (まる)・きわ (み)		terrestrial pole, very, extremely

1. 極める　きわめる (st38)
2. 極めて　きわめて
3. 極端　きょくたん

4. 積極(的)　せっきょく(てき) (st20)
5. 消極(的)　しょうきょく(てき)
6. 見極める　みきわめる (st38)

構	コウ ／ かま(える)・かま(う)		structure, posture, build

1. 構造　こうぞう (st27)
2. 構築　こうちく (st30)
3. 構想　こうそう (st36)
4. 構成　こうせい (st45)

5. 構え　かまえ (st35 表現)
----
6. 機構　きこう (st23)

模	モ・ボ		model, mold

1. 模様　もよう (st32)
2. 模索　もさく

3. 規模　きぼ (st13)

様	ヨウ ／ さま		way, style, manner, (Mr., Mrs., Miss, etc.) polite suffix for personal names

1. 様相　ようそう
2. 様子　ようす
----
3. 模様　もよう (st32)

4. 同様　どうよう (st32)
5. 多様　たよう
6. 一様　いちよう
7. ～様　～さま (ex. 田中様)

概	ガイ		summary, outline

1. 概算　がいさん (st27)
2. 概要　がいよう

3. 一概(に)　いちがい(に)

権	ケン・ゴン		authority, power

1. 権利　けんり (st37)
2. 権限　けんげん
3. 権益　けんえき
----
4. ～権　～けん (st9) (ex. 経営権)

5. 債権　さいけん (st29)
6. 政権　せいけん (st27)
7. 分権　ぶんけん
8. 人権　じんけん

標	ヒョウ				mark, sign, target, show

1.	標準	ひょうじゅん	3.	指標	しひょう (st50)
			4.	商標	しょうひょう (st45)

2.	目標	もくひょう (st16)

横	オウ／よこ				side

1.	横ばい	よこばい (st16)	2.	横並び	よこならび

機	キ／はた				chance, opportunity, vital point, loom, complexed tool

1.	機	き (st33 表現)	9.	危機	きき(st30)
2.	機関	きかん (st3)	10.	～機	～き (st34) (ex. コピー機)
3.	機械	きかい (業種)	11.	投機	とうき (st50)
4.	機器	きき (業種)	12.	電機	でんき
5.	機能	きのう (st22)	13.	転機	てんき
6.	機構	きこう (st23)	14.	契機	けいき
7.	機会	きかい (st46)			
8.	機種	きしゅ			

----

20. 王 (王)

玉	ギョク／たま				jewel, round object

1.	玉	たま	3.	建玉	たてぎょく (st50)
			4.	目玉	めだま (ex. 目玉商品)

2.	やり玉	やりだま

現	ゲン／ あらわ(れる)・あらわ(す)				show oneself, come into sight, emerge, current, now

1.	現～	げん～ (st12) (ex. 現社長)	9.	現代	げんだい
2.	現在	げんざい (st12)	10.	現場	げんば
3.	現地	げんち (st5)	11.	現金	げんきん
4.	現行	げんこう (st28)	12.	現れる	あらわれる
5.	現物	げんぶつ (st50)		------------------------	
6.	現実	げんじつ (st35)	13.	実現	じつげん (st23)
7.	現状	げんじょう (st43)	14.	表現	ひょうげん
8.	現象	げんしょう (st48)			

20. 王(王) 21. 方

理	リ				reason, logic
1.	理由	りゆう (st34)	9.	代理	だいり(st34)
2.	理事	りじ (st21)	10.	経理	けいり
3.	理解	りかい	11.	整理	せいり
4.	理念	りねん	12.	原理	げんり
5.	理想	りそう	13.	総理府	そうりふ
----------------------			14.	心理	しんり
6.	管理	かんり (st8)	15.	論理	ろんり
7.	処理	しょり (st23)	16.	無理	むり
8.	合理(的)	ごうり (てき)(st20)			

環	カン				ring, link, surround
1.	環境	かんきょう (st15)	3.	一環	いっかん (st25 表現)
2.	環状	かんじょう	4 a.	循環	じゅんかん
----------------------				b. 悪循環	あくじゅんかん

21. 方

方	ホウ／かた				direction, side, way of doing, person
1.	方	ほう	11.	下方	かほう
2.	方針	ほうしん (st13)	12.	双方	そうほう
3.	方向	ほうこう (st24)	13.	北方	ほっぽう
4.	方式	ほうしき (st26)	14.	両方	りょうほう
5.	方法	ほうほう (キソ)	15.	先方	せんぽう
6.	方策	ほうさく	16.	～方	～かた (ex. 考え方)
----------------------			17.	見方	みかた (st16)
7.	一方	いっぽう (st12)	18.	在り方	ありかた (st37 表現)
8.	地方	ちほう (st5)	19.	仕方	しかた
9.	上方	じょうほう (st35)	20.	行方	ゆくえ
10.	平方	へいほう(ex. 平方メートル)			

| 放 | ホウ ／ はな(つ)・はな(れる)・はな(す) | set free, send forth, let go, release |

1.	放送	ほうそう (st41)	
2.	放映	ほうえい	
3.	放棄	ほうき	
4.	放置	ほうち	
5.	放出	ほうしゅつ	
6 a.	放射	ほうしゃ	
b.	放射能	ほうしゃのう	

7.	開放	かいほう (st7)
8.	民放	みんぽう
	(民間放送)	(みんかんほうそう)
9.	手放す	てばなす

| 施 | シ・セ ／ ほどこ(す) | perform, administer, give in charity |

1.	施設	しせつ (st26)	
2.	施行	しこう	
3.	施工	しこう (せこう)	

4.	施策	しさく

5.	実施	じっし (st7)

| 旅 | リョ ／ たび | travel, journey |

1 a.	旅客	りょかく	
b.	旅客機	りょかくき	

2.	旅行	りょこう (キソ)
3.	旅費	りょひ

22. 歹

| 残 | ザン ／ のこ(る)・のこ(す) | remainder, leave, be left over, remain |

1.	残高	ざんだか (st33)	
2.	残業	ざんぎょう (st39)	
3.	残株	ざんかぶ	
4.	残念	ざんねん	
5.	残る	のこる (st18)	
6.	残す	のこす (自他まとめ 2)	

7.	生き残る	いきのこる (st38)
8.	売り残す	うりのこす
9.	買い残す	かいのこす
10.	積み残す	つみのこす
11.	勝ち残る	かちのこる
12.	売れ残り	うれのこり

殊	シュ ／ こと		especially, excellent

1. 特殊　　とくしゅ (st20)

23. 月

月	ガツ・ゲツ ／ つき		month, moon

1. 月間　　げっかん
2. 月刊　　げっかん
3. 月産　　げっさん
4. 月商　　げっしょう
5. 月次　　げつじ
6. 月数　　げっすう
7. 月例　　げつれい
----
8. 〜月　　〜がつ (キソ)(ex. 1月)
9. 〜カ月　　〜かげつ (キソ)(ex.1カ月)
10. 〜月期　　〜がつき(キソ,stl)(ex.三月期)
11. 〜月　　〜げつ (キソ) (ex. 先月)
12. 前月　　ぜんげつ
13. 同月　　どうげつ
14. 翌月　　よくげつ
15. 限月　　げんげつ
16. 当月　　とうげつ
17. 年月　　ねんげつ
18. 年月日　　ねんがっぴ
19. 毎月　　まいつき (キソ)

有	ユウ・ウ ／ あ(る)		exist

1. 有効　　ゆうこう (st11)
2. 有力　　ゆうりょく (st40)
3. 有利　　ゆうり (st40)
4. 有価　　ゆうか (st50)
5. 有料　　ゆうりょう
6. 有名　　ゆうめい
7. 有用　　ゆうよう
8. 有益　　ゆうえき
9. 有給　　ゆうきゅう
10. 有望　　ゆうぼう
11. 有無　　うむ
----
12. 保有　　ほゆう (st24)
13. 所有　　しょゆう (st32)
14. 占有　　せんゆう
15. 特有　　とくゆう
16. 固有　　こゆう
17. 共有　　きょうゆう

育	イク ／ そだ(つ)・そだ(てる)		bring up, educate, foster

1. 育成　　いくせい (st49)
2. 育児　　いくじ
3. 育つ　　そだつ
----
4. 教育　　きょういく (st44)
5. 子育て　　こそだて

肩　ケン／かた　　　　　　　　　　　　　　　　　　　　　　　shoulder

1. 肩　　　　かた
2. 肩書き　　かたがき
3. 肩代わり　かたがわり (st41 表現)

背　ハイ／せ・せい・そむ(く)・そむ(ける)　　　　　　back, height, disobey

1. 背景　　はいけい (st16)
2. 背後　　はいご
3. 背任　　はいにん

胆　タン　　　　　　　　　　　　　　　　　　　　　　　liver, spirit, courage

1. 大胆　　だいたん (st47)

能　ノウ　　　　　　　　　　　　　　　　　　　　ability, Noh dance (play)

1. 能力　　のうりょく (st32)
2. 能率　　のうりつ
----
3 a. 可能　　かのう(st11)
　 b. 可能性　かのうせい (st11 + st6)
4. 機能　　きのう (st22)

5. 有能　　ゆうのう
6. 不能　　ふのう
7. 技能　　ぎのう
8. 職能　　しょくのう
9. 放射能　ほうしゃのう

骨　コツ／ほね　　　　　　　　　　　　　　　　　　　　　　bone, frame

1. 骨　　　　ほね
2. 骨抜き　　ほねぬき
3. 骨格　　　こっかく (st45 表現)
4. 骨子　　　こっし
----

5. 露骨　　ろこつ
6. 鉄骨　　てっこつ

望　ボウ・モウ／のぞ(む)　　　　　　　　　　　　desire, expect, see, view

1. 望む　　のぞむ (st35)
2. 望ましい　のぞましい (st47)
----
3. 希望　　きぼう (st31)
4. 展望　　てんぼう (st46)

5. 要望　　ようぼう (st47)
6. 失望　　しつぼう
7. 絶望　　ぜつぼう
8. 有望　　ゆうぼう

脳　ノウ　　　　　　　　　　　　　　　　　　　　　brain, brains

1.　首脳　　しゅのう (st4)

期　キ・ゴ　　　　　　　　　　　　　　　　　　　　period, term

1. 期待	きたい (st11)	12. 時期　じき(st1)
2. 期間	きかん (st1)	13. 前期　ぜんき (st1)
3. 期限	きげん (st35)	14. 当期　とうき
4. 期初	きしょ	15. 次期　じき
5. 期中	きちゅう	16. 上期　かみき(st1)
6. 期末	きまつ	17. 下期　しもき (st1)
7. 期日	きじつ	18. 四半期　しはんき (st1)
-----		19. 定期　ていき (st42)
8. 長期	ちょうき (st1)	20. 満期　まんき (st33)
9. 中期	ちゅうき	21. 同期　どうき (st7 + st1)
10. 短期	たんき (st26)	22. 納期　のうき (st36)
11. ～期	～き (st1) (ex. 3月期)	23. 延期　えんき

勝　ショウ／か (つ)・まさ(る)　　　　　　　　　　　win

1. 勝訴	しょうそ (st46)	5. 勝手　かって
2. 勝負	しょうぶ	-----
3. 勝算	しょうさん	6. 圧勝　あっしょう
4. 勝つ	かつ	7. 優勝　ゆうしょう

膨　ボウ／ふく(らむ)・ふく(れる)　　　　　　　swell, expand

1. 膨らむ	ふくらむ (st19)	3. 膨張　ぼうちょう
2. 膨れ上がる	ふくれあがる	4. 膨大　ぼうだい

24. 火

燃　ネン／も(える)・も(やす)・も(す)　　　　　　burn

1. 燃料	ねんりょう (st43)	3. 再燃　さいねん
2. 燃費	ねんぴ	
-----		

25. ネ (示)

示	ジ・シ／しめ (す)					show, point out
1.	示す	しめす (st17)		5.	提示	ていじ
2.	示唆	しさ (st49)		6.	開示	かいじ
----------------------				7.	展示	てんじ
3.	表示	ひょうじ (st39)		8.	明示	めいじ
4.	指示	しじ		9.	内示	ないじ

社	シャ／やしろ					company, (Shinto) shrine
1.	社長	しゃちょう (キソ)		11.	商社	しょうしゃ (業種)
2.	社説	しゃせつ (始める前に)		12.	各社	かくしゃ
3.	社会	しゃかい (st13)		13.	自社	じしゃ
4 a.	社債	しゃさい (st50)		14.	他社	たしゃ
b.	公社債	こうしゃさい		15.	同社	どうしゃ
		(公債 ＋ 社債)		16.	両社	りょうしゃ
5.	社員	しゃいん		17.	公社	こうしゃ
6.	社内	しゃない		18.	入社	にゅうしゃ
7.	社名	しゃめい		19.	全社	ぜんしゃ
----------------------				20.	米社	べいしゃ
8.	会社	かいしゃ (キソ)		21.	出社	しゅっしゃ
9.	本社	ほんしゃ (キソ)		22.	退社	たいしゃ
10.	〜社	〜しゃ (st3)(ex. 本社)		23.	数社	すうしゃ

視	シ					look at carefully
1.	視聴	しちょう		5.	重視	じゅうし (st23)
2.	視点	してん		6.	監視	かんし (st40)
3.	視野	しや		7.	無視	むし
----------------------				8.	注視	ちゅうし
4.	〜視	〜し (ex. 有力視)		9.	軽視	けいし

禁	キン					forbid
1.	禁止	きんし (st39)		4.	解禁	かいきん
2.	禁輸	きんゆ		5.	独禁法	どっきんほう (st45)
3.	禁煙	きんえん				
----------------------						

26. 衤 (衣)

初	ショ／はじ(め)・はじ(めて)・はつ		first, beginning

1.	初めて	はじめて (st12)	8. 初頭	しょとう
2.	初め	はじめ	------------------------	
3.	初〜	はつ〜 (st44) (ex. 初会合)	9. 当初	とうしょ (st12)
4.	初〜	しょ〜 (ex. 初年度)	10. 年初	ねんしょ
5.	初任給	しょにんきゅう (st39)	11. 期初	きしょ
6.	初日	しょにち	12. 最初	さいしょ
7.	初旬	しょじゅん		

表	ヒョウ／ おもて・あらわ(れる)・あらわ(す)		list, table, schedule, surface, show, indicate, outside

1.	表	ひょう	8. 表向き	おもてむき
2.	表明	ひょうめい (st29)	------------------------	
3.	表面	ひょうめん (st34)	9. 発表	はっぴょう (st5)
4.	表示	ひょうじ (st39)	10. 代表	だいひょう (st4)
5.	表現	ひょうげん	11. 公表	こうひょう (st25)
6.	表れる	あらわれる	12. 辞表	じひょう
7.	表す	あらわす		

被	ヒ／こうむ(る)		suffer (damage, etc.), receive (a favor, etc.)

1.	被告	ひこく (st46)	2. 被害	ひがい

裁	サイ／た(つ)・さば(く)		judge, decide

1.	裁定	さいてい (st50)	5. 仲裁	ちゅうさい (st46)
2.	裁判	さいばん (st46)	6. 高裁	こうさい (st46)
3.	裁量	さいりょう	7. 地裁	ちさい (st46)
------------------------			8. 制裁	せいさい (st45)
4.	総裁	そうさい (st21)	9. 独裁	どくさい

装	ソウ・ショウ／よそお(う)		dress up, adorn, pretend, install

1.	装置	そうち (st43)	4. 改装	かいそう
2.	装備	そうび	5. 寝装	しんそう
------------------------			6. 和装	わそう
3.	包装	ほうそう		

裏	リ／うら				reverse side, back, opposite
1.	裏	うら	3.	裏付ける	うらづける (st37)
2.	裏〜	うら〜 (ex. 裏取引)	4.	裏目	うらめ

補	ホ／おぎな(う)				supplement, supply, compensate (for)
1.	補助	ほじょ (st33)	6.	補完	ほかん
2.	補修	ほしゅう	7.	補償	ほしょう
3.	補てん	ほてん	8.	補う	おぎなう
4.	補佐官	ほさかん		------------------------	
5.	補正	ほせい	9.	候補	こうほ

製	セイ				manufacture, made of (in, from)
1.	製品	せいひん (st4)	7.	製油(所)	せいゆ(しょ)
2.	製造	せいぞう (st10)	8.	製鋼	せいこう
3.	製作(所)	せいさく(しょ／じょ)(st23)		------------------------	
4.	製鉄	せいてつ (st43)	9.	〜製	〜せい (st9) (ex. 日本製)
5.	製紙	せいし	10.	精製	せいせい
6.	製薬	せいやく	11.	複製	ふくせい

27. 米

米	ベイ・マイ／こめ				America, rice
1.	米	べい (st2)	9.	米価	べいか
2.	米国	べいこく (st2)	10.	米	こめ
3.	米系	べいけい		------------------------	
4.	米軍	べいぐん	11.	日米	にちべい
5.	米側	べいがわ	12.	欧米	おうべい
6.	米加	べいか	13.	北米	ほくべい
7.	米欧	べいおう	14.	対米	たいべい
8.	米州	べいしゅう	15.	〜米	〜まい (ex. タイ米)

料　リョウ　　　　　　　　　　　　　　　　　　　　　　　　　charge, material

1.	料金	りょうきん (キソ)	8.	燃料	ねんりょう (st43)
2.	料率	りょうりつ	9.	原料	げんりょう (st43)
3.	料理	りょうり	10.	食料	しょくりょう
---------------------			11.	資料	しりょう
4.	～料	～りょう (st7) (ex. 使用料)	12.	有料	ゆうりょう
5.	手数(料)	てすう(りょう) (st44)	13.	塗料	とりょう
6.	衣料	いりょう (業種)	14.	給料	きゅうりょう
7.	材料	ざいりょう (st32)	15.	肥料	ひりょう

粉　フン／こ・こな　　　　　　　　　　　　　　　　　　　　　　　　powder

1. 粉飾　　ふんしょく (st45)

----

2. 製粉　　せいふん

粗　ソ／あら(い)　　　　　　　　　　　　　　　rough, loose, coarse, humble

1.	粗利	あらり (st36)	3.	粗品	そしな
2.	粗末	そまつ			

精　セイ・ショウ　　　　　　　　　　　　spirit, vitality, essence, purify, detail

1.	精密	せいみつ (業種)	4.	精製	せいせい
2.	精機	せいき	5.	精度	せいど
3.	精神	せいしん			

28. 禾

私　シ／わたくし〈わたし〉　　　　　　　　　　　　　　　　　　　I, private

1.	私	わたくし (わたし) (キソ)	5.	私案	しあん
2.	私鉄	してつ (業種)	-----------------------		
3.	私的	してき	6.	公私	こうし
4.	私立	しりつ			

和　ワ ／
やわ (らぐ)・やわ (らげる)・なご (む)・なご (やか)　　　harmony, peace, Japan, soften

1.	和解	わかい (st46)	4.	調和	ちょうわ
-----------------------			5.	共和国	きょうわこく
2.	緩和	かんわ (st23)	6.	融和	ゆうわ
3.	平和	へいわ	7.	昭和	しょうわ

秋　シュウ ／ あき　　　fall, autumn

1.	秋	あき(st15)	3.	今秋	こんしゅう
2.	秋需	あきじゅ			
	(秋 ＋ 需要)				

移　イ ／ うつ (る)・うつ (す)　　　move, change, remove, infect

1.	移動	いどう (st40)	6.	移す	うつす (st35)
2.	移行	いこう (st41)	7.	移る	うつる (自他まとめ 3)
3.	移転	いてん (st47)	-----------------------		
4.	移管	いかん	8.	推移	すいい (st48)
5.	移民	いみん			

税　ゼイ　　　tax

1.	税制	ぜいせい	8.	～税	～ぜい (st8) (ex. 消費税)
2.	税率	ぜいりつ	9.	関税	かんぜい (st14)
3.	税収	ぜいしゅう (st27)	10.	減税	げんぜい (st27)
4.	税金	ぜいきん (st8)	11.	増税	ぞうぜい (st27)
5.	税額	ぜいがく	12.	課税	かぜい (st38)
6.	税込み	ぜいこみ	13.	租税	そぜい
7.	税引き	ぜいびき	14.	納税	のうぜい

程　テイ ／ ほど　　　degree, rule, process

1.	程度	ていど (st12)	3.	日程	にってい
-----------------------			4.	工程	こうてい
2.	過程	かてい			

257

稼	カ／かせ(ぐ)			earn

1. 稼働　かどう (st24)　　　3. 転嫁　てんか
2. 稼ぐ　かせぐ　　　　　　4. 出稼ぎ　でかせぎ

種	シュ／たね			kind, sort, seed

1. 種類　しゅるい (st34)　　5. 職種　しょくしゅ

----------------------　　　　　6. 品種　ひんしゅ

2. 〜種　〜しゅ (st34) (ex. 第三種)　7. 同種　どうしゅ
3. 業種　ぎょうしゅ (st15)　8. 車種　しゃしゅ
4. 機種　きしゅ　　　　　　9. 火種　ひだね

積	セキ／つ(む)・つ(もる)			product (math.), pile up, load, accumulate

1. 積極(的)　せっきょく(てき) (st20)　6. 累積　るいせき (st46)
2. 積載　せきさい　　　　　　7. 面積　めんせき
3 a. 積立　つみたて　　　　　8. 蓄積　ちくせき
　 b. 積み立てる　つみたてる　9. 上積み　うわづみ
4. 積み増す　つみます　　　10. 見積(り)　みつもり
5. 積み上げる　つみあげる

----

29. 石

石	セキ・シャク・コク／いし			stone

1. 石油　せきゆ (業種)　　　3. 布石　ふせき
2. 石炭　せきたん　　　　　4. 試金石　しきんせき

研	ケン／と(ぐ)			research, polish

1. 研究　けんきゅう (st10)　3. 総研　そうけん (総合研究所)
2. 研修　けんしゅう　　　　　(そうごうけんきゅうしょ/じょ)

----------------------　　　4. 〜研　〜けん
　　　　　　　　　　　　　　(研究所)　(けんきゅうしょ／じょ)

破	ハ／やぶ(れる)・やぶ(る)				tear, break

1.	破壊	はかい	6.	破れる	やぶれる
2.	破たん	はたん (st45)	-----------------------		
3.	破産	はさん	7 a.	突破	とっぱ (st29)
4.	破格	はかく	b.	突破口	とっぱこう
5.	破る	やぶる	8.	打破	だは

硬	コウ／かた(い)				hard, tough, stiff, firm

1.	硬直	こうちょく	3.	強硬	きょうこう (st47)
2.	硬化	こうか			

確	カク／たし(か)・たし(かめる)				ascertain, confirm, sure, accurate, reliable

1.	確保	かくほ (st10)	6.	確約	かくやく
2.	確認	かくにん (st38)	7.	確率	かくりつ
3.	確実	かくじつ (st20)	8.	確か	たしか (st47)
4.	確立	かくりつ	-----------------------		
5.	確定	かくてい	9.	明確	めいかく (st40)

礎	ソ／いしずえ		foundation, cornerstone

1.	基礎	きそ (st37)

30. 白

白	ハク・ビャク／しろ・しろ(い)				white

1.	白書	はくしょ (st29)	3.	白物	しろもの
2.	白金	はっきん			

百	ヒャク				hundred

1.	百	ひゃく (始める前に)	2.	百貨店	ひゃっかてん (業種)

259

的	テキ／まと	mark, target, like, similar, suffix which makes a noun an adjective

1.	的	まと	4.	公的	こうてき (st20)
----------------------			5.	私的	してき
2.	〜的	〜てき (st6) (ex. 経済的)	6.	目的	もくてき (st35)
3.	知的	ちてき (st45)	7.	標的	ひょうてき

31. 立

立	リツ／た(つ)・た(てる)	stand

1.	立場	たちば (st46)	8.	対立	たいりつ (st38)
2.	立ち入り	たちいり	9.	独立	どくりつ
3.	立つ	たつ (キソ)	10.	確立	かくりつ
4.	立て直し	たてなおし	11.	目立つ	めだつ (st17)
5.	立ち遅れ	たちおくれ	12.	役立つ	やくだつ (st37)
----------------------			13.	役立てる	やくだてる(自他まとめ3)
6.	設立	せつりつ (st9)	14.	際立つ	きわだつ
7.	成立	せいりつ (st32)	15.	積立	つみたて

端	タン／はし	end, tip, edge, right, correct, just

1.	端末	たんまつ	3.	末端	まったん
----------------------			4.	発端	ほったん
2.	先端	せんたん (st43)	5.	極端	きょくたん

32. 矢

知	チ／し(る)	know, inform

1 a.	知事	ちじ (st21)	7.	知らせる	しらせる
b.	都知事	とちじ	----------------------		
2.	知的	ちてき (st45)	8.	周知	しゅうち
3.	知恵	ちえ	9.	認知	にんち
4.	知名度	ちめいど	10.	通知	つうち
5.	知識	ちしき	11.	未知数	みちすう
6.	知る	しる(キソ)	12.	承知	しょうち

短	タン／みじか (い)		defect, short, brief

1.	短期	たんき (st26)	7.	短い	みじかい
2.	短〜	たん〜 (st44) (ex. 短期間)	-----------------------		
3.	短縮	たんしゅく (st41)	8.	長短	ちょうたん
4.	短所	たんしょ	9.	時短	じたん
5.	短信	たんしん		(時間短縮) (じかんたんしゅく)	
6.	短観	たんかん			
	(短期観測) (たんきかんそく)				

疑	ギ／うたが (う)		doubt, suspicion, suspect

1.	疑い／う	うたがい／う (st46)	4.	容疑	ようぎ
2.	疑問	ぎもん (st48)	5.	懐疑	かいぎ
3.	疑惑	ぎわく	6.	質疑	しつぎ

----

33. 糸

系	ケイ		system, family line

1.	系列	けいれつ (st43)	3.	〜系	〜けい (st8) (ex. 外資系)
2.	系統	けいとう	4.	米系	べいけい
-----------------------			5.	日系	にっけい

約	ヤク		promise, abridgment, approximately, about

1.	約	やく (始める前に)	6.	予約	よやく (st50)
2.	約束	やくそく	7.	条約	じょうやく
-----------------------			8.	確約	かくやく
3.	契約	けいやく (st11)	9.	公約	こうやく
4.	集約	しゅうやく (st42)	10.	節約	せつやく
5.	制約	せいやく (st45)	11.	特約店	とくやくてん

紀	キ		history, chronicle

1.	世紀	せいき (st26)

33. 糸

級	キュウ			rank, grade

1. ～級　　～きゅう (st34)　　　　2. 高級　　こうきゅう (st40)
　　　　　(ex. 10万トン級)　　　　　3. 上級　　じょうきゅう

紙	シ／かみ			paper

1. 紙　　　かみ (業種)　　　　　　3. ～紙　　～し (ex. 地方紙)
----------------------　　　　　4. 原紙　　げんし
2. 製紙　　せいし　　　　　　　　5. 表紙　　ひょうし

素	ソ・ス			origin, source, ordinary, simple

1. 素材　　そざい (st43)　　　　　5. 簡素　　かんそ
2. 素地　　そじ　　　　　　　　　6. 要素　　ようそ
3. 素案　　そあん　　　　　　　　7. 窒素　　ちっそ
4. 素顔　　すがお　　　　　　　　8. 酵素　　こうそ

納	ノウ・ナッ・ナ・ナン・トウ／			put away, pay,
	おさ(まる)・おさ(める)			supply, dedicate

1. 納期　　のうき (st36)　　　　　6. 納まる　　おさまる
2. 納入　　のうにゅう (st36)　　　7. 納める　　おさめる
3. 納品　　のうひん (st36)　　　-----------------------
4. 納税　　のうぜい　　　　　　　8. 出納　　すいとう
5. 納得　　なっとく

純	ジュン			purity, innocence

1. 純～　　じゅん～ (st44) (ex. 純利益)
----
2. 単純　　たんじゅん

紛	フン／			be obscure, be diverted,
	まぎ(れる)・まぎ(らす)・まぎ(らわす)・まぎ(らわしい)			ambiguous, confusing

1. 紛争　　ふんそう (st45)
----
2. 内紛　　ないふん

経	ケイ・キョウ／へ (る)		circles of longitude, sutra, pass, pass through

1.	経済	けいざい (st1)	9. 経路	けいろ
2.	経常	けいじょう (st3)	10. 経過	けいか
3.	経営	けいえい (st6)	11. 経緯	けいい
4.	経費	けいひ (st41)	12. 経る	へる(st27)
5.	経験	けいけん (st42)	-----------------------	
6.	経団連	けいだんれん	13. 日経	にっけい (始める前に)
	(経済団体連合会)		14. 日経連	にっけいれん
	(けいざいだんたいれんごうかい)		(日本経済連盟)	
7.	経由	けいゆ	(にほんけいざいれんめい)	
8.	経理	けいり		

組	ソ／く(む)・くみ		class, group, set, join, unite

1.	組む	くむ (st19)	8. 取り組む	とりくむ (st19)
2.	組み合わ		9. 枠組(み)	わくぐみ (st46)
	せる	くみあわせる (st19)	10. 仕組み	しくみ (st49)
3.	組み立て	くみたて (st43)	11. 番組	ばんぐみ
4.	組み込む	くみこむ	12. 労組	ろうそ
5.	組み入れ	くみいれ	(労働組合) (ろうどうくみあい)	
6.	組合	くみあい (st39)		
7.	組織	そしき (st29)		

終	シュウ／お (わる)・お (える)		end, come to an end, finish

1.	終わる	おわる (キソ, 自他まとめ 3)	6. 終結	しゅうけつ
2.	終える	おえる (自他まとめ 3)	7. 終始	しゅうし
3.	終値	おわりね	-----------------------	
4.	終了	しゅうりょう (st42)	8. 最終	さいしゅう (st27)
5.	終身	しゅうしん (st39)		

細	サイ／ ほそ(い)・ほそ(る)・こま(かい)		slender, narrow, minute, fine, detailed, thin

1.	細る	ほそる	4. 詳細	しょうさい (st47)
2 a.	細かい	こまかい	5. 微細	びさい
b.	きめ細かい	きめこまかい	6. 先細り	さきぼそり
3.	細目	さいもく		

----

33. 糸

累	ルイ		trouble, involvement, pile up

1.	累積	るいせき (st46)	3.	累損	るいそん
2.	累計	るいけい			

結	ケツ／むす(ぶ)・ゆ(う)・ゆ(わえる)		knot, tie, bind, conclude to link

1.	結果	けっか (st4)	9.	結び付く	むすびつく
2.	結局	けっきょく (st31)	10.	結び目	むすびめ
3.	結論	けつろん (st46)	-----------------------		
4.	結婚	けっこん	11.	連結	れんけつ (st41)
5.	結束	けっそく	12.	妥結	だけつ (st50)
6.	結集	けっしゅう	13.	凍結	とうけつ
7.	結成	けっせい	14.	終結	しゅうけつ
8.	結ぶ	むすぶ (st18)	15.	締結	ていけつ

統	トウ／す(べる)		control, linkage

1.	統合	とうごう (st12)	7.	大統領	だいとうりょう(st4)
2.	統計	とうけい (st16)	8.	伝統	でんとう
3.	統一	とういつ	9.	系統	けいとう
4.	統括	とうかつ			
5.	統制	とうせい			
6.	統廃合	とうはいごう			
		(統合＋廃止)			

給	キュウ		salary, supply, give

1.	給与	きゅうよ (st39)	7.	昇給	しょうきゅう
2.	給料	きゅうりょう	8.	配給	はいきゅう
3.	給付	きゅうふ	9.	支給	しきゅう
4.	給油	きゅうゆ	10.	受給	じゅきゅう
-----------------------			11.	有給	ゆうきゅう
5.	供給	きょうきゅう (st6)			
6.	需給	じゅきゅう (st28)			
		(需要 ＋ 供給)			

264

続　ゾク／つづ(く)・つづ(ける)　　　continue, follow

1.	続く	つづく(キソ,自他まとめ1)	9.	持続	じぞく
2.	続ける	つづける(キソ,自他まとめ1)	10.	勤続	きんぞく
3.	続伸	ぞくしん (st50)	11.	存続	そんぞく
4.	続落	ぞくらく (st50)	12.	接続	せつぞく
5.	続々	ぞくぞく	13.	手続き	てつづき (st42)
6.	続出	ぞくしゅつ	14.	〜続ける	〜つづける

					(ex. 増え続ける、下がり続ける)
7.	連続	れんぞく (st24)	15.	引き続き	ひきつづき
8.	継続	けいぞく (st48)			

継　ケイ／つ(ぐ)　　　patch, inherit, succeed to

1.	継続	けいぞく (st48)	3.	後継	こうけい
2.	継承	けいしょう	4.	中継	ちゅうけい

			5.	引き継ぐ	ひきつぐ

維　イ　　　rope, keep, fasten

1.	維持	いじ (st22)

2.	繊維	せんい (業種)

網　モウ／あみ　　　net, network

1.	網	あみ	3.	〜網	〜もう (st34) (ex. 情報網)
2.	網羅	もうら	4.	漁網	ぎょもう

総　ソウ　　　whole, general

1.	総〜	そう〜 (st7) (ex. 総人口)	8.	総研	そうけん
2.	総合	そうごう (st14)		(総合研究所)	(そうごうけんきゅうしょ)
3.	総裁	そうさい (st21)	9.	総じて	そうじて
4.	総額	そうがく (st24)	10.	総論	そうろん
5.	総会	そうかい (st29)	11.	総数	そうすう
6.	総務	そうむ (st36)	12.	総量	そうりょう
7.	総理府	そうりふ			

33. 糸

練	レン／ね(る)			polish, discipline, train

1. 練り直す ねりなおす	2. 試練	しれん (st44)
----------------------	3. 訓練	くんれん

締	テイ／し(まる)・し(める)			be shut, tie, tighten

1. 締める	しめる (st18)	5. 取締役	とりしまりやく (st4)
2. 締まる	しまる (自他まとめ 2)	6. 引き締める	ひきしめる (st19)
3. 締め切る	しめきる (st18)		
4. 締結	ていけつ		

線	セン			line, track, wire

1. ～線	～せん (st34) (ex. 国内線)	3. 一線	いっせん
2. 幹線	かんせん		

編	ヘン／あ(む)			knit, edit

1. 編成	へんせい (st29)	3. 再編	さいへん
2. 編集	へんしゅう	4. 全編	ぜんぺん

緩	カン／ゆる(い)・ゆる(やか)・ゆる(む)・ゆる(める)			slow, easy, lenient, calm

1. 緩和	かんわ (st23)	4. 弛緩	しかん
2. 緩める	ゆるめる		
3. 緩やか(な)	ゆるやか(な)		

緊	キン			tense, become tight, severe

1. 緊急	きんきゅう (st48)	3. 緊密	きんみつ
2. 緊張	きんちょう		

績	セキ			spin, achievement

1. 実績	じっせき (st15)	3. 成績	せいせき
2. 業績	ぎょうせき (st16)		

縮	シュク／					shrink, contract,
	ちぢ(む)・ちぢ(まる)・ちぢ(める)・ちぢ(れる)・ちぢ(らす)					draw in

1.	縮小	しゅくしょう (st22)	5.	圧縮	あっしゅく (st41)	
2.	縮まる	ちぢまる	6.	軍縮	ぐんしゅく	
3.	縮める	ちぢめる	7.	収縮	しゅうしゅく	
			8.	伸縮	しんしゅく	
4.	短縮	たんしゅく (st41)	9.	濃縮	のうしゅく	

繊	セン	thin, slender, fine, small

1.	繊維	せんい (業種)

織	ショク・シキ／お(る)	textile, weave

1.	織り込む	おりこむ	3.	組織	そしき (st29)
2.	織物	おりもの			

繰	く(る)	reel (thread, etc.), turn over (pages, etc.)

1.	繰り返す	くりかえす (st38)	4.	繰り越す	くりこす
2.	繰り入れる	くりいれる	5.	繰り出す	くりだす
3.	繰り広げる	くりひろげる			

34. 舟

般	ハン	kind, sort

1.	一般	いっぱん (st12)	2.	全般	ぜんぱん

航	コウ	sail

1.	航空	こうくう (業種)	4.	難航	なんこう (st50)
2.	航路	こうろ	5.	運航	うんこう
3.	航海	こうかい			

船	セン／ふね・ふな				boat, ship
1.	船舶	せんぱく	3.	造船	ぞうせん (業種)
2.	船員	せんいん	4.	汽船	きせん (st43)
			5.	漁船	ぎょせん

----

35. 耳

職	ショク				employment, work, position
1.	職員	しょくいん (st21)	8.	〜職	〜しょく (st9) (ex. 管理職)
2.	職業	しょくぎょう (st37)	9.	退職	たいしょく (st39)
3.	職場	しょくば	10.	就職	しゅうしょく (st50)
4.	職種	しょくしゅ	11.	求職	きゅうしょく
5.	職能	しょくのう	12.	役職	やくしょく
6.	職務	しょくむ	13.	離職	りしょく
7.	職歴	しょくれき	14.	汚職	おしょく
			15.	休職	きゅうしょく

----

36. 言

言	ゲン・ゴン／い(う)・こと				say, speech, statement, word, expression
1.	言う	いう(キソ)	5.	提言	ていげん (st29)
2.	言明	げんめい	6.	発言	はつげん (st50)
3.	言及	げんきゅう	7.	宣言	せんげん
4.	言葉	ことば	8.	明言	めいげん

計	ケイ／はか(る)・はか(らう)				measure, scale
1.	計画	けいかく (st5)	8.	会計	かいけい (st26)
2.	計上	けいじょう (st25)	9.	設計	せっけい (st40)
3.	計算	けいさん (st48)	10.	集計	しゅうけい
4.	計測	けいそく	11.	推計	すいけい
5.	計量	けいりょう	12.	累計	るいけい
			13.	家計	かけい
		------------------------	14.	主計(局)	しゅけい(きょく)
6.	統計	とうけい (st16)			
7 a.	合計	ごうけい (st22)			
b.	計	けい			

268

討　トウ／う(つ)　　　　　　　　　　　　　　　　　　attack, subjugate

1. 討議　　とうぎ　　　　　　　　3. 検討　　けんとう (st6)
2. 討論　　とうろん

記　キ／しる(す)　　　　　　　　　　　　　　　　　　write, remember

1. 記事　　きじ (始める前に)　　　5. 明記　　めいき
2. 記者　　きしゃ (始める前に)　　6. 書記　　しょき
3. 記録　　きろく (st23)
4. 記載　　きさい

託　タク　　　　　　　　　　　entrust to a person, on the pretext of

1. 信託　　しんたく(st3)　　　　　3. 受託　　じゅたく (st40)
2. 委託　　いたく (st30)　　　　　4. 預託　　よたく

設　セツ／もう(ける)　　　　　　　　　　　　　　　　　　establish

1. 設備　　せつび (st3)　　　　　7. 建設　　けんせつ (st10)
2. 設立　　せつりつ (st9)　　　　8. 施設　　しせつ (st26)
3. 設定　　せってい (st25)　　　9. 開設　　かいせつ (st39)
4. 設置　　せっち (st33)　　　　10. 増設　　ぞうせつ
5. 設計　　せっけい (st40)　　　11. 新設　　しんせつ
6. 設ける　もうける (st18)　　　12. 併設　　へいせつ
　　　　　　　　　　　　　　　　13. 創設　　そうせつ

許　キョ／ゆる(す)　　　　　　　　　　　　permit, forgive, approve

1 a. 許可　　きょか (st49)　　　　3. 特許　　とっきょ (st45)
　b. 許認可　きょにんか　　　　　4. 免許　　めんきょ
　　(許可 ＋ 認可)
2. 許す　　ゆるす

訟　ショウ　　　　　　　　　　　　　　　　　　　　　sue, go to law

1. 訴訟　　そしょう (st46)

36. 言.

証　ショウ　　　　　　　　　　　　　　　　　　　　　　　　evidence, testimony

1. 証券　　しょうけん (st1)　　　5. 大証　　だいしょう
2. 証拠　　しょうこ　　　　　　　　　（大阪証券取引所）
3. 証明　　しょうめい　　　　　　　（おおさかしょうけんとりひきしょ）
----
4. 東証　　とうしょう (st3)
　（東京証券取引所）
　（とうきょうしょうけんとりひきしょ）

訴　ソ／うった(える)　　　　　　　　　　　　　　　　　　sue, resort to, appeal

1. 訴える　うったえる (st19)　　4. 提訴　　ていそ (st46)
2. 訴訟　　そしょう (st46)　　　　5. 敗訴　　はいそ (st46)
3. 訴状　　そじょう　　　　　　　　6. 勝訴　　しょうそ (st46)

評　ヒョウ　　　　　　　　　　　　　　　　　　　　　　　criticism, critique

1. 評価　　ひょうか (st11)　　　4. 批評　　ひひょう
2. 評判　　ひょうばん　　　　　　5. 好評　　こうひょう
3. 評論　　ひょうろん　　　　　　6. 定評　　ていひょう

話　ワ／はな(す)・はなし　　　　　　　　　　　　　　　　story, speak

1. 話す　　はなす (キソ)　　　　4. 電話　　でんわ (キソ)
2. 話し合う はなしあう (st19)　　5. 対話　　たいわ
3. 話題　　わだい　　　　　　　　6. 通話　　つうわ

試　シ／こころ(みる)・ため(す)　　　　　　　　　　　　　trial, test, try

1. 試練　　しれん (st44)　　　　4. 試行　　しこう
2. 試算　　しさん (st49)　　　　5. 試み　　こころみ
3. 試験　　しけん　　　　　　　　6. 試す　　ためす

詳　ショウ／くわ(しい)　　　　　　　　　　　　　　　　detailed, minute

1. 詳細　　しょうさい (st47)　　2. 詳しい　くわしい

認　ニン／みと(める)　　　　　　　　see, recognize, approve, judge, regard (as)

1.	認める	みとめる (st17)		5.	認知	にんち

2.	認識	にんしき (st25)	
3 a.	認可	にんか (st50)	
b.	許認可	きょにんか	
		(許可 + 認可)	
4.	認定	にんてい	

6.	確認	かくにん (st38)
7.	承認	しょうにん
8.	容認	ようにん

説　セツ・ゼイ／と(く)　　　　　　　opinion, theory, explain, persuade

1.	説明	せつめい (st33)		2.	解説	かいせつ
				3.	演説	えんぜつ

語　ゴ／かた(る)・かた(らう)　　　　word, speech, narration, tell, speak, talk

1.	語る	かたる (st20)		4.	英語	えいご (キソ)
2.	語学	ごがく		5 a.	物語る	ものがたる
				b.	物語	ものがたり

3.	～語	～ご (キソ) (ex. 日本語)

誘　ユウ／さそ(う)　　　　　　　　　invite, induce, allure

1.	誘導	ゆうどう(st47)		3.	誘因	ゆういん
2.	誘発	ゆうはつ		4.	誘致	ゆうち

読　ドク・トク・トウ／よ(む)　　　　　　　　　　　　　read

1.	読む	よむ (キソ)		2.	読者	どくしゃ

調　チョウ／しら(べる)・ととの(う)・ととの(える)　investigate, examine, inspect

1.	調査	ちょうさ (st5)		9.	好調	こうちょう (st11)
2.	調整	ちょうせい (st8)		10.	順調	じゅんちょう (st20)
3.	調達	ちょうたつ (st12)		11.	協調	きょうちょう (st30)
4.	調停	ちょうてい (st46)		12.	強調	きょうちょう (st31)
5.	調印	ちょういん (st49)		13.	堅調	けんちょう (st40)
6.	調節	ちょうせつ		14.	基調	きちょう (st43)
7.	調子	ちょうし		15.	低調	ていちょう
8.	調べる	しらべる (st18)		16.	同調	どうちょう
				17.	不調	ふちょう

----

36. 言

| 談 | ダン | | | | talk |

1. 談合　　だんごう (st45)　　　　　　3 a. 相談　　そうだん (st32)
　　　　　　　　　　　　　　　　　　　　　 b. 相談役　そうだんやく (st32＋st21)
----
2. 会談　　かいだん (st27)　　　　　　4. 懇談　　こんだん

| 請 | セイ・シン／こ(う)・う(ける) | | | | beg, ask, request, receive, undertake |

1. 請け負う　うけおう (st38)　　　　　4. 要請　　ようせい (st11)
2. 請求　　せいきゅう　　　　　　　　　5. 下請け　したうけ (st43)
--------------------------　　　　　　　6. 元請け　もとうけ
3. 申請　　しんせい (st9)

| 論 | ロン | | | | argument, opinion, essay, theory |

1. 論議　　ろんぎ　　　　　　　　　　　4. ～論　　～ろん (st34) (ex. 改革論)
2. 論争　　ろんそう　　　　　　　　　　5. 議論　　ぎろん (st38)
3. 論理　　ろんり　　　　　　　　　　　6. 結論　　けつろん (st46)
--------------------------　　　　　　　7. 討論　　とうろん

| 課 | カ | | | | section, lesson, assignment |

1. 課長　　かちょう (st21)　　　　　　6. ～課　　～か (ex. 会計課)
2. 課題　　かだい (st27)　　　　　　　7. 部課長　ぶかちょう
3. 課税　　かぜい (st38)　　　　　　　　　(部長 ＋ 課長)
4. 課す　　かす
5. 課徴(金)　かちょう(きん)

| 諸 | ショ | | | | various |

1. 諸国　　しょこく (st5)　　　　　　3 a. 諸表　　しょひょう (st41)
2. 諸～　　しょ～ (st5) (ex. 諸地域)　　 b. 財務諸表 ざいむしょひょう (st41)

| 諮 | シ／はか(る) | | | | consult, ask counsel of |

1. 諮問　　しもん (st23)　　　　　　　2. 諮る　　はかる

識　シキ　　　　　　　　　　　　　　　　　　know, write down, distinguish

1 a.	識者	しきしゃ	3.	意識	いしき (st29)
b.	有識者	ゆうしきしゃ	4.	学識	がくしき
		-----------------------	5.	見識	けんしき
2.	認識	にんしき (st25)	6.	良識	りょうしき

警　ケイ　　　　　　　　　　　　　　　　caution, warn, guard against

1.	警戒	けいかい (st38)	6.	警察	けいさつ
2.	警告	けいこく			-----------------------
3.	警鐘	けいしょう	7.	県警	けんけい
4.	警備	けいび		(県警察本部)	(けんけいさつほんぶ)
5.	警官	けいかん			

議　ギ　　　　　　　　　　　　　　　　　　　　　discussion

1.	議会	ぎかい (st23)	8.	審議	しんぎ (st12)
2.	議論	ぎろん (st38)	9.	閣議	かくぎ
3.	議題	ぎだい	10.	論議	ろんぎ
4.	議長	ぎちょう	11.	決議	けつぎ
5.	議員	ぎいん	12.	討議	とうぎ
		-----------------------	13.	異議	いぎ
6.	会議	かいぎ (キソ)	14.	物議	ぶつぎ
7.	協議	きょうぎ (st9)			

護　ゴ　　　　　　　　　　　　　　　　　　　protect, defend

1.	保護	ほご (st6)	3.	介護	かいご
2.	弁護士	べんごし (st21)			

譲　ジョウ／ゆず(る)　　　　　hand over, concede to, yield to, reserve

1.	譲渡	じょうと (st33)	5.	譲り渡す	ゆずりわたす
2.	譲歩	じょうほ			-----------------------
3.	譲与	じょうよ	6.	委譲	いじょう
4.	譲る	ゆずる	7.	分譲	ぶんじょう

37. 車

車　シャ／くるま　　　　　　　　　　　　　　　　　　　　wheel, vehicle

1.	車	くるま (キソ)	7.	乗用車	じょうようしゃ (st43)
2.	車検	しゃけん	8.	中古車	ちゅうこしゃ
3.	車両	しゃりょう	9.	新車	しんしゃ
4.	車種	しゃしゅ	10.	駐車場	ちゅうしゃじょう
----------------------			11.	列車	れっしゃ
5.	～車	～しゃ (st34) (ex. 大型車)	12.	拍車	はくしゃ (st49)
6.	自動車	じどうしゃ (st2)	13.	歯車	はぐるま

庫　コ・ク　　　　　　　　　　　　　　　　　　　　　　　warehouse

1.	在庫	ざいこ (st36)	4.	国庫	こっこ (st27)
2.	公庫	こうこ	5.	倉庫	そうこ
3.	金庫	きんこ	6.	冷蔵庫	れいぞうこ

軒　ケン／のき　　　　　　　　　　　　　unit for counting buildings, eaves

1.	軒並み	のきなみ (st44 表現)	2.	～軒	～けん (ex. 3 軒)

転　テン／　　　　　　　　　　　　　　　　　　　　turn round, change,
ころ(がる)・ころ(げる)・ころ(がす)・ころ(ぶ)　　　　　　　fall, tumble

1.	転換	てんかん (st21)	7.	移転	いてん(st47)
2.	転じる(ずる)	てんじる(ずる) (st35)	8.	運転	うんてん
3.	転作	てんさく	9.	一転	いってん
4.	転落	てんらく	10.	逆転	ぎゃくてん
5.	転機	てんき	11.	空転	くうてん
6.	転嫁	てんか	12.	好転	こうてん

軟　ナン／やわ(らか)・やわ(らかい)　　　　　　　　　　soft, weak, feeble

1.	軟着陸	なんちゃくりく

2.	柔軟	じゅうなん (st20)

軸	ジク				axis, axle, scroll, stalk

1. 軸　　じく (st45 表現)

----

2. 基軸　きじく

較	カク				compare

1. 比較　ひかく (st32)

載	サイ ／ の(る)・の(せる)				load, place (on), put on record, publish

1.	載る	のる		4.	記載	きさい
2.	載せる	のせる		5.	掲載	けいさい
				6.	積載	せきさい

----

3. 搭載　とうさい (st43)

輪	ユ				send, carry, transport

1.	輸出	ゆしゅつ (st5)		5.	輸送	ゆそう (業種)
2.	輸入	ゆにゅう (st5)				
3.	輸出入	ゆしゅつにゅう		6.	運輸(省)	うんゆ(しょう) (st23)
	(輸出 ＋ 輸入)			7.	禁輸	きんゆ
4.	輸銀	ゆぎん				
	(輸出入銀行) (ゆしゅつにゅうぎんこう)					

38. 𧾷 (足)

足	ソク ／ あし・た(りる)				foot, leg, be sufficient

1.	足並み	あしなみ (st49)		7.	不足	ふそく (st23)
2.	足かせ	あしかせ		8.	発足	ほっそく (st48)
3.	足	あし		9.	満足	まんぞく
4.	足踏み	あしぶみ		10.	下げ足	さげあし
5.	足場	あしば				
6.	足りる	たりる (キソ)				

路	ロ／じ				road, route, path

1.	路線	ろせん (st49)	5.	販路	はんろ
-----------------------			6.	航路	こうろ
2.	～路	～ろ (ex. 交通路)	7.	進路	しんろ
3.	道路	どうろ	8.	岐路	きろ
4.	経路	けいろ			

踏	トウ／ふ(む)・ふ(まえる)				step on, stamp

1.	踏み切る	ふみきる (st18)	4.	踏まえる	ふまえる (st14)
2.	踏み込む	ふみこむ	--------------------		
3.	踏み出す	ふみだす	5.	足踏み	あしぶみ

39. 角

角	カク／かど・つの				angle, horn (of an animal), corner

1.	角度	かくど	2.	多角	たかく (st40)
---------------------------			3.	一角	いっかく

解	カイ・ゲ／と(ける)・と(く)・と(かす)				explanation, solve, untie, dissolve

1.	解消	かいしょう (st23)	11.	解明	かいめい
2.	解任	かいにん (st45)	12.	解放	かいほう
3.	解雇	かいこ (st39)	-----------------------		
4.	解決	かいけつ (st33)	13.	見解	けんかい (st44)
5.	解散	かいさん	14.	理解	りかい
6.	解釈	かいしゃく (st46)	15.	誤解	ごかい
7.	解禁	かいきん	16.	和解	わかい
8.	解説	かいせつ	17.	了解	りょうかい
9.	解体	かいたい	18.	分解	ぶんかい
10.	解除	かいじょ	19.	溶解	ようかい

40. 貝

負　フ／ま(ける)・ま(かす)・お(う)　　　　　　bear, be indebted to, lose, be defeated

1. 負担　　ふたん (st6)
2. 負債　　ふさい (st42)
3. 負ける　まける

4. 負う　　　おう (st38)
----
5. 請け負う　うけおう (st38)

財　ザイ・サイ　　　　　　　　　　　　　　　　treasure

1. 財政　　ざいせい (st27)
2. 財務　　ざいむ (st41)
3. 財産　　ざいさん (st32)
4. 財源　　ざいげん (st27)
5. 財テク　ざいてく
   (財務＋テクノロジー)
6. 財投　　ざいとう
   (財政投融資)(ざいせいとうゆうし)

7. 財界　　ざいかい
8. 財閥　　ざいばつ
9. 財団　　ざいだん
----
10. ～財　　～ざい (ex. 消費財)
11. 蓄財　　ちくざい
12. 理財(局)　りざい(きょく)

貢　コウ・ク／みつ(ぐ)　　　　　　　　　　　tribute, contribute

1. 貢献　　こうけん (st48)

販　ハン　　　　　　　　　　　　　　　　　　sell, deal in

1. 販売　　はんばい (st6)
2. 販促　　はんそく
   (販売促進)(はんばいそくしん)
3. 販路　　はんろ
4. 販社　　はんしゃ
   (販売会社)(はんばいがいしゃ)
----
5. 再販　　さいはん (st36)
6. 量販　　りょうはん (st36)

7. 市販　　しはん
8. 外販　　がいはん
   (外交販売)(がいこうはんばい)
9. 拡販　　かくはん
   (拡大販売)(かくだいはんばい)
10. 信販　　しんぱん
    - (信用販売)(しんようはんばい)
11. 通販　　つうはん
    (通信販売)(つうしんはんばい)

貨	カ		treasure, goods

1.	貨物	かもつ	4. 百貨店　ひゃっかてん (業種)
2.	貨幣	かへい	5. 雑貨　　ざっか (st42)
----------------------			6. 外貨　　がいか
3.	通貨	つうか (st24)	

責	セキ／せ(める)		blame, duties, responsibility

1.	責任	せきにん (st16)	3. 免責　めんせき
2.	責務	せきむ	

買	バイ／か(う)		buy, purchase

1. 買収	ばいしゅう (st11)	10. 買い持ち	かいもち
2. 買う	かう (キソ)	11. 買い占め	かいしめ
3. 買い取る	かいとる (st19)	12. 買い物	かいもの
4. 買い越し	かいこし	----------------------	
5. 買い付ける	かいつける	13. 売買	ばいばい (st21)
6. 買い〜	かい〜 (ex. 買い介入)	14. 購買	こうばい
7. 買い替え	かいかえ	15. 〜買い	〜がい (ex. ドル買い)
8. 買い入れ	かいいれ	16. 売り買い	うりかい
9. 買い戻し	かいもどし		

貿	ボウ	trade

1.	貿易	ぼうえき (st1)

費	ヒ／つい(やす)・つい(える)		expense, spend

1. 費用	ひよう	4. 経費　けいひ (st41)
----------------------		5. 出費　しゅっぴ
2. 消費	しょうひ (st7)	6. 国費　こくひ
3. 〜費	〜ひ (st8) (ex. 交通費)	7. 旅費　りょひ

貸　タイ／か(す)　　　　　　　　　　　　loan, lend, hire out

1.	貸し出す	かしだす (st18)	6.	貸主	かしぬし
2.	貸株	かしかぶ (st50)	7.	貸家	かしや
3.	貸付	かしつけ (st33)	8.	貸借	たいしゃく
4.	貸倒し	かしだおし		-----------------------	
5.	貸す	かす (st18)	9.	賃貸	ちんたい

貯　チョ　　　　　　　　　　　　　　　　store, save

1.	貯金	ちょきん (st33)	3.	預貯金	よちょきん
2.	貯蓄	ちょちく (st33)		(預金 + 貯金)	
-----------------------			4.	郵貯	ゆうちょ
				(郵便貯金) (ゆうびんちょきん)	

資　シ　　　　　　　　　　　　wealth, nature, material, capital

1.	資金	しきん (st3)	9.	投資	とうし (st5)
2.	資本	しほん (st13)	10.	融資	ゆうし (st7)
3.	資産	しさん (st16)	11.	出資	しゅっし (st21)
4.	資源	しげん (st36)	12 a.	外資	がいし (st36)
5.	資格	しかく(st49)	b.	外資系	がいしけい (st36 + st8)
6.	資料	しりょう	13.	増資	ぞうし(st41)
7.	資材	しざい (st43)	14.	原資	げんし
8.	資する	しする	15.	合資	ごうし
-----------------------			16.	物資	ぶっし

賃　チン　　　　　　　　　　　　　　　　wage, fee, fare

1.	賃金	ちんぎん (st39)	5.	運賃	うんちん
2.	賃上げ	ちんあげ (st39)	6.	家賃	やちん
3.	賃貸	ちんたい			
4.	賃下げ	ちんさげ			

質	シツ・シチ・チ				quality, substance, inquire, simple

1.	質	しつ	5.	体質	たいしつ
2.	質問	しつもん	6.	材質	ざいしつ
---------------------			7.	変質	へんしつ
3.	実質	じっしつ (st20)	8.	良質	りょうしつ
4.	品質	ひんしつ (st49)	9.	性質	せいしつ

賠	バイ	make up for, compensate for

1.	賠償	ばいしょう (st46)

賞	ショウ				award, prize, praise

1.	賞与	しょうよ (st39)	4.	懸賞	けんしょう
2.	賞品	しょうひん	5.	〜賞	〜しょう (ex. ノーベル賞)
3.	賞金	しょうきん			

購	コウ	purchase, buy

1.	購入	こうにゅう (st33)	2.	購買	こうばい

41. 卓

朝	チョウ／あさ	morning

1.	朝刊	ちょうかん	3.	早朝	そうちょう (st26)
2.	朝鮮	ちょうせん			

幹	カン／みき	trunk (of a tree), main part

1.	幹部	かんぶ (st21)	3.	新幹線	しんかんせん
2.	幹事	かんじ (st21)	4.	基幹	きかん

韓	カン	Republic of Korea

1.	韓国	かんこく (st2)

42. 金

金	キン・コン／かね・かな					gold, money

1.	金	きん		14.	預金	よきん (st33)
2.	金融	きんゆう (st1)		15.	罰金	ばっきん (st46)
3.	金利	きんり (st1)		16.	料金	りょうきん (キソ)
4.	金額	きんがく		17.	貯金	ちょきん (st33)
5.	金属	きんぞく (業種)		18.	代金	だいきん (st48)
6.	貴金属	ききんぞく		19.	基金	ききん
7.	金庫	きんこ		20.	税金	ぜいきん (st8)
8.	金銭	きんせん		21.	試金石	しきんせき
9.	金	かね (キソ)		22.	入金	にゅうきん
	----------------------			23.	損金	そんきん
10.	～金	～きん (st8) (ex. 借入金)		24.	借金	しゃっきん
11.	資金	しきん (st3)		25.	現金	げんきん
12.	賃金	ちんぎん (st39)		26.	掛け金	かけきん
13.	年金	ねんきん (st24)		27.	白金	はっきん

針	シン／はり					needle

1.	方針	ほうしん (st13)		2.	指針	ししん (st32)

鈍	ドン／にぶ(い)・にぶ(る)					dull, slow, blunt, dim

1.	鈍化	どんか (st40)		3.	鈍い	にぶい
2.	鈍る	にぶる				

鉄	テツ					iron, steel

1.	鉄鋼	てっこう (業種)		5.	鉄骨	てっこつ
2.	鉄道	てつどう (業種)			----------------------	
3.	鉄	てつ		6.	製鉄	せいてつ
4.	鉄工所	てっこうしょ		7.	地下鉄	ちかてつ (キソ)

鉱	コウ					ore, mine

1.	鉱業	こうぎょう (st43)		2.	炭鉱	たんこう
	----------------------			3.	～鉱	～こう (ex. ウラン鉱)

銀　ギン　　　　　　　　　　　　　　　　　　　　　　　　silver, money

1.	銀	ぎん		9.	地銀	ちぎん
2.	銀行	ぎんこう (キソ)			(地方銀行)	(ちほうぎんこう)

3.	～銀	～ぎん		10.	開銀	かいぎん
	(銀行)	(ぎんこう)			(開発銀行)	(かいはつぎんこう)
4.	日銀	にちぎん (st3)		11.	外銀	がいぎん
5.	都銀	とぎん (st3)			(外国銀行)	(がいこくぎんこう)
6.	邦銀	ほうぎん (st33)		12.	中銀	ちゅうぎん
7.	連銀	れんぎん			(中央銀行)	(ちゅうおうぎんこう)
	(連邦銀行)	(れんぽうぎんこう)		13.	世銀	せぎん
8.	長(信)銀	ちょう(しん)ぎん			(世界銀行)	(せかいぎんこう)
	(長期信用銀行)	(ちょうきしんようぎんこう)		14.	全銀協	ぜんぎんきょう
					(全国銀行協会)	(ぜんこくぎんこうきょうかい)

銘　メイ　　　　　　　　　　　　　　　signature, inscription, register, famous

1.	銘柄	めいがら (st50)		2.	銘記	めいき

銭　セン／ぜに　　　　　old unit of money (one hundredth of a yen), money

1.	～銭	～せん (始める前に)		2.	金銭	きんせん
		(ex.1 円 32 銭)				

録　ロク　　　　　　　　　　　　　　　　　　　copy, record, write down

1.	録音	ろくおん		3.	記録	きろく (st23)
2.	録画	ろくが		4.	登録	とうろく (st38)

鋼　コウ／はがね　　　　　　　　　　　　　　　　　　　　　　steel

1.	鋼板	こうはん (st43)		4.	鉄鋼	てっこう (業種)
2.	鋼材	こうざい		5.	～鋼	～こう (ex. H 型鋼)
3.	鋼管	こうかん		6.	製鋼	せいこう

----

43. 食 (食)

食	ショク・ジキ ／ た(べる)・く(う)・く(らう)		food, eat

1.	食品	しょくひん (業種)	8.	食い尽す	くいつくす
2.	食料	しょくりょう	9.	食べる	たべる (キソ)
3.	食糧	しょくりょう		-----------------------	
4.	食管	しょっかん	10.	利食い	りぐい (st50)
	(食糧管理)	(しょくりょうかんり)	11.	外食	がいしょく (st36)
5.	食肉	しょくにく	12.	給食	きゅうしょく
6.	食い込む	くいこむ	13.	飲食	いんしょく
7.	食い止める	くいとめる			

飾	ショク ／ かざ(る)	ornament, decorate

1. 飾る　　かざる
----
2. 粉飾　　ふんしょく (st45)

44. 馬

験	ケン	effect, experiment

1.	経験	けいけん (st42)	4.	受験	じゅけん
2.	実験	じっけん	5.	体験	たいけん
3.	試験	しけん			

騰	トウ	rise, ascend, leap

1.	騰落	とうらく	3.	急騰	きゅうとう (st50)
	-----------------------		4.	続騰	ぞくとう
2.	高騰	こうとう (st41)	5.	暴騰	ぼうとう

45. 魚

鮮	セン ／ あざ(やか)			Korea, fresh, new, vivid, rare
1.	鮮明	せんめい (st47)	3. 新鮮	しんせん
2.	鮮度	せんど	4. 生鮮	せいせん
----------------------			5. 朝鮮	ちょうせん

46. 歯

歯	シ ／ は			tooth
1.	歯止め	はどめ (st48)	3. 歯切れ	はぎれ
2.	歯車	はぐるま		

齢	レイ			age
1.	高齢	こうれい (st30)	2. 年齢	ねんれい (st35)

47. 亻

以	イ			with, on account of, since, from
1.	以上	いじょう (キソ)	5. 以外	いがい (st13)
2.	以下	いか (キソ)	6. 以内	いない
3.	以来	いらい (st13)	7. 以前	いぜん
4.	以降	いこう (st13)		

48. 卩

印	イン ／ しるし			India, seal, stamp, symbol, sign, register
1.	印刷	いんさつ	5. 調印	ちょういん (st49)
2.	印象	いんしょう	6. 消印	けしいん
3.	印鑑	いんかん	7. 実印	じついん
4.	印紙	いんし	8. 矢印	やじるし

却	キャク				reject, withdraw

1.	却下	きゃっか	3.	償却	しょうきゃく (st41)
	-----------------------		4.	消却	しょうきゃく
2.	売却	ばいきゃく (st11)	5.	返却	へんきゃく

即	ソク			accession, at once, namely, nothing but

1.	即〜	そく〜 (st25 表現) (ex. 即日)	3.	即座	そくざ
2.	即応	そくおう	4.	即戦	そくせん

卸	おろ(す)・おろし			wholesale, grate

1.	卸	おろし (st15)	2.	卸売	おろしうり (st36)

49. 又

反	ハン・ホン・タン／ そ(る)・そ(らす)			unit of measurement for land and cloth, return, betray, opposite, anti-

1.	反映	はんえい (st25)	7.	反応	はんのう
2.	反発	はんぱつ (st50)	8.	反響	はんきょう
3.	反落	はんらく (st50)	9.	反論	はんろん
4.	反対	はんたい (st33)	10.	反する	はんする
5.	反〜	はん〜 (st44) (ex. 反体制)		-----------------------	
6.	反省	はんせい	11.	違反	いはん (st46)

収	シュウ／おさ(まる)・おさ(める)			obtain, pay, store, gain

1.	収益	しゅうえき (st16)	8.	買収	ばいしゅう (st11)
2.	収支	しゅうし (st26)	9.	回収	かいしゅう (st33)
3.	収入	しゅうにゅう (st35)	10.	吸収	きゅうしゅう (st48)
4.	収集	しゅうしゅう	11.	増収	ぞうしゅう (st41)
5.	収拾	しゅうしゅう	12.	税収	ぜいしゅう (st27)
6.	収穫	しゅうかく	13.	徴収	ちょうしゅう
7.	収める	おさめる	14.	減収	げんしゅう

支　　シ／ささ(える)　　　　　　　　　　　branch, obstacle, support, branch off

1.	支援	しえん (st9)	7.	支給	しきゅう
2.	支店	してん (st23)	8.	支障	ししょう
3.	支払う	しはらう (st18)	9.	支える	ささえる (st20)
4.	支持	しじ		------------------------	
5.	支配	しはい	10.	収支	しゅうし (st26)
6.	支出	ししゅつ	11.	下支え	したざさえ

取　　シュ／と(る)　　　　　　　　　　　　　　　　take

1.	取引	とりひき (st5)	14.	公取委	こうとりい (st45)
2.	取締役	とりしまりやく (st4)		(公正取引委員会)	(こうせいとりひき
3.	取る	とる (キソ)			いいんかい)
4.	取り組む	とりくむ (st19)	15.	買い取る	かいとる (st19)
5.	取り扱う	とりあつかう (st19)	16.	引き取る	ひきとる (st19)
6.	取り上げる	とりあげる (st19)	17.	頭取	とうどり (st21)
7.	取り入れる	とりいれる	18 a.	受け取る	うけとる
8.	取り決め	とりきめ	b.	受取	うけとり
9.	取り崩す	とりくずす	19.	先取り	さきどり
10.	取り込む	とりこむ	20.	聞き取り	ききとり
11.	取り巻く	とりまく	21.	下取り	したどり
12.	取得	しゅとく(st22)	22.	段取り	だんどり
13.	取材	しゅざい	23.	手取(り)	てどり
	------------------------		24.	聴取	ちょうしゅ

受　　ジュ／う(ける)・う(かる)　　　　　　　　receive, pass

1.	受ける	うける (キソ)	9 a.	受注	じゅちゅう (st10)
2.	受け入れる	うけいれる (st18)	b.	受発注	じゅはっちゅう
3.	受け止める	うけとめる (st38)		(受注＋発注)	
4.	受け皿	うけざら (st47 表現)	10.	受託	じゅたく (st40)
5 a.	受け取る	うけとる	11.	受信	じゅしん
b.	受取	うけとり	12.	受給	じゅきゅう
6 a.	受け付ける	うけつける	13.	受理	じゅり
b.	受付	うけつけ		------------------------	
7.	受け渡し	うけわたし	14.	引き受ける	ひきうける (st19)
8.	受身	うけみ			

段	ダン					degree, step, grade

1.	段階	だんかい (st28)		5.	手段	しゅだん (st48)
2.	段取り	だんどり		6.	～段	～だん (始める前に)
						(ex. 第三段)
3.	値段	ねだん (st10)		7.	一段落	いちだんらく
4.	一段と	いちだんと (st13)		8.	階段	かいだん

50. 刀

分	フン・ブン・ブ／				minute, position, duties,
	わ(かれる)・わ(ける)・わ(かる)・わ(かつ)				a certain amount, divide, separate

1.	分野	ぶんや (st13)		13.	分かる	わかる
2.	分配	ぶんぱい (st40)		14.	分ける	わける
3.	分析	ぶんせき (st41)				
4.	分散	ぶんさん		15.	十分	じゅうぶん (キソ)
5.	分業	ぶんぎょう		16.	半分	はんぶん (キソ)
6.	分割	ぶんかつ		17.	部分	ぶぶん
7.	分類	ぶんるい		18.	～分	～ぶん (st34)
8.	分権	ぶんけん				(ex. 今年度分)
9.	分布	ぶんぷ		19.	処分	しょぶん
10.	分離	ぶんり		20.	配分	はいぶん
11.	分担	ぶんたん		21.	自分	じぶん
12.	～分の～	～ぶんの～ (st28)		22.	当分	とうぶん
		(ex. 二分の一)		23.	見分ける	みわける

切	セツ・サイ／き(れる)・き(る)				cut

1.	切る	きる (キソ)		9.	打ち切る	うちきる (st18)
2.	切り替える	きりかえる (st38)		10.	締め切る	しめきる (st18)
3.	切り離す	きりはなす		11.	仕切る	しきる
4.	切り上げる	きりあげる		12.	言い切る	いいきる
5.	切り捨てる	きりすてる		13.	乗り切る	のりきる
6.	切り札	きりふだ		14.	～切れ	～ぎれ (ex. 時間切れ)
7.	切り出す	きりだす		15.	大切	たいせつ (キソ)
				16.	適切	てきせつ
8.	踏み切る	ふみきる (st18)				

券	ケン				ticket
1.	証券	しょうけん (st1)	3.	株券	かぶけん
2.	債券	さいけん (st50)	4.	～券	～けん (ex. 入場券)

51. 力

力	リョク・リキ／ちから				power
1.	力	ちから (キソ)	11.	活力	かつりょく
2.	力強い	ちからづよい	12.	体力	たいりょく
3.	力量	りきりょう	13.	入力	にゅうりょく
		----------------------	14.	実力	じつりょく
4.	電力	でんりょく (st20)	15.	省力	しょうりょく
5.	協力	きょうりょく (st7)	16.	勢力	せいりょく
6.	努力	どりょく (st23)	17.	強力	きょうりょく
7.	能力	のうりょく (st32)	18.	魅力	みりょく
8.	主力	しゅりょく (st35)	19.	弾力	だんりょく
9.	有力	ゆうりょく (st40)	20.	～力	～りょく (st9) (ex. 経済力)
10.	圧力	あつりょく (st43)	21.	～力	～りき (ex. 百人力)

加	カ／くわ(わる)・くわ(える)				add
1.	加速	かそく (st30)	10.	増加	ぞうか (st8)
2.	加盟	かめい (st42)	11.	参加	さんか (st12)
3.	加工	かこう (st47)	12.	追加	ついか (st29)
4.	加重	かじゅう	13 a.	付加	ふか
5.	加入	かにゅう	b.	付加価値	ふかかち(st10)
6.	加担	かたん	14.	添加	てんか
7.	加	か (カナダ)	15.	米加	べいか
8.	加える	くわえる (st14)		(米国 + カナダ)	
9.	加わる	くわわる (自他まとめ 1)			

労　ロウ　labor, service

1.	労働	ろうどう (st2)
2.	労使	ろうし (st39)
3.	労組	ろうそ
	(労働組合)	(ろうどうくみあい)
4.	労災	ろうさい
	(労働災害)	(ろうどうさいがい)
5.	労務	ろうむ
6.	労相	ろうしょう
	(労働大臣)	(ろうどうだいじん)
7.	労連	ろうれん
	(労働組合連合会)	(ろうどうくみあい
		れんごうかい)

8.	労基法	ろうきほう
	(労働基準法)	(ろうどうきじゅんほう)

9.	過労死	かろうし
10.	就労	しゅうろう
11.	勤労	きんろう (st39)
12.	苦労	くろう

助　ジョ／たす(かる)・たす(ける)　help

1.	助成	じょせい
2.	助長	じょちょう
3.	助役	じょやく
4.	助教授	じょきょうじゅ
5.	助ける	たすける

6.	援助	えんじょ (st21)
7.	補助	ほじょ (st33)
8.	自助	じじょ
9.	手助け	てだすけ

努　ド／つと(める)　make efforts

1.	努力	どりょく (st23)	2.	努める	つとめる

男　ダン・ナン／おとこ　male, man

1.	男女	だんじょ
2.	男子	だんし
3.	男性	だんせい (キソ)

4.	長男	ちょうなん

----

51. 力

効	コウ／き(く)				efficacy, effect
1.	効果	こうか (st22)	4.	発効	はっこう
2.	効率	こうりつ (st27)	5.	実効	じっこう
-----------------------			6.	無効	むこう
3.	有効	ゆうこう (st11)	7.	特効薬	とっこうやく

動	ドウ／うご(く)・うご(かす)				move
1.	動向	どうこう (st16)	13.	流動	りゅうどう (st40)
2.	動く	うごく (キソ)	14.	自動	じどう
3.	動き出す	うごきだす (st18)	15.	発動	はつどう
4.	動き始める	うごきはじめる	16.	運動	うんどう
-----------------------			17.	言動	げんどう
5.	自動車	じどうしゃ (st2)	18.	騒動	そうどう
6.	不動産	ふどうさん (業種)	19.	電動	でんどう
7.	行動	こうどう (st30)	20.	反動	はんどう
8.	活動	かつどう (st31)	21.	機動	きどう
9.	変動	へんどう (st32)	22.	値動き	ねうごき
10.	移動	いどう (st40)	23.	突き動かす	つきうごかす
11.	異動	いどう (st39)	24.	揺れ動く	ゆれうごく
12.	連動	れんどう (st47)			

務	ム／つと(める)				duties
1.	務める	つとめる	10.	勤務	きんむ (st39)
-----------------------			11.	専務	せんむ
2.	債務	さいむ (st14)	12.	兼務	けんむ
3.	業務	ぎょうむ (st15)	13.	公務	こうむ
4.	財務	ざいむ (st41)	14.	外務	がいむ
5.	事務	じむ (st24)	15.	責務	せきむ
6.	義務	ぎむ (st30)	16.	労務	ろうむ
7.	常務	じょうむ (st21)	17.	実務	じつむ
8.	総務	そうむ (st36)	18.	法務	ほうむ
9.	商務(省)	しょうむ(しょう) (st23)	19.	農務	のうむ

勤	キン・ゴン／つと(める)			duties, serve (in an office), diligent

1.	勤務	きんむ (st39)	5.	常勤	じょうきん
2.	勤続	きんぞく	6.	通勤	つうきん
3.	勤勉	きんべん	7.	出勤	しゅっきん
4.	勤労	きんろう	8.	欠勤	けっきん

勢	セイ／いきお(い)			force, vigor, power

1.	勢い	いきおい (st49)	7.	情勢	じょうせい
2.	勢力	せいりょく	8.	優勢	ゆうせい
			9.	増勢	ぞうせい
3.	姿勢	しせい (st15)	10.	大勢	おおぜい
4.	攻勢	こうせい (st48)	11.	実勢	じっせい
5.	大勢	たいせい	12.	余勢	よせい
6.	国勢	こくせい	13.	～勢	～ぜい (ex. 日本勢)

勧	カン／すす(める)		persuade, encourage

1.	勧告	かんこく (st45)

52. リ

列	レツ			line, row

1.	列挙	れっきょ	3.	系列	けいれつ (st43)
2.	列車	れっしゃ	4.	序列	じょれつ
			5.	陳列	ちんれつ

利　リ／き(く)　profit, profitable, useful, sharp, effective

1.	利益	りえき (st2)	12.	利食い	りぐい (st50)
2.	利用	りよう (st7)	13.	利付	りつき
3.	利率	りりつ (st33)		-----------------------	
4.	利子	りし	14.	金利	きんり (st1)
5.	利息	りそく	15.	権利	けんり (st37)
6.	利害	りがい	16.	有利	ゆうり (st40)
7.	利幅	りはば	17.	低利	ていり
8.	利回り	りまわり (st33)	18.	不利	ふり
9.	利下げ	りさげ (st33)	19.	営利	えいり
10.	利上げ	りあげ (st33)	20.	便利	べんり
11.	利払い	りばらい (st33)			

判　ハン・バン　size (of a book or paper), seal (stamp), judge

1.	判断	はんだん (st10)	4.	批判	ひはん (st11)
2.	判決	はんけつ	5.	裁判	さいばん (st46)
3.	判定	はんてい	6.	評判	ひょうばん

別　ベツ／わか(れる)　distinction, part (from), different

1.	別にして	べつにして (st31)	6.	特別	とくべつ (st11)
2.	別の	べつの	7.	個別	こべつ
3.	別途	べっと	8.	差別	さべつ
4.	別建て	べつだて	9.	選別	せんべつ
5.	別〜	べつ〜 (ex. 別払い)	10.	区別	くべつ
			11.	〜別	〜べつ (st9) (ex. 規模別)

制　セイ　restrain, control, rule, make

1.	制度	せいど (st3)	10.	規制	きせい (st6)
2.	制限	せいげん (st24)	11.	体制	たいせい (st22)
3.	制約	せいやく (st45)	12.	抑制	よくせい (st25)
4.	制裁	せいさい (st45)	13.	税制	ぜいせい (st8 ＋ st34)
5.	制御	せいぎょ	14.	法制	ほうせい (st27)
6.	制作	せいさく	15.	けん制	けんせい
7.	制定	せいてい	16.	強制	きょうせい
8.	制覇	せいは	17.	統制	とうせい
9.	制する	せいする	18.	〜制	〜せい (st34) (ex. 定年制)

刻　コク／きざ(む)　time, carve, hash, cruel, severe

1.	深刻	しんこく (st11)	3.	遅刻	ちこく
2.	時刻	じこく			

刺　シ／さ(す)・さ(さる)　sting, pierce, stab

1.	刺激	しげき (st43)	3.	名刺	めいし
2.	刺す	さす			

前　ゼン／まえ　before, in front of, previous

1.	前	まえ (キソ)	14.	前倒し	まえだおし
2.	前期	ぜんき (st1)		------------------------	
3.	前年	ぜんねん (st1)	15.	事前	じぜん (st42)
4.	前月	ぜんげつ (st1)	16.	以前	いぜん
5.	前週	ぜんしゅう(st1)	17.	～前後	～ぜんご (st28)
6.	前日	ぜんじつ (st1)			(ex.100 円前後)
7.	前回	ぜんかい (st1 + st8)	18.	午前	ごぜん (キソ)
8.	前半	ぜんはん (ぜんぱん) (st28)	19.	寸前	すんぜん
9.	前提	ぜんてい (st30)	20.	戦前	せんぜん
10.	前場	ぜんば (st50)	21.	空前	くうぜん
11.	前面	ぜんめん	22.	名前	なまえ (キソ)
12.	前歴	ぜんれき	23.	～前	～まえ (ex. 二日前)
13.	前～	ぜん～ (st1) (ex. 前首相)	24.	当たり前	あたりまえ

削　サク／けず(る)　shave, delete, sharpen, curtail

1.	削減	さくげん (st8)	4.	切削	せっさく
2.	削る	けずる			
3.	削り込む	けずりこむ			

則　ソク　law, rule, follow (a rule)

1.	原則	げんそく (st37)	3.	反則	はんそく
2.	規則	きそく	4.	変則	へんそく

副	フク				vice-, sub-, secondary

1.	副〜	ふく〜 (st7) (ex. 副社長)	3.	副詞	ふくし
2.	副題	ふくだい			

剰	ジョウ				surplus

1.	剰余	じょうよ	2.	過剰	かじょう (st37)
-----------------------			3.	余剰	よじょう (st49)

割	カツ ／ わ(れる)・わ(る)・さ(く)				rate, unit of percentage (one tenth), divide, split

1.	割合	わりあい (st34)	9.	割に	わりに
2.	割安	わりやす (st47)	10.	割賦	かっぷ
3.	割高	わりだか (st47)	-----------------------		
4.	割増	わりまし	11.	役割	やくわり (st42)
5.	割引	わりびき	12.	〜割	〜わり (st8) (ex. 3割)
6.	割る	わる (st18)	13.	底割れ	そこわれ
7.	割り込む	わりこむ (st18)	14.	分割	ぶんかつ
8.	割り戻す	わりもどす			

53. 阝

邦	ホウ				Japanese, country, land

1.	邦銀	ほうぎん (st33)	3.	連邦	れんぽう (st23)
2.	邦人	ほうじん			

部	ブ		department, part, unit for counting copies of publications

1.	部門	ぶもん (st13)		11.	〜部	〜ぶ (st3) (ex. 営業部)
2.	部長	ぶちょう		12.	本部	ほんぶ
3.	部品	ぶひん (st14)		13.	一部	いちぶ (st12)
4.	部分	ぶぶん		14.	幹部	かんぶ (st21)
5.	部会	ぶかい (st3)		15.	第〜部	だい〜ぶ (st7 + st3)
6.	部員	ぶいん (st3 + st4)				(ex. 第二部)
7.	部局	ぶきょく (st3)		16.	内部	ないぶ
8 a.	部課	ぶか		17.	外部	がいぶ
b.	部課長	ぶかちょう		18.	北部	ほくぶ
	(部長 + 課長)			19.	全部	ぜんぶ
9.	部下	ぶか		20.	支部	しぶ
10.	部数	ぶすう		21.	文部(省)	もんぶ(しょう)

都	ト・ツ／みやこ		capital, metropolis

1.	都市	とし (キソ)		6.	都心	としん
2.	都銀	とぎん (st3)		7.	都合	つごう
3.	都	と (st2)		------------------------		
4.	都道府県	とどうふけん		8.	首都	しゅと (st2)
5.	都内	とない (st2 + st34)		9.	遷都	せんと

郵	ユウ		correspondence business run by the national government

1.	郵政(省)	ゆうせい(しょう) (st23)		3.	郵貯	ゆうちょ
2.	郵便	ゆうびん (st43)			(郵便貯金)	(ゆうびんちょきん)
				4.	郵送	ゆうそう

54. 彡

形	ケイ・ギョウ／かた・かたち			shape, form

1.　形　　　かたち (st15)
2.　形成　　けいせい (st48)
3.　形式　　けいしき

4.　固形　　こけい
5.　〜形　　〜けい (ex. テ形)
6.　手形　　てがた (st41)
7.　花形　　はながた

参	サン／まい(る)　　come, go, visit a shrine or temple to worship, surrender, refer

1.　参入　　さんにゅう (st11)
2.　参加　　さんか (st12)
3.　参照　　さんしょう
4.　参考　　さんこう
5.　参政　　さんせい
6.　参院　　さんいん
　　(参議院)　(さんぎいん)

7.　参事官　さんじかん

8.　衆参　　しゅうさん
　　(衆議院＋参議院)

彫	チョウ／ほ(る)			carve, engrave

1.　彫刻　　ちょうこく

2.　浮き彫り　うきぼり (st30 表現)

影	エイ／かげ			shadow, reflection, image

1 a.　影響　　えいきょう (st8)
　 b.　悪影響　あくえいきょう
2.　影　　　かげ

3.　撮影　　さつえい

55. 工

| 工 | コウ・ク | | | work (industry, craft, construction), factory or industrial worker |

1.	工場	こうじょう (キソ)	8.	工夫	くふう
2.	工業	こうぎょう (st4)		-------------------------	
3.	工事	こうじ (st27)	9.	商工(業)	しょうこう(ぎょう)
4.	工作	こうさく (業種)		(商業 + 工業)	
5.	工具	こうぐ	10.	加工	かこう (st47)
6.	工芸	こうげい	11.	着工	ちゃっこう
7.	工程	こうてい	12.	施工	しこう (せこう)

| 功 | コウ・ク | | | merits, effect, service |

1 a.	功	こう (ex. 功を奏す)	2.	成功	せいこう (st50)
b.	奏功	そうこう	3.	年功	ねんこう (st39)

| 式 | シキ | | | ceremony, form, model, formula, ~ style or type (suffix) |

1.	株式	かぶしき (st2)	6.	形式	けいしき
2.	方式	ほうしき (st26)	7.	図式	ずしき
3.	正式	せいしき (st32)	8.	様式	ようしき
4.	～式	～しき (ex. 入社式)	9.	略式	りゃくしき
5.	公式	こうしき			

| 攻 | コウ ／ せ(める) | | | attack |

1.	攻勢	こうせい (st48)	3.	攻略	こうりゃく
2.	攻防	こうぼう			

差	サ／さ(す)			difference, remainder (math), thrust, insert

1.	差	さ (st15)	9.	差し迫まる　さしせまる
2.	差益	さえき (st15 ＋ st34)	10.	差し延べる さしのべる
3.	差損	さそん (st15)	-----------------------	
4.	差別	さべつ	11. 格差	かくさ (st34)
5.	差額	さがく	12. 時差	じさ
6.	差し止め さしとめ (st45)		13. 大差	たいさ
7.	差し引く さしひく (st38)		14. 物差し	ものさし
8.	差し当たり さしあたり			

56. 寸

対	タイ・ツイ			pair, against, versus

1.	対象	たいしょう (st14)	10. 対比	たいひ
2.	対応	たいおう (st10)	11. 対する	たいする(st14)
3.	対策	たいさく (st15)	13. 対〜	たい〜 (st7) (ex. 対日)
4.	対立	たいりつ (st38)	12. 〜対〜	〜たい〜 (ex. A 対 B)
5.	対抗	たいこう (st50)	-----------------------	
6.	対外	たいがい	14. 反対	はんたい (st33)
7.	対処	たいしょ	15. 相対	そうたい
8.	対面	たいめん	16. 絶対	ぜったい
9.	対価	たいか		

専	セン／もっぱ(ら)			sole, exclusive

1.	専門	せんもん (st22)	4. 専売	せんばい
2.	専務	せんむ	5. 専修	せんしゅう
3.	専用	せんよう	6. 専任	せんにん

将	ショウ		commander, command, be about to, from now on

1.	将来	しょうらい (st13)

導	ドウ／みちび(く)				guide, lead

1. 導入　　どうにゅう (st9)
2. 導き出す　みちびきだす
----
3. 半導体　　はんどうたい (業種)

4. 主導　しゅどう (st30)
5. 指導　しどう (st32)
6. 誘導　ゆうどう (st47)

57. 戈

成	セイ・ジョウ／な(る)・な(す)	accomplish, grow up, perform, become

1. 成長　　せいちょう (st6)
2. 成立　　せいりつ (st32)
3. 成果　　せいか (st36)
4. 成功　　せいこう (st50)
5. 成約　　せいやく
6. 成績　　せいせき
7. 成否　　せいひ
8. 成熟　　せいじゅく
9. 成案　　せいあん
10. 成り立つ　なりたつ
11. 成り行き　なりゆき
----
12. 編成　　へんせい (st29)
13. 完成　　かんせい (st38)

14. 達成　たっせい (st39)
15. 構成　こうせい (st45)
16. 形成　けいせい (st48)
17. 作成　さくせい (st48)
18. 育成　いくせい (st49)
19. 助成　じょせい
20. 合成　ごうせい
21. 賛成　さんせい
22. 結成　けっせい
23. 養成　ようせい
24. 落成　らくせい
25. 化成　かせい
26. 平成　へいせい

戒	カイ／いまし(める)	lesson, instruction, admonish, warn, be cautious

1. 警戒　けいかい (st38)
2. 厳戒　げんかい

3. 自戒　じかい

戦　セン ／ たたか(う)・いくさ　　　　　　　　　　　　fight, war

1.	戦略	せんりゃく (st26)	11.	挑戦	ちょうせん
2.	戦争	せんそう (st44)	12.	合戦	かっせん
3.	戦後	せんご (st26)	13.	苦戦	くせん
4.	戦前	せんぜん	14.	商戦	しょうせん
5.	戦線	せんせん	15.	即戦	そくせん
6.	戦時	せんじ	16.	冷戦	れいせん
7.	戦力	せんりょく	17.	作戦	さくせん
8.	戦術	せんじゅつ	18.	決戦	けっせん
9.	戦戦恐恐	せんせんきょうきょう			
10.	戦う	たたかう			

----

58. 攵

改　カイ ／ あらた(まる)・あらた(める)　　　be reformed, revise, change, reform

1.	改革	かいかく (st7)	4.	改訂	かいてい
2.	改正	かいせい (st11)	5.	改定	かいてい
3.	改善	かいぜん (st24)	6.	改める	あらためる (st20)

政　セイ・ショウ ／ まつりごと　　　　　　　　government, politics

1.	政府	せいふ (st3)	8.	政官	せいかん
2.	政策	せいさく (st2)		(政治／政治家＋官庁／官僚)	
3.	政治	せいじ (st27)		---------------------	
4.	政権	せいけん (st27)	9.	財政	ざいせい (st27)
5 a.	政令	せいれい (st27)	10.	行政	ぎょうせい (st27)
b.	政省令	せいしょうれい	11.	郵政(省)	ゆうせい(しょう) (st23)
	(政令 ＋ 省令)		12.	国政	こくせい
6.	政局	せいきょく	13.	農政	のうせい
7.	政界	せいかい			

致　チ ／ いた(す)　　　　　　　　　　　　　　do, bring about

1.	一致	いっち (st42)	3.	誘致	ゆうち
2.	合致	がっち			

教	キョウ／おし(える)・おそ(わる)					teach

1.	教育	きょういく (st44)	3.	教訓	きょうくん
2.	教授	きょうじゅ	4.	教書	きょうしょ

敗	ハイ／やぶ(れる)					be defeated

1.	敗訴	はいそ (st46)	4.	失敗	しっぱい (st50)
2.	敗退	はいたい	5.	大敗	たいはい
3.	敗れる	やぶれる			

救	キュウ／すく(う)			rescue, help

1.	救済	きゅうさい (st47)	2.	救う	すくう

数	スウ・ス／かず・かぞ(える)			number, count

1.	数	かず (キソ)	10.	～数	～すう (st8) (ex. 予約者数)
2.	数える	かぞえる	11.	指数	しすう (st26)
3.	数～	すう～ (st7) (ex. 数ヵ月)	12.	株数	かぶすう (st9＋st8)
4.	数台	すうだい	13.	台数	だいすう (st8)
5.	数字	すうじ	14.	多数	たすう
6.	数値	すうち	15.	手数(料)	てすう(りょう) (st44)
7.	数量	すうりょう	16.	半数	はんすう
8.	数年	すうねん	17.	複数	ふくすう
9.	数力所	すうかしょ	18.	件数	けんすう

整	セイ／ととの(う)・ととの(える)			be ready, put in order, get ready

1.	整備	せいび (st10)	4.	整う	ととのう (自他まとめ 3)
2.	整理	せいり		------------------------	
3.	整える	ととのえる (st37)	5.	調整	ちょうせい (st8)

59. 欠

| 欠 | ケツ／か(ける)・か(く) | | absence, lack, be broken off |

1. 欠ける　かける
2. 欠く　　かく
3. 欠かせない かかせない (st47 表現)
4. 欠如　　けつじょ
----
5. 不可欠　ふかけつ (st22 表現)

| 欧 | オウ | | Europe, sing |

1. 欧州　おうしゅう (st2)
2. 欧米　おうべい (st2)
3. 欧　　おう (st2)
----
4. 東欧　とうおう (st2)
5. 日欧　にちおう
6. 北欧　ほくおう
7. 西欧　せいおう

| 欲 | ヨク／ほっ(する)・ほ(しい) | | desire, want |

1. 欲しい　ほしい
----
2. 意欲　いよく (st29)
3. どん欲　どんよく

| 款 | カン | | article in a legal document, intimacy, artist's seal |

1. 借款　しゃっかん (st27)
2. 定款　ていかん
3. 約款　やっかん

60. 斤

| 所 | ショ／ところ | | place |

1. 所得　しょとく (st16)
2. 所有　しょゆう (st32)
3. 所長　しょちょう
4. 所属　しょぞく
----
5. 場所　ばしょ (キソ)
6. 短所　たんしょ
7. 長所　ちょうしょ
8. 役所　やくしょ
9. 地所　じしょ
10. 住所　じゅうしょ (キソ)
11. 製作所　せいさくしょ／じょ(st23)
12. ～所　　～しょ (st3)
　　(ex. 給油所　きゅうゆしょ／じょ)
　　(ex. 製油所　　せいゆしょ／じょ)
13. ～カ所　～かしょ (st25)
　　(数カ所)　(すうかしょ)

302

断	ダン／ことわ(る)・た(つ)					decline, refuse, give up

1.	断念	だんねん		5.	判断	はんだん (st10)
2.	断言	だんげん		6.	横断	おうだん
3.	断る	ことわる		7.	無断	むだん
4.	断つ	たつ		8.	決断	けつだん

新	シン／あたら(しい)					new

1.	新聞	しんぶん (始める前に)	10.	新しい	あたらしい (キソ)
2.	新規	しんき (st24)	11.	新たな	あらたな (st11)
3.	新〜	しん〜 (st7) (ex. 新制度)	-----------------------		
4.	新型	しんがた (st7 ＋ st8)	12.	更新	こうしん (st30)
5.	新株	しんかぶ (st7 ＋ st9)	13.	革新	かくしん
6 a.	新設	しんせつ	14.	最新	さいしん
b.	新増設	しんぞうせつ	15.	改新	かいしん
	(新設 ＋ 増設)		16.	刷新	さっしん
7.	新鋭	しんえい	17.	ざん新	ざんしん
8.	新入	しんにゅう	18.	目新しい	めあたらしい
9.	新卒	しんそつ			

61. 予

予	ヨ					hesitate, previous, in advance

1.	予定	よてい (キソ)		6.	予備	よび
2.	予算	よさん (st16)		7.	予防	よぼう
3.	予想	よそう (st11)		-----------------------		
4.	予約	よやく (st50)		8.	猶予	ゆうよ (st50)
5.	予期	よき				

野	ヤ／の					field, rough, wild, bold

1.	野党	やとう		4.	分野	ぶんや (st13)
2.	野菜	やさい		5.	視野	しや
3.	野球	やきゅう				

----

62. 犬

状	ジョウ					state (of things), condition, letter

1.	状況	じょうきょう (st16)	4.	異状	いじょう	
2.	状態	じょうたい (st16)	5.	環状	かんじょう	
----------------------			6.	〜状	〜じょう (ex. 公開状)	
3.	現状	げんじょう (st43)				

献	ケン・コン		dedicate, offer, present

1.	貢献	こうけん (st48)

63. 生

生	セイ・ショウ／	birth, life, live,
	い(きる)・い(かす)・う(まれる)・う(む)・は(える)・は(やす)・なま・お(う)・き	be born

1.	生産	せいさん (st5)	16.	更生	こうせい (st45)	
2.	生命	せいめい (st33)	17.	再生	さいせい	
3.	生保	せいほ (st33)	18.	厚生	こうせい	
	(生命保険)	(せいめいほけん)	19.	出生	しゅっせい(しゅっしょう)	
4.	生活	せいかつ (st37)	20.	発生	はっせい	
5.	生損保	せいそんぽ	21.	共生	きょうせい	
	(生保 + 損保)		22.	民生	みんせい	
6.	生涯	しょうがい	23.	派生	はせい	
7.	生じる	しょうじる (st35)	24.	学生	がくせい	
8.	生かす	いかす (st35, 自他まとめ3)	25.	一生	いっしょう	
9.	生きる	いきる (st38, 自他まとめ3)				
10.	生き残る	いきのこる (st38)				
11.	生まれる	うまれる (キソ)				
12.	生む	うむ				
13.	生み出す	うみだす				
14.	生の	なまの				
15.	生糸	きいと				

産	サン ／ う(まれる)・う(む)・うぶ				produce, give a birth

1.	産業	さんぎょう (st2)	12.	共産	きょうさん
2.	産地	さんち (st25)	13.	物産	ぶっさん
3.	産品	さんぴん	14.	水産	すいさん
4.	産物	さんぶつ	15.	農産	のうさん
5.	産む	うむ	16.	畜産	ちくさん
--------------------			17.	年産	ねんさん
6.	生産	せいさん (st5)	18.	月産	げっさん
7.	通産	つうさん (st3)	19.	量産	りょうさん
8.	資産	しさん (st16)	20.	国産	こくさん
9.	財産	ざいさん (st32)	21.	破産	はさん
10.	倒産	とうさん (st45)	22.	遺産	いさん
11.	増産	ぞうさん			

64. 田

界	カイ				world, border, boundary

1.	業界	ぎょうかい (st3)	6.	学界	がっかい
2.	世界	せかい (キソ)	7.	官界	かんかい
3.	限界	げんかい (st30)	8.	境界	きょうかい
4.	財界	ざいかい	9.	～界	～かい (st34) (ex. 政財界)
5.	政界	せいかい			

略	リャク				abbreviation, omit

1.	略式	りゃくしき	4.	戦略	せんりゃく (st26)
2.	略語	りゃくご	5.	攻略	こうりゃく
3.	略す	りゃくす	6.	侵略	しんりゃく
--------------------			7.	省略	しょうりゃく

異	イ／ こと(なる)・こと				different

1.	異例	いれい	5.	異～	い～ (ex. 異業種)
2.	異議	いぎ	6.	異なる	ことなる (st35)
3.	異常	いじょう	7.	異にする	ことにする
4.	異動	いどう (st39)			

番	バン				number, guard, (one's) turn

1.	番組	ばんぐみ		6 a.	一番	いちばん
2.	番号	ばんごう		b.	一番手	いちばんて
3.	番付け	ばんづけ		7.	本番	ほんばん
-----------------------				8.	出番	でばん
4.	～番	～ばん (キソ) (ex. 3 番, 早番)	9.	当番	とうばん
5.	～番目	～ばんめ (3 番目)			

65. 目

目	モク／め				eye, also used as an ordinal suffix

1.	目標	もくひょう (st16)	9.	品目	ひんもく (st28)
2.	目的	もくてき (st35)	10.	注目	ちゅうもく (st30)
3.	目次	もくじ	11.	項目	こうもく (st45)
4.	目立つ	めだつ (st17)	12.	名目	めいもく
5.	目指す	めざす (st17)	13.	裏目	うらめ
6.	目減り	めべり	14.	～目	～め (キソ) (ex. 三つ目)
7.	目安	めやす	15.	～番目	～ばんめ (ex. 三番目)
8.	目玉	めだま (ex. 目玉商品)			

自	ジ・シ／みずか(ら)				self, in person, naturally

1.	自ら	みずから	11.	自立	じりつ
2.	自動車	じどうしゃ (st2)	12.	自粛	じしゅく
3.	自由	じゆう (st11)	13.	自動	じどう
4.	自己	じこ (st22)	14.	自民党	じみんとう
5.	自治体	じちたい (st23)	15.	自衛隊	じえいたい
6.	自社	じしゃ	16.	自治省	じちしょう
7.	自主(的)	じしゅ(てき) (st20)	17.	自宅	じたく
8.	自分	じぶん (キソ)	18.	自然	しぜん (キソ)
9.	自身	じしん	-----------------------		
10.	自助	じじょ	19.	独自	どくじ (st32)

| 直 | チョク・ジキ ／ なお(る)・なお(す)・ただ(ちに) | mend, correct, cure, at once |

1.	直接	ちょくせつ (st31)	8.	見直す	みなおす (st19)
2.	直面	ちょくめん	9.	持ち直す	もちなおす
3.	直結	ちょっけつ	10.	立て直す	たてなおす
4.	直行	ちょっこう	11.	問い直す	といなおす
5.	直後	ちょくご	12.	練り直す	ねりなおす
6.	直近	ちょっきん	13.	立ち直る	たちなおる
7.	直物	じきもの	14.	硬直	こうちょく

| 具 | グ | tool, utensil, ingredients |

1.	具体 (的)	ぐたい (てき) (st20)	4.	寝具	しんぐ
2.	具合	ぐあい	5.	家具	かぐ
			6.	道具	どうぐ

| 3. | 工具 | こうぐ |

| 省 | ショウ・セイ ／ はぶ(く)・かえり(みる) | look back, omit, cut down, reflect (oneself), used as a suffix for national government departments |

1.	省く	はぶく	6.	～省	～しょう (st3) (ex. 大蔵省)
2.	省庁	しょうちょう (st3)	7.	政省令	せいしょうれい
3.	省エネ	しょうえね			(政令 + 省令)
4.	省略	しょうりゃく	8.	反省	はんせい
5.	省力	しょうりょく			

| 首 | シュ ／ くび | neck |

1.	首脳	しゅのう (st4)	5.	首席	しゅせき
2.	首相	しゅしょう (st4)	-----------------------
3.	首都	しゅと (st2)	6.	元首	げんしゅ
4.	首位	しゅい			

| 県 | ケン | prefecture |

| 1. | 県庁 | けんちょう | 2. | ～県 | ～けん (st2) (ex. 山口県) |
| ----------------------- | | | 3. | 都道府県 | とどうふけん |

着	チャク ／ き(る)・き(せる)・つ(く)・つ(ける)			wear, reach, arrive

1.	着工	ちゃっこう	6.	着々	ちゃくちゃく
2.	着手	ちゃくしゅ	----------------------		
3.	着実	ちゃくじつ	7.	決着	けっちゃく (st38)
4.	着信	ちゃくしん	8.	定着	ていちゃく
5 a.	着陸	ちゃくりく	9.	癒着	ゆちゃく
b.	離着陸	りちゃくりく	10.	落ち着く	おちつく (st38)
	(離陸 ＋ 着陸)				

66. 見

見	ケン ／ み(る)・み(える)・み(せる)			see, look

1.	見通し	みとおし (st16)	9.	見合わせる	みあわせる
2.	見直す	みなおす (st19)	10.	見解	けんかい (st44)
3.	見込む	みこむ (st18)	11.	見識	けんしき
4.	見方	みかた (st16)	12.	見る	みる (キソ)
5.	見送る	みおくる (st19)	----------------------		
6.	見合う	みあう	13.	意見	いけん (キソ)
7.	見極める	みきわめる (st38)	14.	会見	かいけん (st24)
8.	見返り	みかえり	15.	発見	はっけん

規	キ			compass, standard, rule

1.	規制	きせい (st6)	5.	規則	きそく
2.	規模	きぼ (st13)	----------------------		
3.	規定	きてい (st12)	6.	新規	しんき (st24)
4.	規格	きかく	7.	法規	ほうき

観	カン			view, look at carefully, show

1.	観測	かんそく (st41)	6.	楽観	らっかん
2.	観光	かんこう	7.	悲観	ひかん
3.	観点	かんてん	8.	短観	たんかん
----------------------				(短期観測) (たんきかんそく)	
4.	客観	きゃっかん	9.	静観	せいかん
5.	主観	しゅかん	10.	先入観	せんにゅうかん

67. 隹

集	シュウ／あつ(まる)・あつ(める)・つど(う)		collect, gather together

1.	集中	しゅうちゅう (st32)		9.	集める	あつめる (自他まとめ 3)
2.	集約	しゅうやく (st42)			-----------------------	
3.	集計	しゅうけい		10.	募集	ぼしゅう
4.	集権	しゅうけん		11.	編集	へんしゅう
5.	集団	しゅうだん		12.	収集	しゅうしゅう
6.	集荷	しゅうか		13.	結集	けっしゅう
7.	集客	しゅうきゃく		14.	特集	とくしゅう
8.	集まる	あつまる (st35)				

雇	コ／やと(う)		hire, employ

1.	雇用	こよう (st8)		3.	解雇	かいこ (st39)
2.	雇う	やとう				

雑	ザツ・ゾウ		rough, mixed, miscellaneous

1.	雑貨	ざっか (st42)		3.	複雑	ふくざつ
2.	雑誌	ざっし		4.	混雑	こんざつ

難	ナン／むずか(しい)・かた(い)		difficult

1.	難しい	むずかしい (st20)		7.	難民	なんみん
2.	難航	なんこう (st50)			-----------------------	
3.	難色	なんしょく		8.	困難	こんなん (st20)
4.	難題	なんだい		9.	～難	～なん (st34) (ex. 資金難)
5.	難問	なんもん		10.	非難	ひなん
6.	難点	なんてん		11.	避難	ひなん

68. 頁

順　ジュン　order, turn

1 a. 順　　じゅん
　 b. 順番　　じゅんばん
2.　順序　　じゅんじょ
3.　順調　　じゅんちょう (st20)

4.　順位　　じゅんい
5.　順守　　じゅんしゅ
6.　順次　　じゅんじ

項　コウ　clause, paragraph, item

1.　項目　　こうもく (st45)

2.　事項　　じこう

預　ヨ／あず(かる)・あず(ける)　keep, take charge of, deposit, put into the charge of

1.　預金　　よきん (st33)
2.　預貯金　　よちょきん
　 (預金 + 貯金)

3.　預入　　あずけいれ (よにゅう)
4.　預託　　よたく

頭　トウ・ズ・ト／あたま・かしら　head, top, brain

1.　頭　　あたま
2.　頭打ち　　あたまうち
3.　頭取　　とうどり (st21)

4.　店頭　　てんとう (st30)
5.　台頭　　たいとう

6.　筆頭　　ひっとう
7.　口頭　　こうとう
8.　出頭　　しゅっとう
9.　初頭　　しょとう
10.　先頭　　せんとう

額　ガク／ひたい　frame, amount (of money), forehead

1.　額面　　がくめん

2.　〜額　　〜がく (st8) (ex. 輸出額)
3.　総額　　そうがく (st24)
4.　金額　　きんがく
5.　巨額　　きょがく (st45)
6.　減額　　げんがく

7.　多額　　たがく
8.　全額　　ぜんがく
9.　増額　　ぞうがく
10.　半額　　はんがく
11.　高額　　こうがく
12.　定額　　ていがく
13.　差額　　さがく

| 題 | ダイ | | subject, topic, theme, title (of a book, a story, etc.) |

1.	題する	だいする	4.	課題	かだい (st27)
2.	題名	だいめい	5.	議題	ぎだい
----------------------			6.	話題	わだい
3.	問題	もんだい (st1)	7.	難題	なんだい

| 類 | ルイ | | kind (n.), variety |

1.	類似	るいじ	5.	〜類	〜るい (ex. パン類)
2.	類型	るいけい	6.	分類	ぶんるい
3.	類推	るいすい	7.	酒類	さけるい (しゅるい)
----------------------			8.	書類	しょるい
4.	種類	しゅるい (st34)	9.	人類	じんるい

| 願 | ガン／ねが(う) | | wish, petition, request, ask |

| 1. | 願う | ねがう | 2. | 出願 | しゅつがん (st45) |
| ---------------------- | | | 3. | 念願 | ねんがん |

| 顧 | コ／かえり(みる) | | look back, reflect upon oneself |

1.	顧問	こもん (st4)	3.	回顧	かいこ
2.	顧客	こきゃく (st21)
----------------------		

69. 音

| 音 | オン・イン／おと・ね | | sound |

1.	音楽	おんがく	6.	本音	ほんね (st37 表現)
2.	音響	おんきょう	7.	録音	ろくおん
3.	音声	おんせい	8.	騒音	そうおん
4.	音頭(取り)	おんど(とり)
5.	音読み	おんよみ

| 響 | キョウ／ひび(く) | | | echo, sound, vibrate |

1.	響く	ひびく (st18)

| 2 a. | 影響 | えいきょう (st8) |
| b. | 悪影響 | あくえいきょう |

3.	反響	はんきょう
4.	音響	おんきょう

70. 入

| 今 | コン・キン／いま | | | now, present |

1.	今〜	こん〜 (st1) (ex. 今年度)
2.	今回	こんかい (st1 + st8)
3.	今期	こんき (st1)
4.	今後	こんご (st12)
5.	今月	こんげつ (st1, キソ)
6.	今春	こんしゅん
7.	今秋	こんしゅう
8.	今週	こんしゅう (st1, キソ)
9.	今年	ことし (キソ)
10.	今日	きょう (キソ)

| 介 | カイ | | | be in between, aid |

1.	介入	かいにゅう (st22)

2.	紹介	しょうかい
3.	仲介	ちゅうかい

| 令 | レイ | | | proclamation, law, order |

1.	政令	せいれい (st27)
2.	命令	めいれい

| 会 | カイ・エ／あ(う) | | | meeting, meet |

1 a.	会社	かいしゃ (キソ)
b.	子会社	こがいしゃ (st23)
2.	会議	かいぎ (キソ)
3.	会長	かいちょう (st4)
4.	会見	かいけん (st24)
5.	会計	かいけい (st26)
6.	会談	かいだん (st27)
7.	会合	かいごう (st29)
8.	会う	あう (キソ)
9.	〜会	〜かい (st3) (ex. 発表会)
10.	協会	きょうかい (st3)
11.	社会	しゃかい (st13)
12.	国会	こっかい (st23)
13.	議会	ぎかい (st23)
14.	総会	そうかい (st26)
15.	機会	きかい (st46)
16.	部会	ぶかい
17.	立会	たちあい

合　ゴウ・ガッ・カッ ／ あ(う)・あ(わす)・あ(わせる)　fit, be together

1.	合う	あう (キソ, 自他まとめ 1)	12.	会合	かいごう (st29)	
2.	合わせる	あわせる (自他まとめ 1)	13.	談合	だんごう (st45)	
3.	合意	ごうい (st7)	14.	話し合う	はなしあう (st19)	
4.	合理(的)	ごうり(てき) (st20)	15.	競い合う	きそいあう (st19)	
5.	合計	ごうけい (st22)	16.	申し合わせる	もうしあわせる (st19)	
6.	合弁	ごうべん (st23)	17.	組み合わせる	くみあわせる (st19)	
7.	合併	がっぺい (st24)	18 a.	歩合	ぶあい	

----

			b.	公定歩合	こうていぶあい (st27)
8.	統合	とうごう (st12)	19.	割合	わりあい (st34)
9.	総合	そうごう (st13)	20.	組合	くみあい (st39)
10.	場合	ばあい (st14)	21.	見合う	みあう
11.	連合	れんごう (st23)			

企　キ ／ くわだ(てる)　attempt, plan, intrigue

1.	企業	きぎょう (st1)	2.	企画	きかく (st22)

全　ゼン ／ まった(く)　whole, entirely

1.	全〜	ぜん〜 (st43) (ex. 全人口)	7.	全部	ぜんぶ
2.	全国	ぜんこく (st5)		------------------------	
3.	全体	ぜんたい (st12)	8.	安全	あんぜん (st11)
4.	全面	ぜんめん (st40)	9.	完全	かんぜん
5.	全然	ぜんぜん	10.	健全	けんぜん
6.	全般	ぜんぱん	11.	保全	ほぜん

含　ガン ／ ふく(む)・ふく(める)　contain, include, cherish

1.	含める	ふくめる (st14)	3.	含み〜	ふくみ〜 (ex. 含み益)
2.	含む	ふくむ			

余　ヨ ／ あま(る)・あま(す)　remainder, remain, be beyond (one's power), more (than), above

1.	余剰	よじょう (st49)	3.	〜余り	〜あまり (st28)
2.	余暇	よか			(ex. 1 年余り)

命	メイ・ミョウ／いのち				order, command, life

1.	命令	めいれい	2 a.	生命	せいめい (st33)
	----------------------		b.	生命保険	せいめいほけん (st33)
			3.	寿命	じゅみょう

傘	サン／かさ		umbrella

1.	傘下	さんか (st28 表現)

舗	ホ		store (n.), pave

1.	店舗	てんぽ (st36)	2.	老舗	しにせ

71. ッ

単	タン		single

1.	単位	たんい (st32)	7.	単なる	たんなる
2.	単独	たんどく	8.	単価	たんか
3.	単純	たんじゅん	9.	単〜	たん〜 (ex. 単年度)
4.	単体	たんたい	10.	単身	たんしん
5.	単一	たんいつ		----------------------	
6.	単に	たんに	11.	簡単	かんたん (st47)

営	エイ／いとな(む)		carry on, run business

1.	営業	えいぎょう (st6)	6.	国営	こくえい
2.	営団	えいだん	7.	公営	こうえい
3.	営利	えいり	8.	運営	うんえい (st49)
	----------------------		9.	陣営	じんえい
4.	経営	けいえい (st6)	10.	設営	せつえい
5.	民営	みんえい (st36)			

厳	ゲン・ゴン／きび(しい)・おごそ(か)		severe, strict, austere

1.	厳しい	きびしい (st20)	3.	厳密	げんみつ
2.	厳格	げんかく	4.	厳戒	げんかい

72. 宀

安　アン／やす(い)　　　　　　　　　　　　　　　　　cheap, inexpensive

1.	安い	やすい (キソ)	10.	安寄り	やすより
2.	安全	あんぜん (st11)	------------------------		
3.	安定	あんてい (st12)	11.	～安	～やす (ex. ドル安)
4.	安保	あんぽ	12.	円安	えんやす
	(安全保障)	(あんぜんほしょう)	13.	目安	めやす
5.	安心	あんしん (キソ)	14.	割安	わりやす (st47)
6.	安易	あんい	15.	小安い	こやすい
7.	安価	あんか	16.	不安	ふあん (st11)
8.	安値	やすね	17.	治安	ちあん
9.	安売り	やすうり	18.	保安	ほあん

字　ジ／あざ　　　　　　　　　　　　　　letter, mark, section (of a village)

1.	赤字	あかじ (st4)	3.	数字	すうじ
2.	黒字	くろじ (st4)	4.	文字	もじ

宅　タク　　　　　　　　　　　　　　　　　　　　　　　　　home

1.	宅地	たくち	3.	自宅	じたく
------------------------			4.	在宅	ざいたく
2.	住宅	じゅうたく (業種)			

守　シュ・ス／まも(る)・も(り)　　　　　　　protect, guard, defend, obey

1.	守る	まもる (st37)	3.	保守	ほしゅ
------------------------			4.	見守る	みまもる
2.	順守	じゅんしゅ			

完　カン　　　　　　　　　　　　　　　　　　　　　end, completion

1.	完成	かんせい (st38)	4.	完売	かんばい
2.	完全	かんぜん	------------------------		
3.	完了	かんりょう	5.	補完	ほかん

定	テイ・ジョウ／さだ(まる)・さだ(める)・さだ(か)				fix, decide, establish

1.	定期	ていき (st42)	22.	限定	げんてい (st45)
2.	定着	ていちゃく	23.	特定	とくてい (st46)
3.	定額	ていがく	24.	認定	にんてい
4.	定年	ていねん (st39)	25.	一定	いってい
5.	定昇	ていしょう	26.	査定	さてい
	(定期昇給)	(ていきしょうきゅう)	27.	暫定	ざんてい
6.	定義	ていぎ	28.	想定	そうてい
7.	定員	ていいん	29.	否定	ひてい
8.	定住	ていじゅう	30.	改定	かいてい
9.	定める	さだめる	31.	法定	ほうてい
------------------------			32.	仮定	かてい
10.	予定	よてい (キソ)	33.	内定	ないてい
11.	決定	けってい (st7)	34.	確定	かくてい
12.	協定	きょうてい (st15)	35.	肯定	こうてい
13.	安定	あんてい (st12)	36.	制定	せいてい
14.	規定	きてい (st12)	37.	選定	せんてい
15.	設定	せってい (st25)	38.	算定	さんてい
16.	裁定	さいてい (st50)	39.	測定	そくてい
17.	固定	こてい (st33)	40.	判定	はんてい
18.	公定歩合	こうていぶあい (st27)	41.	未定	みてい
19.	指定	してい (st39)	42.	約定	やくじょう
20.	策定	さくてい (st40)	43.	勘定	かんじょう
21.	推定	すいてい (st40)			

実	ジツ／み・みの(る)				reality, nut, fruit, truth

1.	実施	じっし (st7)	13.	実力	じつりょく
2.	実績	じっせき (st15)	14.	実勢	じっせい
3.	実質	じっしつ (st20)	15.	実体	じったい
4.	実現	じつげん (st23)	16.	実る	みのる
5.	実際	じっさい (st35)	------------------------		
6.	実態	じったい (st44)	17.	現実	げんじつ (st35)
7.	実験	じっけん	18.	事実	じじつ (st36)
8.	実行	じっこう	19.	確実	かくじつ (st20)
9.	実情	じつじょう	20.	充実	じゅうじつ (st48)
10.	実用	じつよう (st43)	21.	着実	ちゃくじつ
11.	実感	じっかん	22.	口実	こうじつ
12.	実効	じっこう	23.	忠実	ちゅうじつ

家　カ・ケ／いえ・や　　　house

1.	家	いえ		8.	家畜	かちく
2.	家電	かでん (業種)			------------------------	
	(家庭電器)	(かていでんき)		9.	～家	～か (st4) (ex. 投資家)
3.	家庭	かてい (業種)		10.	国家	こっか (st42)
4.	家具	かぐ		11.	農家	のうか
5.	家計	かけい		12.	自家	じか
6 a.	家族	かぞく		13.	～家	～け (ex. 田中家)
b.	核家族	かくかぞく		14.	貸家	かしや
7.	家事	かじ				

官　カン　　　government, government position

1.	官僚	かんりょう		7.	～官	～かん (ex. 検査官)
2.	官民	かんみん		8.	長官	ちょうかん (st21)
	(官庁＋民間)			9.	次官	じかん (st21)
3.	官房	かんぼう		10.	警官	けいかん
4.	官邸	かんてい		11.	高官	こうかん
5.	官庁	かんちょう		12.	政官	せいかん
6.	官界	かんかい			(政治／政治家＋官庁／官僚)	

客　キャク・カク　　　guest

1.	客観	きゃっかん		5.	～客	～きゃく (ex. 買物客)
2.	客席	きゃくせき		6.	集客	しゅうきゃく
	-----------------------			7.	接客	せっきゃく
3.	顧客	こきゃく (st21)				
4 a.	旅客	りょかく (りょきゃく)				
b.	旅客機	りょかくき (りょかっき)				

室　シツ／むろ　　　room

1.	室長	しつちょう (st21)		3.	教室	きょうしつ
	-----------------------			4.	寝室	しんしつ
2.	～室	～しつ (ex. 社長室)		5.	空室	くうしつ

宣　セン　　　state

1.	宣伝	せんでん (st42)		3.	宣告	せんこく
2.	宣言	せんげん				

案　アン　　　　　　　　　　　　　　　　　plan, idea, be anxious about

1.	案件	あんけん		8.	試案	しあん
2.	案内	あんない		9.	考案	こうあん
	----------------------			10.	私案	しあん
3.	～案	～あん (st9) (ex. 修正案)		11.	発案	はつあん
4.	提案	ていあん (st22)		12.	成案	せいあん
5.	法案	ほうあん (st27)		13.	草案	そうあん
6.	原案	げんあん (st27)		14.	議案	ぎあん
7.	懸案	けんあん				

害　ガイ　　　　　　　　　　　　　　　　　harm, calamity

1.	侵害	しんがい (st46)		6.	阻害	そがい
2.	障害	しょうがい (st42)		7.	被害	ひがい
3.	損害	そんがい (st33)		8.	弊害	へいがい
4.	利害	りがい		9.	公害	こうがい
5.	災害	さいがい		10.	冷害	れいがい

容　ヨウ　　　　　　　　　　　　　　　　　figure, accept, content

1.	容易	ようい (st40)		5.	内容	ないよう (st22)
2.	容疑	ようぎ		6.	収容	しゅうよう
3.	容量	ようりょう		7.	全容	ぜんよう
4.	容認	ようにん		8.	美容	びよう

密　ミツ　　　　　　　　　　　　　　　　　dense, secret, close, minute

1.	密接	みっせつ		4.	緊密	きんみつ
2.	密度	みつど		5.	厳密	げんみつ
	----------------------			6.	秘密	ひみつ
3.	精密	せいみつ (業種)				

審　シン　　　　　　　　　　　　　　detailed, investigate in detail, clarify

1.	審議	しんぎ (st12)		4.	～審	～しん
2.	審査	しんさ (st39)			(審議会)	(しんぎかい)
3.	審理	しんり		5.	陪審	ばいしん
	----------------------					

73. ⺾

英	エイ			England, excellent

1. 英　　　　えい (st2)　　　　3. 英語　　　えいご (キソ)
2. 英国　　　えいこく (st2)　　4. 英会話　　えいかいわ

荷	カ／に			load, burden

1. 荷物　　　にもつ　　　　　3. 集荷　　　しゅうか
------------------------　　　4. 負荷　　　ふか
2. 出荷　　　しゅっか (st36)

著	チョ／あらわ(す)・いちじる(しい)		write, remarkable, notable

1. 著作(権)　ちょさく(けん) (st45)　4. 顕著　　けんちょ
2. 著者　　　ちょしゃ
3. 著しい　　いちじるしい

落	ラク／お(ちる)・お(とす)		fall, drop, be omitted, be inferior to

1. 落ち込む　おちこむ (st18)　　8. 急落　　きゅうらく (st50)
2. 落ち着く　おちつく (st38)　　9. 続落　　ぞくらく (st50)
3. 落ちる　　おちる (st18)　　　10. 転落　　てんらく
4. 落とす　　おとす (自他まとめ 2)　11. 反落　　はんらく (st50)
5. 落札　　　らくさつ (st32)　　12. 暴落　　ぼうらく
6. 落成　　　らくせい　　　　　13. 騰落　　とうらく
------------------------　　　　　（騰貴＋下落）
7. 下落　　　げらく (st21)　　　14. 墜落　　ついらく

募	ボ／つの(る)			collect, raise (fund, etc.)

1. 募集　　　ぼしゅう　　　　　3. 応募　　　おうぼ
2. 募る　　　つのる　　　　　　4. 公募　　　こうぼ (st50)
------------------------　　　　　5. 私募　　　しぼ

蓄	チク／たくわ(える)			save, store
1.	蓄積　　ちくせき	2.	貯蓄　　ちょちく (st33)	
-----------------------		3.	備蓄　　びちく	

蔵	ゾウ／くら			warehouse, keep inside, store
1.	蔵相　　ぞうしょう (st4)	2.	大蔵　　おおくら (st3)	
---		3.	冷蔵庫　れいぞうこ	

薬	ヤク／くすり			medicine
1.	薬品　　やくひん	5.	新薬　　しんやく	
2.	薬用　　やくよう	6.	製薬　　せいやく	
3.	薬価　　やっか	7.	農薬　　のうやく	
-----------------------		8.	〜薬　　〜ぐすり (ex. かぜ薬)	
4.	医薬(品)　いやく(ひん) (業種)			

74.　士

士	シ			mister, samurai
1.	士気　　しき	3.	紳士　　しんし	
-----------------------		4.	同士　　どうし	
2.	弁護士　べんごし (st21)			

売	バイ／う(る)・う(れる)			sell
1.	売る　　　うる (キソ, 自他まとめ1)	11.	卸売(り)　おろしうり (st36)	
2.	売上(げ)　うりあげ (st3)	12.	安売(り)　やすうり (st36)	
3.	売り出す　うりだす (st18)	13.	円売(り)　えんうり	
4.	売り込む　うりこむ (st18)	14.	投げ売(り)　なげうり	
5.	売れる　　うれる (自他まとめ1)	15.	販売　　はんばい (st6)	
6.	売れ行き　うれゆき	16.	発売　　はつばい (st22)	
7.	売却　　　ばいきゃく (st11)	17.	廉売　　れんばい	
8.	売買　　　ばいばい (st21)	18.	完売　　かんばい	
-----------------------		19.	競売　　きょうばい (けいばい)	
9.	小売(り)　こうり (st13)	20.	専売　　せんばい	
10.	小売業　こうりぎょう (st13 + st9)			

声	セイ・ショウ／こえ・こわ			voice

1. 声　　　こえ (st15)
2. 声明　　せいめい (st28)
3. 音声　　おんせい

----

75. 山

崩	ホウ／くず(れる)・くず(す)	crumble, collapse

1. 崩れる　　くずれる (st37)
2. 崩す　　　くずす (自他まとめ 3)
3. 崩壊　　　ほうかい
4. 取り崩す　とりくずす
5. 値崩れ　　ねくずれ

----

76. 耂

考	コウ／かんが(える)	thought, idea, opinion, think

1. 考える　　かんがえる (キソ)
2. 考え方　　かんがえかた
3. 考慮　　　こうりょ
4. 考案　　　こうあん
5. 参考　　　さんこう
6. 再考　　　さいこう

者	シャ／もの	person

1. ～者　　　～しゃ (st4) (ex. 労働者)
2. 業者　　　ぎょうしゃ (st26)
3. 記者　　　きしゃ (始める前に)
4. 第三者　　だいさんしゃ
5. 両者　　　りょうしゃ
6. 学者　　　がくしゃ
7. 役者　　　やくしゃ
8. 識者　　　しきしゃ
9. 死者　　　ししゃ
10. 若者　　　わかもの

77.　止

止	シ ／ と(まる)・と(める)			stop

1.	止める	とめる(キソ, 自他まとめ3)	8.	休止	きゅうし
2.	止まる	とまる(キソ, 自他まとめ3)	9.	抑止	よくし
3.	止める	やめる	10.	中止	ちゅうし
----------------------			11.	阻止	そし
4.	廃止	はいし (st21)	12.	受け止める	うけとめる (st38)
5.	停止	ていし (st24)	13.	歯止め	はどめ (st48)
6.	禁止	きんし (st39)	14.	差し止め	さしとめ (st45)
7.	防止	ぼうし (st40)	15.	食い止める	くいとめる

歩	ホ・ブ・フ／ある(く)・あゆ(む)			walk, step

1 a.	公定歩合	こうていぶあい (st27)	5.	譲歩	じょうほ
b.	歩合	ぶあい	6.	一歩	いっぽ
2.	歩調	ほちょう	7.	独歩高	どっぽだか
3.	歩み寄る	あゆみよる			
4.	歩む	あゆむ			

歳	サイ・セイ		~ years old, unit for counting ages

1.	歳出	さいしゅつ (st27)	4.	歳暮	せいぼ
2.	歳入	さいにゅう (st27)	----------------------		
3.	歳末	さいまつ	5.	～歳	～さい (st28) (ex. 18歳)

78.　穴

究	キュウ ／ きわ(める)		study, research

1.	究明	きゅうめい	

2.	研究	けんきゅう (st10)	

突　トツ／つ(く)　pierce, thrust, strike, sudden

1 a.	突破	とっぱ (st29)	5.	突き上げる つきあげる
b.	突破口	とっぱこう	6.	突き動かす つきうごかす
2.	突出	とっしゅつ		-----------------------
3.	突入	とつにゅう	7.	衝突　しょうとつ
4.	突然	とつぜん		

空　クウ／そら・あ(く)・あ(ける)・から　sky, empty

1.	空	そら	7.	空転	くうてん
2.	空港	くうこう (st29)	8.	空室	くうしつ
3.	空気	くうき		-----------------------	
4.	空調	くうちょう	9.	航空	こうくう (業種)
5.	空間	くうかん	10.	架空	かくう
6.	空洞(化)	くうどう(か)			

窓　ソウ／まど　window

1.	窓口	まどぐち (st42 表現)	2.	窓際	まどぎわ

79. 穴

発　ハツ・ホツ　expose, happen, release, leave (start), grow

1.	発表	はっぴょう (st5)	15.	発動	はつどう
2.	発行	はっこう (st9)	16.	発見	はっけん
3.	発展	はってん (st22)	17.	発足	ほっそく (はっそく) (st48)
4.	発売	はつばい (st22)	18.	発端	ほったん
5.	発注	はっちゅう (st41)		-----------------------	
6 a.	発電	はつでん (st43)	19.	開発	かいはつ (st5)
b.	発電所	はつでんしょ	20.	活発	かっぱつ (st20)
7.	発言	はつげん (st50)	21.	後発	こうはつ (st37)
8.	発明	はつめい	22.	原発	げんぱつ (st43)
9.	発揮	はっき	23.	反発	はんぱつ (st50)
10.	発達	はったつ	24.	出発	しゅっぱつ
11.	発色	はっしょく	25.	爆発	ばくはつ
12.	発生	はっせい	26.	告発	こくはつ
13.	発想	はっそう	27.	誘発	ゆうはつ
14.	発効	はっこう	28.	自発	じはつ

登	ト・トウ／のぼ(る)				climb

1.	登録	とうろく (st38)	3.	登用	とうよう
2.	登場	とうじょう	4.	登山	とざん

80. ⼍

置	チ／お(く)				put, place

1.	置く	おく (st35)	5.	設置	せっち (st33)
2.	置き換える	おきかえる	6.	位置	いち
----------------------			7.	放置	ほうち
3.	措置	そち (st24)	8.	配置	はいち
4.	装置	そうち (st43)	9.	据え置く	すえおく (st38)

罰	バツ・バチ				penalty, punishment

1.	罰金	ばっきん (st46)	3.	刑罰	けいばつ
2.	罰する	ばっする	4.	処罰	しょばつ

----

81. 竹

第	ダイ				grade, prefix for ordinal numbers

1.	第～	だい～ (st7) (ex. 第三)	7.	第～週	だい～しゅう (ex. 第四週)
2.	第～部	だい～ぶ (st7＋st3) (ex第二部)	8.	～第一	～だいいち (ex. 安全第一)
3.	第～回	だい～かい(st7+st8)(ex.第三回)		----------------------	
4.	第～弾	だい～だん (ex. 第二弾)	9.	～次第	～しだい(st37 表現)
5.	第～次	だい～じ (ex. 第二次)			(ex. 条件次第)
6.	第～位	だい～い (st7＋st28)	10.	次第に	しだいに
		(ex. 第六位)			

策	サク				plan, policy, scheme, measure

1.	策定	さくてい (st40)	4.	対策	たいさく (st15)
	----------------------		5.	方策	ほうさく
2.	政策	せいさく (st2)	6.	施策	しさく
3.	～策	～さく (st9) (ex. 具体策)			

答　トウ ／ こた(える)・こた(え)　　　　　　　　　　　　　answer

1.	答申	とうしん (st24)		4.	回答	かいとう (st30)
2.	答弁	とうべん				
3.	答える	こたえる				

筋　キン ／ すじ　　　　　　　　　　plot (of a story), source, logic, lineage

1.	筋肉	きんにく		2.	〜筋	〜すじ (st34) (ex. 金融筋)
				3.	道筋	みちすじ

等　トウ ／ ひと(しい)　　　　　　　　　　　　　　　　　class, equal

1.	等しい	ひとしい		3.	均等	きんとう
				4.	平等	びょうどう
2.	〜等	〜とう (st 37 表現)		5.	同等	どうとう
		(ex. 卸・小売等)				

節　セツ・セチ ／ ふし　　　paragraph, season, time, joint, knot, clause (grammar)

1.	節減	せつげん		4.	季節	きせつ (st49)
2.	節約	せつやく		5.	調節	ちょうせつ
3.	節度	せつど		6.	使節	しせつ

算　サン　　　　　　　　　　　　　　　　　　　　　　count, manage

1.	算出	さんしゅつ		7.	公算	こうさん (st45)
2.	算入	さんにゅう		8.	計算	けいさん (st48)
3.	算定	さんてい		9.	採算	さいさん (st45)
				10.	清算	せいさん (st50)
4.	決算	けっさん (st14)		11.	試算	しさん (st49)
5.	予算	よさん (st16)		12.	換算	かんさん (st38)
6.	概算	がいさん (st27)				

管　カン／くだ　　　　　　　　　　　　　　tube, pipe, administer

1.	管理	かんり (st8)		5.	食管	しょっかん
2.	管轄	かんかつ			(食糧管理)	(しょくりょうかんり)
----------------------				6.	主管	しゅかん
3.	鋼管	こうかん		7.	所管	しょかん
4.	移管	いかん				

範　ハン　　　　　　　　　　　　　　　　example, model

1.	範囲	はんい (st34)		3.	模範	もはん
2.	範疇	はんちゅう				

築　チク／きず(く)　　　　　　　　　　　　　build

1.	築く	きずく		2.	構築	こうちく (st30)
----------------------				3.	建築	けんちく

簡　カン　　　　　　　　　　simplicity, brevity, letter, select

1.	簡単	かんたん (st47)		4.	簡保	かんぽ
2.	簡素	かんそ			(簡易保険)	(かんいほけん)
3.	簡易	かんい				

82. 雨

電　デン　　　　　　　　　　　　　　　electricity

1.	電力	でんりょく (業種)		10.	電波	でんぱ
2.	電気	でんき (キソ)		11.	電算機	でんさんき
3.	電機	でんき		----------------------		
4.	電器	でんき		12.	家電	かでん (業種)
5.	電話	でんわ (キソ)		13.	電電	でんでん
6.	電信	でんしん		14 a.	発電	はつでん (st43)
7.	電子	でんし (業種)		b.	発電所	はつでんしょ
8.	電源	でんげん (st43)		15.	送電	そうでん
9.	電池	でんち		16.	停電	ていでん

需	ジュ		demand, request

1.	需要	じゅよう (st3)
2.	需給	じゅきゅう (st28)

3.	内需	ないじゅ (st27)

4.	外需	がいじゅ
5.	民需	みんじゅ
6.	軍需	ぐんじゅ

83. 厂

圧	アツ	pressure

1.	圧縮	あっしゅく (st41)
2.	圧力	あつりょく (st43)
3.	圧迫	あっぱく (st49)
4.	圧倒	あっとう
5.	圧勝	あっしょう

6.	外圧	がいあつ
7.	弾圧	だんあつ
8.	血圧	けつあつ

原	ゲン／はら	original, field, meadow

1.	原案	げんあん (st27)
2.	原則	げんそく (st37)
3.	原因	げんいん (st43)
4.	原油	げんゆ (st43)
5.	原料	げんりょう (st43)
6.	原子力	げんしりょく (st43)
7.	原発	げんぱつ (st43)
8.	原因	げんいん (st43)

9.	原価	げんか
10.	原理	げんり
11.	原資	げんし
12.	原材料	げんざいりょう
	(原料 ＋ 材料)	
13.	原動力	げんどうりょく
14.	原点	げんてん

84. 广

広	コウ／	spread, be spread,
	ひろ(い)・ひろ(まる)・ひろ(める)・ひろ(がる)・ひろ(げる)	wide

1.	広がる	ひろがる(st17, 自他まとめ1)
2.	広げる	ひろげる (自他まとめ1)
3.	広い	ひろい (キソ)
4.	広告	こうこく (st4)
5.	広報	こうほう

6.	広域	こういき
7.	広義	こうぎ

8.	幅広い	はばひろい (st40)
9.	繰り広げる	くりひろげる

庁　チョウ　　　　　　　　　　　　　　　　　　　　　　government office

1.	庁舎	ちょうしゃ	4.	官庁	かんちょう
----------------------			5.	都庁	とちょう
2.	～庁	～ちょう (st3) (ex. 環境庁)	6.	登庁	とうちょう
3.	省庁	しょうちょう			

応　オウ 《ノウ》　　　　　　　　　　　　　　answer, comply with, respond

1.	応じる	おうじる (st14)	5.	対応	たいおう (st10)
2.	応用	おうよう	6.	一応	いちおう
3.	応募	おうぼ	7.	即応	そくおう
4.	応札	おうさつ	8.	反応	はんのう

店　テン ／ みせ　　　　　　　　　　　　　　　　　　　　　store (n.)

1.	店舗	てんぽ (st36)	7.	大店(法)	だいてん(ほう)
2.	店頭	てんとう (st30)		(大規模小売店法)	(だいきぼこうりてんほう)
3.	店	みせ (キソ)	8.	商店	しょうてん
----------------------			9.	書店	しょてん
4.	～店	～てん (st3) (ex. 量販店)	10.	本店	ほんてん
5.	支店	してん (st23)	11.	開店	かいてん
6.	出店	しゅってん (st30)			

府　フ　　　　　　　　　　　　　central area, prefecture, metropolis

1.	政府	せいふ (st3)	2.	～府	～ふ (ex. 大阪府)

底　テイ ／ そこ　　　　　　　　　　　　　　　　　　　　　bottom

1.	底	そこ	6.	底流	ていりゅう
2.	底入れ	そこいれ	----------------------		
3.	底堅さ	そこがたさ	7.	徹底 (的)	てってい (てき) (st20)
4.	底割れ	そこわれ	8.	根底	こんてい
5.	底固め	そこがため	9.	到底	とうてい

度　ド・ト・タク／たび　degree, time(s)

1.	度合(い)	どあい		7.	〜度	〜ど (st34) (ex. 依存度)
2.	度数	どすう		8.	態度	たいど
----------------------				9.	鮮度	せんど
3.	この度	このたび		10.	尺度	しゃくど
4.	年度	ねんど (st1)		11.	速度	そくど
5.	制度	せいど (st3)		12.	再度	さいど
6.	程度	ていど (st12)				

庭　テイ／にわ　garden

1.	庭	にわ

2.	家庭	かてい (業種)

廃　ハイ／すた(れる)・すた(る)　go out of use or fashion, be abolished

1.	廃止	はいし (st21)		4.	撤廃	てっぱい (st25)
2.	廃棄	はいき		5.	全廃	ぜんぱい
3 a.	廃業	はいぎょう		6.	統廃合	とうはいごう
b.	転廃業	てんはいぎょう			(統合 ＋ 廃止)	
	(転業 ＋ 廃業)					

摩　マ　rub, grind, wear away

1.	摩擦	まさつ (st32)

85. 尸

局　キョク　bureau, board, office, department

1.	局面	きょくめん (st37)		5.	当局	とうきょく (st34)
2.	局長	きょくちょう		6.	結局	けっきょく (st31)
3.	局地	きょくち		7.	部局	ぶきょく
-----------------------				8.	政局	せいきょく
4.	〜局	〜きょく (st3) (ex. 郵便局)		9.	支局	しきょく

届	とど(く)・とど(ける)		reach, send, report, deliver

1. 届く　　とどく (自他まとめ 3)
2. 届ける　　とどける (st38)
3. 届け出る　とどけでる (st38)
4. 見届ける　みとどける

屋	オク／や	house, building, roof, suffix for retail stores or retail store owners

1. 屋外　　おくがい
2. 屋上　　おくじょう
3. 問屋　　とんや (st36)
4. 〜屋　　〜や (ex. さかな屋)
5. 部屋　　へや

展	テン		exhibit, expand, stretch

1. 展開　　てんかい (st12)
2. 展望　　てんぼう (st46)
3. 展示　　てんじ
4. 展覧会　てんらんかい
5. 発展　　はってん (st22)
6. 進展　　しんてん

属	ゾク		genus (biol.), belong to, follow

1. 属する　ぞくする
----
2. 金属　　きんぞく (業種)
3. 所属　　しょぞく
4. 直属　　ちょくぞく

層	ソウ		stratum, layer

1. 層　　　そう
----
2. 一層　　いっそう (st31)
3. 高層　　こうそう
4. 〜層　　〜そう (ex. オゾン層)
5. 深層　　しんそう

86. 儿

元	ゲン・ガン ／ もと			beginning, foundation

1.	元〜	もと〜 (st44) (ex. 元首相)	6.	地元	じもと (st25)
2.	元請け	もとうけ	7.	手元	てもと
3.	元売り	もとうり	8.	足元	あしもと
4.	元本	がんぽん	9.	還元	かんげん
5.	元気	げんき	10.	一元	いちげん
----------------------			11.	中元	ちゅうげん

先	セン ／ さき			previous, ahead

1.	先物	さきもの (st50)	13.	先手	せんて
2.	先に	さきに (キソ)	14.	先決	せんけつ
3.	先送り	さきおくり	15.	先入観	せんにゅうかん
4.	先高(感)	さきだか(かん)	16.	先週	せんしゅう
5.	先駆け	さきがけ	----------------------		
6.	先取り	さきどり	17.	〜先	〜さき (st34) (ex. 相手先)
7.	先細り	さきぼそり	18.	出先	でさき
8.	先行き	さきゆき (st45)	19.	春先	はるさき
9.	先〜	せん〜 (キソ) (ex. 先月)	20.	目先	めさき
10.	先進国	せんしんこく (st5)	21.	現先	げんさき
11.	先行	せんこう (st32)		(現物 ＋ 先物)	
12.	先端	せんたん (st43)	22.	優先	ゆうせん (st25)

兆	チョウ ／ きざ(し)・きざ(す)	trillion (U.S.), billion (U.K.), sign, symptom

1.	兆し	きざし (st42)

2.	〜兆	〜ちょう (始める前に) (ex. 一兆)

充	ジュウ／あ(てる)			fill, allot, appropriate

1.	充実	じゅうじつ (st48)	3.	拡充	かくじゅう (st31)
2.	充てる	あてる			

| 党 | トウ | | | party, faction |

1.　党内　　とうない
2.　党首　　とうしゅ

3.　与党　　よとう (st27)

4.　野党　　やとう
5.　〜党　　〜とう (ex. 自民党)
6.　新党　　しんとう

87. 大

| 大 | ダイ・タイ／おお・おお(きい)・おお(いに) | | big, large, great |

1.　大きい/大きな　おおきい／おおきな(キノ)
2.　大手　　おおて (st4)
3.　大蔵　　おおくら (st3)
4.　大幅　　おおはば (st11)
5.　大阪　　おおさか (st2)
6.　大型　　おおがた (st24)
7.　大口　　おおぐち (st30)
8.　大引け　おおびけ (st50)
9.　大台　　おおだい
10.　大詰め　おおづめ
11.　大商い　おおあきない
12.　大人　　おとな
13.　大〜　　だい〜 (st7) (ex. 大企業)
14.　大統領　だいとうりょう (st4)
15.　大証　　だいしょう
　　　(大阪証券取引所)
　　　(おおさかしょうけんとりひきじょ)
16.　大胆　　だいたん (st47)

17.　大卒　　だいそつ (st39)
18.　大臣　　だいじん
19.　大事　　だいじ
20.　大半　　たいはん (st34)
21.　大量　　たいりょう (st48)
22.　大国　　たいこく
23.　大勢　　たいせい／おおぜい
24.　大切　　たいせつ (キソ)

25.　拡大　　かくだい (st5)
26.　最大　　さいだい
27.　増大　　ぞうだい
28.　巨大　　きょだい
29.　過大　　かだい
30.　〜大　　〜だい (ex. 東大)
　　　(大学)　(だいがく)
31.　三大〜　さんだい〜 (ex. 三大都市)
32.　盛大　　せいだい

| 戻 | レイ／もど(る)・もど(す) | | return, vomit |

1.　戻る　　もどる (st50, 自他まとめ)
2.　戻す　　もどす (自他まとめ 3)

3.　買い戻す　かいもどす

4.　押し戻す　おしもどす
5.　取り戻す　とりもどす
6.　払い戻す　はらいもどす
7.　割り戻す　わりもどす

| 契 | ケイ／ちぎ(る) | | pledge, promise |

1.　契約　　けいやく (st11)
2.　契機　　けいき

88. 心

心	シン／こころ				spirit, heart, mind

1.	心配	しんぱい	6.	関心	かんしん (st43)
2.	心理	しんり	7.	都心	としん
3.	心外	しんがい	8.	熱心	ねっしん
			9.	求心力	きゅうしんりょく
4.	中心	ちゅうしん (キソ)	10.	肝心	かんじん
5.	安心	あんしん (キソ)			

必	ヒツ／かなら(ず)				without fail, by all means, invariably, necessarily

1.	必ず	かならず (キソ)	4.	必然	ひつぜん
2.	必要	ひつよう (st11)	5.	必死	ひっし
3.	必至	ひっし			

志	シ／こころざ(す)・こころざし				will, intention, ambition, record

1.	志向	しこう (st43)
2.	意志	いし

念	ネン				thought, feeling, desire, think

1.	念願	ねんがん	5.	断念	だんねん
2.	念頭	ねんとう	6.	理念	りねん
			7.	信念	しんねん
3.	懸念	けねん (st9)	8.	残念	ざんねん
4.	概念	がいねん	9.	記念	きねん

急	キュウ／いそ(ぐ)				hurry, sudden

1.	急に	きゅうに (キソ)	9.	急務	きゅうむ
2.	急～	きゅう～ (st44) (ex. 急成長)	10.	急減	きゅうげん
3.	急増	きゅうぞう (st25)	11.	急ぐ	いそぐ (st19)
4.	急落	きゅうらく (st50)			
5.	急騰	きゅうとう (st50)	12.	緊急	きんきゅう (st48)
6.	急激	きゅうげき (st47)	13.	早急	さっきゅう (そうきゅう)
7.	急速	きゅうそく (st40)	14.	特急	とっきゅう
8.	急伸	きゅうしん (st50)	15.	売り急ぐ	うりいそぐ

思　シ／おも(う)　think

1.	思う	おもう (キソ)	4.	思惑	おもわく
2.	思い当たる	おもいあたる		-----------------------	
3.	思い付く	おもいつく	5.	意思	いし

悪　アク・オ／わる(い)　bad, evil, wrong

1.	悪い	わるい (キソ)	5.	悪評	あくひょう
2.	悪化	あっか (st16)		-----------------------	
3.	悪影響	あくえいきょう	6.	最悪	さいあく
4.	悪循環	あくじゅんかん			

恐　キョウ／おそ (れる)・おそ (ろしい)　fear, fearful, fierce, awful

1.	恐れ	おそれ (st15)	2.	恐怖	きょうふ

意　イ　heart, attention, care, thought

1.	意見	いけん (キソ)	11.	意気込む	いきごむ
2.	意味	いみ (キソ)		-----------------------	
3.	意向	いこう (st29)	12.	合意	ごうい (st7)
4.	意欲	いよく (st29)	13.	注意	ちゅうい
5.	意識	いしき (st29)	14.	民意	みんい
6.	意思	いし	15.	用意	ようい
7.	意志	いし	16.	得意	とくい
8.	意外	いがい	17.	決意	けつい
9.	意義	いぎ	18.	本意	ほんい
10.	意図	いと			

想　ソウ・ソ　idea, thought, think

1.	想定	そうてい	4.	構想	こうそう (st36)
2.	想像	そうぞう	5.	発想	はっそう
	-----------------------		6.	理想	りそう
3.	予想	よそう (st11)	7.	幻想	げんそう

感　カン　feeling, thought, be touched, be moved, sense

1.	感じる	かんじる	5.	〜感	〜かん (st8) (ex. 安心感)	
2.	感情	かんじょう	6.	好感	こうかん	
3.	感染	かんせん	7.	実感	じっかん	
4.	感熱	かんねつ	8.	敏感	びんかん	

態　タイ　appearance, state of affairs

1.	態度	たいど	3.	実態	じったい (st44)
			4.	事態	じたい
2.	状態	じょうたい (st16)			

慮　リョ　thoughtfulness, consider, deliberate

1.	配慮	はいりょ (st39)	3.	遠慮	えんりょ
2.	考慮	こうりょ			

懸　ケン・ケ／か(かる)・か(ける)　hang, suspend

1.	懸念	けねん (st9)	3.	懸賞	けんしょう
2.	懸案	けんあん			

89. 灬

点　テン　point, marks, dot

1.	点	てん (st9)	7.	焦点	しょうてん (st36)
2.	点検	てんけん	8.	重点	じゅうてん
3.	点数	てんすう	9.	視点	してん
			10.	観点	かんてん
----------------------			11.	地点	ちてん
4.	〜点	〜てん (st9) (ex. 問題点)	12.	難点	なんてん
5.	拠点	きょてん (st27)	13.	争点	そうてん
6.	時点	じてん (st26)			

為　イ／《ため》　　　　　　　　　　　　　do, make, behave, for

1.	為替	かわせ (st13)	3.	外為	がいため (st29)
2.	為政	いせい	4.	行為	こうい (st35)
-----------------------			5.	人為	じんい

黒　コク／くろ・くろ (い)　　　　　　　　　　　　　black

1.	黒字	くろじ (st4)

無　ム・ブ／な(い)　　　　　　　　　　　non-existent, missing

1.	無〜	む〜 (st44) (ex. 無担保)	9.	無人	むじん
2.	無視	むし	10.	無線	むせん
3.	無駄	むだ	11.	無理	むり
4.	無配	むはい	12.	無料	むりょう
5.	無効	むこう	13.	無事	ぶじ
6.	無償	むしょう	-----------------------		
7.	無断	むだん	14.	皆無	かいむ
8.	無期	むき			

然　ゼン・ネン　　　　　　　　　　　　　yes, state of things

1.	依然	いぜん (st31)	4.	突然	とつぜん
2.	当然	とうぜん (st31)	5.	必然	ひつぜん
3.	自然	しぜん (キソ)	6.	天然	てんねん

焦　ショウ／こ(げる)・こ(がす)・あ (せる)　　　scorch, burn, make haste

1.	焦点	しょうてん (st36)	3.	焦げ付く	こげつく
2.	焦る	あせる			

90. 皿

皿	さら		dish

1. 受け皿　　うけざら (st47 表現)

益	エキ・ヤク		benefit, profit

1.	益出し	えきだし		7.	増益	ぞうえき (st41)
----------------------				8.	含み益	ふくみえき
2.	利益	りえき (st2)		9.	差益	さえき (st15 + st34)
3.	収益	しゅうえき (st16)		10.	公益	こうえき
4.	損益	そんえき (st41)		11.	権益	けんえき
5.	～益	～えき (st34) (ex. 売却益)	12.	有益	ゆうえき
6.	減益	げんえき (st41)		13.	無益	むえき

盛	セイ・ジョウ／ も(る)・さか(ん)・さか(る)		heyday, dish up, heap up, prosperous, prime

1.	盛り込む	もりこむ (st18)		5.	盛ん	さかん (st47)
2.	盛り上がり	もりあがり		6.	盛大	せいだい
3.	盛り返す	もりかえす		-----------------------		
4.	盛る	もる		7.	繁盛	はんじょう

盟	メイ		swear, pledge

1.	加盟	かめい (st42)		3.	同盟	どうめい
2.	連盟	れんめい				

監	カン		prison, watch over, control over, supervise

1.	監視	かんし (st40)		3.	監察	かんさつ
2 a.	監査	かんさ (st41)		4.	監督	かんとく
b.	監査役	かんさやく (st31 + st21)	5.	監理	かんり

91. 辶

込 こ(む)・こ(める)　　　　include, be crowded, be complicated, be deeply engaged in

1.	見込む	みこむ (st18)
2.	落ち込む	おちこむ (st18)
3.	盛り込む	もりこむ (st18)
4.	申し込む	もうしこむ (st18)
5.	売り込む	うりこむ (st18)
6.	割り込む	わりこむ (st18)
7.	織り込む	おりこむ
8.	追い込む	おいこむ
9.	書き込む	かきこむ
10.	組み込む	くみこむ
11.	取り込む	とりこむ

12.	払い込む	はらいこむ
13.	送り込む	おくりこむ
14.	駆け込む	かけこむ
15.	ずれ込む	ずれこむ
16.	乗り込む	のりこむ
17.	冷え込む	ひえこむ
18.	持ち込む	もちこむ
19.	食い込む	くいこむ
20.	踏み込む	ふみこむ
21.	意気込む	いきごむ
22.	〜込み	〜こみ (ex. 税込み)

巡 ジュン／めぐ(る)　　　　come (go) around

1.	巡る	めぐる (st14)	3.	一巡	いちじゅん
2.	巡航	じゅんこう			

近 キン・コン／ちか(い)　　　　near

1.	近い	ちかい (キソ)	7.	最近	さいきん (st1)
2.	〜近い	〜ちかい (ex. 1万人近い)	8.	接近	せっきん
3.	近代	きんだい	9.	直近	ちょっきん
4.	〜近辺	〜きんぺん (ex. 105円近辺)	10.	中近東	ちゅうきんとう
5.	近視眼	きんしがん	11.	間近	まぢか
6.	近接	きんせつ	12.	身近	みぢか

返 ヘン／かえ(る)・かえ(す)　　　　return

1.	返済	へんさい (st31)	5.	盛り返す	もりかえす
2.	返上	へんじょう	6.	折り返し	おりかえし
3.	返す	かえす (st38)	7.	巻き返し	まきかえし
-----------------------			8.	見返り	みかえり
4.	繰り返す	くりかえす (st38)			

| 迎 | ゲイ・ゴウ／むか(える) | | | welcome, meet, invite |

1. 迎える　　むかえる (st35)

----

2. 歓迎　　かんげい

| 迫 | ハク／せま(る) | | | press, draw near, urge |

1.	迫る	せまる (st17)	4.	ひっ迫	ひっぱく (st48)
2.	迫力	はくりょく	5.	脅迫	きょうはく
			6.	差し迫る	さしせまる

----

3. 圧迫　　あっぱく (st49)

| 述 | ジュツ／の(べる) | | | speak, express, state |

1. 述べる　　のべる (st19)

----

2. 供述　　きょうじゅつ

| 送 | ソウ／おく(る) | | | send |

1.	送る	おくる (st19)	7.	輸送	ゆそう (業種)
2.	送電	そうでん	8.	配送	はいそう
3.	送付	そうふ	9.	伝送	でんそう
4.	送料	そうりょう	10.	直送	ちょくそう
			11.	見送る	みおくる (st19)
5.	放送	ほうそう (st41)	12.	先送り	さきおくり
6.	運送	うんそう (st49)			

| 退 | タイ／しりぞ(く)・しりぞ(ける) | | | retire, keep away, retreat, decline |

1.	退任	たいにん (st49)	6.	撤退	てったい (st42)
2.	退職	たいしょく (st39)	7.	減退	げんたい
3.	退社	たいしゃ	8.	進退	しんたい
4.	退く	しりぞく	9.	衰退	すいたい
			10.	敗退	はいたい
5.	後退	こうたい (st16)			

追　ツイ／お(う)　run after, drive away

1.	追加	ついか (st29)	6.	追い込む	おいこむ
2.	追随	ついずい (st50)	7.	追い上げる	おいあげる
3.	追求	ついきゅう	8.	追い付く	おいつく
4.	追及	ついきゅう	9.	追い打ち	おいうち
5.	追う	おう	10.	追い風	おいかぜ (st30 表現)

迷　メイ／まよ(う)　be puzzled, be lost

1.	迷走	めいそう	3.	低迷	ていめい (st16)
2.	迷惑	めいわく			

逆　ギャク／さか・さか(らう)　inverse, reverse, oppose

1.	逆(に)	ぎゃく(に) (st31)	4.	逆ザヤ	ぎゃくざや
2.	逆〜	ぎゃく〜 (ex. 逆効果)		----------------------	
3.	逆転	ぎゃくてん	5.	不可逆	ふかぎゃく

通　ツウ・ツ／とお(る)・とお(す)・かよ(う)　go through, commute, widely spread

1.	通信	つうしん (st3)	13.	通知	つうち
2.	通産	つうさん (st3)	14.	通じる	つうじる (st14)
3.	通貨	つうか (st24)	15.	通る	とおる (キソ)
4.	通商	つうしょう (st3)	16.	通す	とおす (キソ)
5.	通常	つうじょう (st37)		----------------------	
6.	通過	つうか	17.	流通	りゅうつう (st36)
7.	通告	つうこく	18.	共通	きょうつう (st48)
8.	通勤	つうきん	19.	普通	ふつう
9.	通用	つうよう	20.	交通	こうつう (業種)
10.	通関	つうかん	21.	融通	ゆうずう
11.	通達	つうたつ (st27)	22.	見通し	みとおし (st16)
12.	通販	つうはん	23.	〜通り	〜どおり (st38)(ex. 予想通り)
	(通信販売)	(つうしんはんばい)			〜とおり (ex. 二通り)

連	レン／つら(なる)・つら(ねる)・つ(れる)			company, continuation, range

1.	連続	れんぞく (st24)	14.	連ねる	つらねる
2.	連合	れんごう (st23)		-----------------------	
3.	連結	れんけつ (st41)	15.	関連	かんれん (st15)
4.	連邦	れんぽう (st23)	16.	国連	こくれん
5.	連動	れんどう (st47)			(国際連合) (こくさいれんごう)
6.	連銀	れんぎん	17.	一連	いちれん
	(連邦銀行) (れんぽうぎんこう)		18.	労連	ろうれん (労働組合連合会)
7.	連盟	れんめい			(ろうどうくみあいれんごうかい)
8.	連携	れんけい	19.	日経連	にっけいれん
9.	連立	れんりつ			(日本経済連盟)(にほんけいざいれんめい)
10.	連日	れんじつ	20.	経団連	けいだんれん
11.	連絡	れんらく			(経済団体連合会)
12.	連休	れんきゅう			(けいざいだんたいれんごうかい)
13.	連騰	れんとう			

造	ゾウ／つく(る)			make, create, produce

1.	造船	ぞうせん (業種)	3.	構造	こうぞう (st27)
	-----------------------		4.	創造	そうぞう
2.	製造	せいぞう (st10)	5.	醸造	じょうぞう

速	ソク／はや(い)・はや(める)・すみ(やか)			speedy, quick, fast

1.	速報	そくほう (st27)	6.	加速	かそく (st30)
2.	速度	そくど	7.	減速	げんそく (st31)
3.	速い	はやい (キソ)	8.	急速	きゅうそく (st40)
4.	速める	はやめる	9.	失速	しっそく
5.	速やか	すみやか	10.	迅速	じんそく
	-----------------------		11.	高速	こうそく

途	ト			way, route

1 a.	途上国	とじょうこく (st25)	5.	用途	ようと
b.	途上	とじょう	6.	別途	べっと
2.	途中	とちゅう	7.	使途	しと
3.	途絶	とぜつ	8.	前途	ぜんと
	-----------------------				
4 a.	中途	ちゅうと			
b.	中途半端	ちゅうとはんぱ			

341

91. 辶

| 透 | トウ ／ す(く)・す(ける)・す(かす) | see (go) through, transparent |

1. 透明　　とうめい (st11)

----
2. 浸透　　しんとう

| 進 | シン ／ すす(む)・すす(める) | advance, proceed |

1. 進む　　すすむ (st17)
2. 進める　すすめる (自他まとめ 1)
3. 進出　　しんしゅつ (st9)
4. 進行　　しんこう
5. 進展　　しんてん
6. 進学　　しんがく
7. 進化　　しんか
8. 進退　　しんたい
9. 進路　　しんろ
----
10. 推進　　すいしん (st12)
11. 昇進　　しょうしん (st39)
12. 新進　　しんしん
13. 推し進める　おしすすめる

| 週 | シュウ | week |

1. 週間　　しゅうかん (キソ)
2. 週刊　　しゅうかん
3. 週末　　しゅうまつ
4. 週休　　しゅうきゅう
----
5. ～週　　～しゅう (キソ) (ex. 今週)
6. 先週　　せんしゅう
7. 前週　　ぜんしゅう
8. 来週　　らいしゅう
9. 毎週　　まいしゅう
10. 第～週　だい～しゅう (ex. 第三週)

| 過 | カ ／ す(ぎる)・す(ごす)・す(ぎ) | pass, exceed, past |

1. 過去　　かこ (st1)
2. 過剰　　かじょう (st37)
3. 過熱　　かねつ
4 a. 過労　　かろう
　 b. 過労死　かろうし
5. 過程　　かてい
6. 過失　　かしつ
7. 過渡　　かと
8. 過大　　かだい
9. 過半数　　かはんすう
----
10. ～に過ぎない　～にすぎない
11. 超過　　ちょうか (st22)
12. 通過　　つうか
13. 経過　　けいか
14. 行き過ぎ(る) いきすぎ(る)
15. ～過ぎ　～すぎ (ex. 高過ぎ)
16. 見過ごす みすごす

運　ウン／はこ(ぶ)　luck, carry, transport

1.	運用	うんよう (st8)	8.	運動	うんどう (キソ)
2.	運輸	うんゆ (st23)	9.	運航	うんこう
3.	運営	うんえい (st49)	10.	運ぶ	はこぶ (キソ)
4.	運送	うんそう (st49)		----------------------	
5.	運行	うんこう	11.	海運	かいうん
6.	運転	うんてん	12.	機運	きうん
7.	運賃	うんちん			

達　タツ・ダチ　arrive, reach, attain, inform

1.	達する	たっする (st17)	5.	配達	はいたつ
2.	達成	たっせい (st39)	6.	発達	はったつ
	----------------------		7.	伝達	でんたつ
3.	調達	ちょうたつ (st12)	8.	友達	ともだち
4.	通達	つうたつ (st27)			

道　ドウ・トウ／みち　road, path

1.	道路	どうろ (st34)	6.	報道	ほうどう
2.	道具	どうぐ	7.	北海道	ほっかいどう
3.	道	みち (キソ)	8.	都道府県	とどうふけん
4.	道筋	みちすじ	9.	人道	じんどう
	----------------------		10.	軌道	きどう
5.	鉄道	てつどう (業種)	11.	国道	こくどう

遅　チ／おそ(い)・おく(れる)・おく(らす)　slow, delay, late

1.	遅れる	おくれる (st19)	5.	出遅れる	でおくれる
2 a.	遅らせる	おくらせる	6.	手遅れ	ておくれ
b.	遅らす	おくらす	7.	立ち遅れ	たちおくれ
3.	遅い	おそい	8.	時代遅れ	じだいおくれ
4.	遅刻	ちこく			

----

91. 辶

遇	グウ				entertain, meet, by chance

1. 優遇　　ゆうぐう (st41)
2. 待遇　　たいぐう
3. 処遇　　しょぐう

違	イ ／ ちが(う)・ちが(える)				differ from, wrong

1. 違反　　いはん (st46)
2. 違法　　いほう
3. 違例　　いれい
4. 違和感　いわかん
5. 違約　　いやく
6. 違う　　ちがう (st37)

----

7. 間違う　まちがう
8. 勘違い　かんちがい
9. すれ違い　すれちがい

遣	ケン ／ つか(う)・つか(わす)				send, dispatch

1. 派遣　　はけん (st25)

適	テキ				suit, serve (the purpose), agreeable

1. 適用　　てきよう (st29)
2. 適切　　てきせつ
3. 適当　　てきとう
4. 適否　　てきひ
5. 適法　　てきほう
6. 適格　　てきかく
7. 適合　　てきごう
8. 適正　　てきせい
9. 適性　　てきせい
10. 適応　　てきおう

----

11. 快適　　かいてき
12. 最適　　さいてき

選	セン ／ えら(ぶ)				choose, select

1 a. 選択　　せんたく (st49)
　 b. 選択肢　せんたくし
2. 選挙　　せんきょ
3. 選任　　せんにん
4. 選定　　せんてい
5. 選ぶ　　えらぶ (st20)
6. 人選　　じんせん
7. ～選　　～せん (ex. 知事選)
　 (選挙)　(せんきょ)
8. 当選　　とうせん

避	ヒ ／ さ(ける)				avoid, keep away from, shirk

1.	避ける	さける (st19)	4.	回避	かいひ
2.	避難	ひなん			
3.	避妊	ひにん			

還	カン				return, come back

1.	還元	かんげん	4.	償還	しょうかん (st33)
2.	還流	かんりゅう	5.	返還	へんかん
3.	還付	かんぷ			

----

92. 廴

延	エン ／ の(びる)・の(ばす)・の(べる)				postpone, extend, stretch, delay, draw

1.	延長	えんちょう (st33)	6.	延びる	のびる
2.	延期	えんき		----------------------	
3.	延滞	えんたい	7.	差し延べる	さしのべる
4.	延ばす	のばす	8.	圧延	あつえん
5.	延べ〜	のべ〜 (ex. 延べ100日)	9.	熱延	ねつえん

建	ケン・コン ／ た(つ)・た(てる)				build, make

1.	建設	けんせつ (st10)	7.	建てる	たてる
2.	建築	けんちく		----------------------	
3.	建材	けんざい	8.	〜建て	〜だて(st50) (ex. ドル建て)
4.	建玉	たてぎょく (st50)	9.	〜階建て	〜かいだて (ex. 5階建て)
5.	建値	たてね	10.	別建て	べつだて
6.	建物	たてもの			

93. 走

起	キ／お(きる)・お(こる)・お(こす)		get up, wake, happen, start
1 a. 起きる	おきる (st35)	7. 引き起こす	ひきおこす
b. 起こる	おこる (自他まとめ 3)	8. 掘り起こす	ほりおこす
2. 起こす	おこす (自他まとめ 3)	9. 巻き起こる	まきおこる
3. 起用	きよう	10. 喚起	かんき
4. 起業	きぎょう	11. 再起	さいき
5. 起源	きげん		
6. 起爆剤	きばくざい		

超	チョウ／ こ(える)・こ(す)		exceed, surpass, super- (used as a prefix), transcendent
1. 超える	こえる (st19)	5. 超越	ちょうえつ
2. 超す	こす	------------------------	
3. 超過	ちょうか (st22)	6. 出超	しゅっちょう
4. 超〜	ちょう〜 (ex. 超大型)	7. 入超	にゅうちょう

越	エツ／こ(える)・こ(す)		go over, exceed, superior
1. 越える	こえる (st19)	6. 持ち越す	もちこす
2. 越す	こす	7. 繰り越す	くりこす
3. 越年	えつねん	8. 売り越す	うりこす
4. 越権	えっけん	9. 乗り越える	のりこえる
------------------------		10. 〜越し	〜ごし (ex. ガラス越し)
5. 買い越す	かいこす		

94. 冂

円	エン／まる(い)		circle, yen
1. 円	えん	6. 円買い	えんがい
2. 円高	えんだか (キソ)	7. 円建て	えんだて
3. 円〜	えん〜 (ex. 円相場)	8. 円安	えんやす
4. 円滑	えんかつ (st47)	--------------------	
5. 円売り	えんうり	9. 〜円	〜えん (キソ)(ex. 10万円)

内　ナイ・ダイ／うち　　　　　　inside, home, within, private, informal

1.	内容	ないよう (st22)
2.	内需	ないじゅ (st27)
3.	内外	ないがい
4.	内部	ないぶ
5.	内定	ないてい
6.	内示	ないじ
7.	内紛	ないふん
8.	内閣	ないかく
9.	内政	ないせい
10.	内訳	うちわけ

----

11 a.	国内	こくない (st5)
b.	国内外	こくないがい
	(国内 + 国外)	
12.	～内	～ない (st34) (ex. 期間内)
13.	年内	ねんない
14.	域内	いきない
15.	以内	いない
16.	社内	しゃない
17.	都内	とない
18.	対内(的)	たいない(てき)
19.	案内	あんない
20.	家内	かない
21.	圏内	けんない

同　ドウ／おな(じ)　　　　　　　　　　　　　　　same

1.	同～	どう～ (st7) (ex. 同時代)	12.	同調	どうちょう
2.	同社	どうしゃ (st7 + st3)	13.	同盟	どうめい
3.	同期	どうき (st7 + st1)	14.	同数	どうすう (st7 + st8)
4.	同額	どうがく (st7 + st8)	15.	同国	どうこく (st7 + st5)
5.	同様	どうよう (st32)	16.	同等	どうとう
6.	同時	どうじ	17.	同じ	おなじ (キソ)
7.	同士	どうし		----------------------	
8.	同一	どういつ	18 a.	共同	きょうどう (st14)
9.	同業	どうぎょう (st7 + st9)	b.	共同体	きょうどうたい
10.	同氏	どうし (st7 + st4)	19.	合同	ごうどう
11.	同種	どうしゅ (st7 + st34)	20.	大同小異	だいどうしょうい

95. 匚

区　ク　　　　　　　　　　　　　　　　ward, section

1.	区部	くぶ	5.	(～)区	(～)く (ex. 中央区)
2.	区切る	くぎる	6.	地区	ちく (st25)
3.	区分	くぶん	7.	市区町村	しくちょうそん
4.	区別	くべつ	8.	各区	かくく
	----------------------		9.	都区(部)	とく(ぶ)

医	イ				medical doctor, heal, cure

1 a. 医薬(品)　いやく(ひん)(業種)　2.　医療　いりょう
　b. 医農薬　いのうやく　3.　医者　いしゃ
　(医薬＋農薬)

96. 口

回	カイ・エ／ まわ(る)・まわ(す)			a turn, ~ time(s), turn

1.　回復　かいふく (st16)　　10.　前回　ぜんかい (st1 ＋ st8)
2.　回答　かいとう (st30)　　11.　次回　じかい
3.　回収　かいしゅう (st33)　　12.　撤回　てっかい
4.　回避　かいひ　　13.　初回　しょかい
5.　回数　かいすう　　14.　上回る　うわまわる (st17)
6.　回す　まわす　　15.　下回る　したまわる (st17)
7.　回る　まわる　　16.　利回り　りまわり (st33)
----------------------　　17.　根回し　ねまわし
8.　今回　こんかい (st1 ＋ st8)
9 a. ～回　～かい (st8) (ex. 三回)
　b. 第～回　だい～かい(st7 ＋ st8)(ex. 第三回)

団	ダン・トン		association, suffix for groups formed for specific purposes

1.　団体　だんたい (st26)　　6.　公団　こうだん
2.　団結　だんけつ　　7.　集団　しゅうだん
3.　団長　だんちょう　　8.　財団(法人)ざいだん (ほうじん)
----------------------　　9.　社団(法人)しゃだん (ほうじん)
4.　～団　～だん (st34) (ex. 代表団) 10.　営団　えいだん
5.　経団連　けいだんれん (P263 参照)

因	イン／ よ(る)			cause

1.　要因　よういん (st26)　　4.　一因　いちいん
2.　原因　げんいん (st43)　　5.　誘因　ゆういん
3.　主因　しゅいん

図	ズ・ト／はか(る)					drawing, plan

1.	図る	はかる (st37)	4.	～図	～ず (ex. 組織図)
2.	図式	ずしき	5.	地図	ちず
3.	図書(館)	としょ(かん)	6.	意図	いと

囲	イ／かこ(む)・かこ(う)				surround

1.	囲い込む	かこいこむ	2.	範囲	はんい (st34)
			3.	周囲	しゅうい

困	コン／こま(る)				be in trouble, be perplexed, be needy

1.	困る	こまる	4.	貧困	ひんこん
2.	困難	こんなん (st20)			
3.	困惑	こんわく			

国	コク／くに				country

1.	国	くに (キソ)	18.	米国	べいこく (st2)
2.	国際	こくさい (st1)	19.	外国	がいこく (キソ)
3.	国内	こくない (st5)	20.	中国	ちゅうごく (st2)
4.	国民	こくみん (st22)	21.	全国	ぜんこく (st5)
5.	国債	こくさい (st50)	22.	各国	かっこく (st5)
6.	国会	こっかい (st23)	23.	韓国	かんこく (st2)
7.	国家	こっか (st42)	24.	諸国	しょこく (st5)
8.	国土	こくど (st25)	25.	～国	～こく (st5) (ex. 輸出国)
9.	国営	こくえい	26.	～カ国	～かこく (st5) (ex. 3カ国)
10.	国庫	こっこ (st27)	27.	英国	えいこく (st2)
11.	国連	こくれん	28.	先進国	せんしんこく (st5)
	(国際連合)	(こくさいれんごう)	29.	途上国	とじょうこく (st25)
12.	国防	こくぼう	30.	最恵国	さいけいこく
13 a.	国籍	こくせき	31.	共和国	きょうわこく
b.	多国籍	たこくせき	32.	両国	りょうこく (st44 + st5)
14.	国産	こくさん	33.	大国	たいこく
15.	国費	こくひ	34.	帰国	きこく
16.	国税	こくぜい	35.	我が国	わがくに
17.	国境	こっきょう		(わが国)	

| 固 | コ／かた(い)・かた(まる)・かた(める) | | | hard, firm, harden, make firm |

1. 固める　かためる (st20)
2. 固まる　かたまる (自他まとめ2)
3. 固い　かたい
4. 固定　こてい (st33)
5. 固有　こゆう
6. 固執　こしつ (こしゅう)
----
7. 底固め　そこがため

| 圏 | ケン | | | sphere, range |

1. 圏内　けんない
----
2. ～圏　～けん (st8) (ex. 首都圏)

97. 門

| 門 | モン／かど | | | gate, field of study, lineage |

1. 門　もん
----
2. 部門　ぶもん (st13)
3. 専門　せんもん (st22)
4. 名門　めいもん

| 問 | モン／と(う) | | | ask, question |

1. 問う　とう (st18)
2. 問い直す　といなおす
3. 問いかける　といかける
4. 問屋　とんや (といや) (st36)
5. 問題　もんだい (st1)
----
6. 顧問　こもん (st4)
7. 諮問　しもん (st23)
8. 疑問　ぎもん (st48)
9. 質問　しつもん
10. 訪問　ほうもん
11. 難問　なんもん
12. 不問　ふもん

開　カイ／ひら(く)・ひら(ける)・あ(く)・あ(ける)　open

1.	開く	あく(キソ, 自他まとめ1)	12.	開銀	かいぎん	
2.	開ける	あける (自他まとめ1)		(開発銀行)	(かいはつぎんこう)	
3.	開く	ひらく (キソ)	13.	開業	かいぎょう	
4.	開発	かいはつ (st5)	14.	開店	かいてん	
5.	開放	かいほう (st7)	15.	開場	かいじょう	
6.	開始	かいし (st21)	16.	開通	かいつう	
7.	開設	かいせつ (st39)	17.	開封	かいふう	
8.	開催	かいさい (st41)	------------------------			
9.	開拓	かいたく (st47)	18.	公開	こうかい (st29)	
10.	開示	かいじ	19.	再開	さいかい (st39)	
11.	開幕	かいまく	20.	打開	だかい	
			21.	切り開く	きりひらく	

間　カン・ケン／あいだ・ま　interval, space

1.	間	あいだ(キソ)	10.	週間	しゅうかん (キソ)	
2.	間接	かんせつ	11.	民間	みんかん (st13)	
3.	間違う	まちがう	12.	中間	ちゅうかん (st15)	
4.	間際	まぎわ	13.	期間	きかん (st1)	
5.	間近	まぢか	14.	空間	くうかん	
------------------------			15.	瞬間	しゅんかん	
6.	～間	～かん(st2)(ex.3日間)	16.	昼間	ちゅうかん (ひるま)	
7.	時間	じかん (キソ)	17.	夜間	やかん (st26)	
8.	年間	ねんかん (st1)	18.	手間	てま	
9.	月間	げっかん	19.	人間	にんげん	

関　カン／せき・〈かか(わる)〉　concern, barrier

1.	関係	かんけい (キソ)	8.	関する	かんする (st14)	
2.	関税	かんぜい (st14)	9.	関わり	かかわり	
3.	関連	かんれん (st15)	------------------------			
4.	関心	かんしん (st43)	10.	機関	きかん (st3)	
5.	関与	かんよ	11.	通関	つうかん	
6.	関西	かんさい　(st25)	12.	玄関	げんかん	
7.	関東	かんとう	13.	霞が関	かすみがせき	

聞	ブン・モン ／ き(こえる)・き(く)		news, rumor, hear, ask
1.	聞く	きく (キソ)	
2.	聞き出す	ききだす	
3.	聞き取り	ききとり	

4. 聞こえる　きこえる

----

5. 新聞　　しんぶん (始める前に)

閣	カク	cabinet (government), tower, tall building
1.	閣僚	かくりょう (st21)
2.	閣議	かくぎ

3. 内閣　　ないかく

闘	トウ ／ たたか(う)	struggle, fight
1.	闘争	とうそう

----

2. 春闘　　しゅんとう (st39)

3. 苦闘　　くとう

98. シンメトリー

小	ショウ ／ ちい(さい)・ちい(さな)・こ・お		small, minor
1.	小さい	ちいさい (キソ)
2.	小売(り)	こうり (st13)
3.	小幅	こはば (st40)
4.	小型	こがた
5.	小口	こぐち
6.	小雨	こさめ
7.	小手先	こてさき
8.	小〜	しょう〜 (st44) (ex. 小規模)

9. 小中高校　しょうちゅうこうこう
10. 小豆　　あずき

----

11. 中小　　ちゅうしょう (st4)
12. 縮小　　しゅくしょう (st22)
13. 最小限　さいしょうげん
14. 大小　　だいしょう
15. 弱小　　じゃくしょう

中	チュウ ／ なか	middle, within, inside
1.	中	なか (st12)
2.	中心	ちゅうしん (キソ)
3.	中国	ちゅうごく (st2)
4.	中小	ちゅうしょう (st4)

5. 中間　　ちゅうかん (st15)
6. 中央　　ちゅうおう (st28)
7. 中堅　　ちゅうけん (st30)
8. 中南米　ちゅうなんべい (st25)

9.	中期	ちゅうき		17.	中位	ちゅうい
10.	中古車	ちゅうこしゃ		18.	中近東	ちゅうきんとう
11.	中止	ちゅうし		-----------------------		
12.	中途	ちゅうと		19.	〜中	〜じゅう (ex. 一年中)
13.	中核	ちゅうかく		20.	〜中	〜ちゅう (キソ)(ex. 検討中)
14.	中高年	ちゅうこうねん		21.	集中	しゅうちゅう (st32)
	(中年 + 高年)			22.	市中	しちゅう
15.	中立	ちゅうりつ		23.	途中	とちゅう
16.	中長期	ちゅうちょうき		24.	期中	きちゅう
	(中期 + 長期)			25.	上中下	じょうちゅうげ
				26.	世の中	よのなか

文　ブン・モン／ふみ　　　　　　　　　　writings, a sentence

1.	文化	ぶんか		4.	注文	ちゅうもん (st31)
2.	文字	もじ		5.	明文化	めいぶんか
3.	文部(省)	もんぶ(しょう)				

出　シュツ・スイ／で(る)・だ(す)　　　come out, go out, put out, take out

1.	出資	しゅっし (st21)		16.	出す	だす (キソ, 自他まとめ 1)
2.	出店	しゅってん (st30)		-----------------------		
3.	出願	しゅつがん (st45)		17.	輸出	ゆしゅつ (st5)
4.	出荷	しゅっか (st36)		18.	提出	ていしゅつ (st24)
5.	出席	しゅっせき		19.	歳出	さいしゅつ (st27)
6.	出生	しゅっせい(しゅっしょう)		20.	算出	さんしゅつ
7.	出超	しゅっちょう		21.	支出	ししゅつ
	(輸出超過)	(ゆしゅつちょうか)		22.	流出	りゅうしゅつ
8.	出発	しゅっぱつ		23.	創出	そうしゅつ
9.	出身	しゅっしん		24.	突出	とっしゅつ
10.	出張	しゅっちょう		25.	乗り出す	のりだす (st18)
11.	出版	しゅっぱん		26.	打ち出す	うちだす (st18)
12.	出向	しゅっこう (st39)		27.	売り出す	うりだす (st18)
13.	出る	でる (キソ, 自他まとめ 1)		28 a.	貸し出す	かしだす (st18)
14.	出来る	できる (キソ)		b.	貸出	かしだし
15.	届け出る	とどけでる				

主　シュ・ス／ぬし・おも　　　　　master, owner, principal, chief, main, important

1.	主要	しゅよう (st11)	11.	主権	しゅけん
2.	主義	しゅぎ (st34)	12.	主催	しゅさい
3.	主導	しゅどう (st30)	13.	主な	おもな (st40)
4.	主力	しゅりょく (st35)	------------------------		
5.	主張	しゅちょう (st32)	14 a.	〜主	〜ぬし (st21) (ex. 持ち主)
6.	主体	しゅたい	b.	株主	かぶぬし (st9 + st21)
7.	主〜	しゅ〜 (ex. 主幹事)	15.	貸主	かしぬし
8.	主因	しゅいん	16.	自主(的)	じしゅ(てき) (st20)
9.	主任	しゅにん	17.	民主	みんしゅ (st44)
10.	主流	しゅりゅう			

平　ヘイ・ビョウ／たい(ら)・ひら　　　　　flat, calm, ordinary

1.	平均	へいきん (st2)	5.	平等	びょうどう
2.	平和	へいわ	------------------------		
3.	平成	へいせい	6.	太平洋	たいへいよう
	(平成時代)	(へいせいじだい)	7.	公平	こうへい
4.	平方	へいほう (ex. 平方メートル)			

由　ユ・ユウ・ユイ　　　　　reason, follow

1.	自由	じゆう (st11)	3.	経由	けいゆ
2.	理由	りゆう(st34)			

末　マツ／すえ　　　　　end, trifle, minute

1.	末	すえ	4.	年末	ねんまつ
2.	末端	まったん	5.	端末	たんまつ
------------------------			6.	週末	しゅうまつ
3.	〜末	〜まつ (st1) (ex. 年度末)			

申　シン／もう(す)　　　　　say

1.	申請	しんせい (st9)	5.	申し入れる	もうしいれる (st18)
2.	申告	しんこく	6.	申し立てる	もうしたてる
3.	申し込む	もうしこむ (st18)	------------------------		
4.	申し合わせる	もうしあわせる (st19)	7.	答申	とうしん (st24)

央　オウ　　　　　　　　　　　　　　　　　　center, middle

1. 中央　ちゅうおう (st28)

未　ミ　　　　　　　　　　　　　　　　　　not yet (not... yet)

1. 未満　みまん (st28)
2. 未〜　み〜 (ex. 未整備)
3. 未来　みらい
4. 未定　みてい
5. 未知数　みちすう
6. 未払い　みはらい

再　サイ／ふたた(び)　　　　　　　　　　again, re- (prefix)

1. 再〜　さい〜 (st7) (ex. 再開発)
2. 再建　さいけん (st22)
3. 再開　さいかい (st39)
4. 再編　さいへん
5. 再販　さいはん (st36)
6. 再生　さいせい
7. 再燃　さいねん
8. 再び　ふたたび (st31)

交　コウ／まじ(わる)・まじ(える)・ま(じる)・ま(ぜる)・ま(ざる)・か(う)・か(わす)　be mixed, associate with, exchange, change

1. 交渉　こうしょう (st7)
2. 交換　こうかん (st42)
3. 交通　こうつう (業種)
4. 交流　こうりゅう
5. 交代　こうたい
6. 交付　こうふ (st27)
7. 交わす　かわす
8. 交える　まじえる
----
9. 外交　がいこう

共　キョウ／とも　　　　　　　　　　　　both, together

1. 共同　きょうどう (st14)
2. 共通　きょうつう (st48)
3. 共済　きょうさい
4. 共和国　きょうわこく
5. 共生　きょうせい
6. 共産主義　きょうさんしゅぎ
7. 共有　きょうゆう
8. 共倒れ　ともだおれ
----
9. 公共　こうきょう (st24)

両　リョウ　　　　　　　　　　　　　　　　two, both

1. 両〜　りょう〜 (st44) (ex. 両社長)
2. 両社　りょうしゃ (st44 + st3)
3. 両国　りょうこく (st44 + st5)
4. 両者　りょうしゃ (st44 + st4)
5. 両方　りょうほう
6. 両立　りょうりつ
7. 両罰　りょうばつ

東	トウ／ひがし				east

1.	東	ひがし (キソ)	7.	東北	とうほく
2.	東京	とうきょう (キソ)	8.	東部	とうぶ
3.	東証	とうしょう (st3)	-----------------------		
4.	東欧	とうおう (st2)	9.	関東	かんとう
5.	東南アジア	とうなんあじあ (st25)	10.	中東	ちゅうとう
6.	東西	とうざい	11.	中近東	ちゅうきんとう

京	キョウ・ケイ				Kyoto, capital, metropolis

1.	京都	きょうと	3.	北京	ぺきん (st25)
-----------------------			4.	在京	ざいきょう
2.	東京	とうきょう (キソ)			

画	ガ・カク				picture, stroke (of Chinese characters), painting, draw, paint

1.	画面	がめん	7.	企画	きかく (st22)
2.	画質	がしつ	8.	映画	えいが
3.	画像	がぞう	9.	録画	ろくが
4.	画期(的)	かっき(てき)	10.	絵画	かいが
5.	画一(的)	かくいつ(てき)	11.	漫画	まんが
-----------------------			12.	壁画	へきが
6.	計画	けいかく (st5)	13.	洋画	ようが

並	ヘイ／ な(み)・なら(ぶ)・なら(べる)・なら(びに)				line up, place in order, ordinary, also

1.	並行	へいこう	4.	横並び	よこならび
2.	並ぶ	ならぶ	5.	～並み	～なみ (st34) (ex. 欧米並)
3.	並べる	ならべる	6.	足並み	あしなみ (st49)
-----------------------			7.	軒並み	のきなみ (st44 表現)

斉	セイ				equal, together

1.	一斉	いっせい (st31)

革　カク　　　　　　　　　　　　　　　　　　　　　　　leather, reform

1.	革新	かくしん		4.	行革	ぎょうかく (st27)
2.	革命	かくめい			(行政改革)	(ぎょうせいかいかく)
-----------------------				5.	変革	へんかく
3.	改革	かいかく (st7)		6.	皮革	ひかく

高　コウ／たか(い)　　　　　　　　　　　　　　　　high, costly, excellent

1.	高い	たかい (キソ)		13.	高裁	こうさい (st46)
2.	高値	たかね (st10)		14 a.	高下	こうげ
3.	高まる	たかまる(st17, 自他まとめ1)		b.	乱高下	らんこうげ
4.	高める	たかめる (自他まとめ 1)		-----------------------		
5.	高〜	こう〜 (st7) (ex. 高金利)		15.	〜高	〜だか (st8) (ex. マルク高)
6.	高齢	こうれい (st30)		16.	円高	えんだか (キソ)
7.	高級	こうきゅう (st40)		17.	最高	さいこう (st2)
8.	高騰	こうとう (st41)		18.	残高	ざんだか (st33)
9.	高額	こうがく		19.	割高	わりだか (st47)
10.	高率	こうりつ		20.	先高	さきだか
11.	高官	こうかん		21.	中高年	ちゅうこうねん(P353 参照)
12.	高速	こうそく				

商　ショウ／あきな(う)　　　　　　　　　　　　　retail business, sell

1.	商品	しょうひん (st2)		10.	商標	しょうひょう (st45)
2.	商業	しょうぎょう (st27)		11.	商戦	しょうせん
3.	商事	しょうじ (st23)		12.	商売	しょうばい
4.	商社	しょうしゃ (業種)		-----------------------		
5.	商務	しょうむ (st23)		13.	通商	つうしょう (st3)
6.	商工	しょうこう		14.	月商	げっしょう
7.	商法	しょうほう		15.	年商	ねんしょう
8.	商店	しょうてん		16.	大商い	おおあきない
9.	商慣行	しょうかんこう				

常　ジョウ／つね・とこ　　　　　　　　　　　　　always

1.	常に	つねに		7.	経常	けいじょう (st3)
2.	常務	じょうむ (st21)		8.	通常	つうじょう (st37)
3.	常勤	じょうきん		9.	異常	いじょう
4.	常識	じょうしき		10.	非常	ひじょう
5.	常設	じょうせつ		11.	正常	せいじょう
6.	常態	じょうたい		12.	平常	へいじょう
	----------------------			13.	日常	にちじょう

業　ギョウ・ゴウ／わざ　　　　　　　occupation, business, industry

1.	業界	ぎょうかい (st3)		15.	従業(員)	じゅうぎょう(いん) (st21)
2.	業務	ぎょうむ (st15)		16.	作業	さぎょう (st27)
3 a.	業種	ぎょうしゅ (st15)		17.	商業	しょうぎょう (st27)
b.	異業種	いぎょうしゅ		18.	操業	そうぎょう (st30)
4.	業績	ぎょうせき (st16)		19.	失業	しつぎょう (st21)
5.	業者	ぎょうしゃ (st26)		20.	漁業	ぎょぎょう (st43)
6.	業態	ぎょうたい		21.	鉱業	こうぎょう (st43)
7.	業況	ぎょうきょう		22.	残業	ざんぎょう (st39)
	----------------------			23.	職業	しょくぎょう (st37)
8.	～業	～ぎょう (st9) (ex. 製造業)	24.	分業	ぶんぎょう
9.	企業	きぎょう (st1)		25.	休業	きゅうぎょう
10.	事業	じぎょう (st1)		26.	就業	しゅうぎょう
11.	産業	さんぎょう (st2)		27.	起業	きぎょう
12.	営業	えいぎょう (st6)		28.	兼業	けんぎょう
13.	工業	こうぎょう (st4)		29.	卒業	そつぎょう
14.	農業	のうぎょう (st13)		30.	開業	かいぎょう

競　キョウ・ケイ／きそ(う)・せ(る)　　　　　　compete

1.	競争	きょうそう (st8)		4.	競う	きそう (st19)
2.	競合	きょうごう		5.	競い合う	きそいあう (st19)
3.	競売	きょうばい (けいばい)				

99. その他

一	イチ・イツ／ひと(つ)		one

1.	一方	いっぽう (st12)	
2.	一部	いちぶ (st12)	
3.	一般	いっぱん (st12)	
4.	一段	いちだん (st13)	
5.	一時	いちじ (st13)	
6.	一致	いっち (st42)	
7.	一体	いったい (st46)	
8.	一斉	いっせい (st31)	
9.	一層	いっそう (st31)	
10.	一定	いってい	
11.	一括	いっかつ	
12.	一因	いちいん	
13.	一巡	いちじゅん	
14.	一本(化)	いっぽん(か)	
15.	一律	いちりつ	
16.	一連	いちれん	
17.	一気	いっき	
18.	一期	いっき	
19.	一転	いってん	

20.	一歩	いっぽ
21.	一元	いちげん
22.	一次	いちじ
23.	一段落	いちだんらく
24.	一角	いっかく
25.	一環	いっかん (st25 表現)
26.	一貫	いっかん
27.	一極	いっきょく
28.	一応	いちおう
29.	一概	いちがい
30.	一服	いっぷく

31.	統一	とういつ
32.	同一	どういつ
33.	唯一	ゆいいつ
34.	単一	たんいつ
35.	万一	まんいち
36.	〜一	〜いち (ex. 日本一)

入	ニュウ／い(る)・はい(る)・い(れる)		enter, put in

1.	入札	にゅうさつ (st21)
2.	入社	にゅうしゃ
3.	入力	にゅうりょく
4.	入手	にゅうしゅ
5.	入居	にゅうきょ
6.	入る	はいる(キソ, 自他まとめ1)
7.	入れる	いれる(キソ, 自他まとめ1)
8.	入れ替える	いれかえる
9.	入れ替わる	いれかわる
10.	入口	いりぐち

11.	輸入	ゆにゅう (st5)
12.	導入	どうにゅう (st9)
13.	参入	さんにゅう (st11)
14.	介入	かいにゅう (st22)
15.	購入	こうにゅう (st33)
16.	収入	しゅうにゅう (st35)
17.	投入	とうにゅう (st47)
18.	流入	りゅうにゅう

19.	加入	かにゅう
20.	算入	さんにゅう
21.	納入	のうにゅう (st36)
22.	突入	とつにゅう
23.	預入	よにゅう
24.	先入観	せんにゅうかん
25.	受け入れる	うけいれる (st18)
26.	借り入れる	かりいれる (st18)
27.	申し入れる	もうしいれる (st18)
28.	取り入れる	とりいれる
29.	乗り入れる	のりいれる
30.	買い入れる	かいいれる
31.	繰り入れる	くりいれる
32.	仕入れ(る)	しいれ(る) (st36)
33.	組み入れる	くみいれる
34.	テコ入れ	テコいれ (st46 表現)
35.	底入れ	そこいれ
36.	立ち入る	たちいる

了	リョウ				come to an end, understand, think

1.	了承	りょうしょう		3.	終了	しゅうりょう (st42)
2.	了解	りょうかい		4.	完了	かんりょう

上	ジョウ／ うえ・うわ・かみ・あ(がる)・あ(げる)・のぼ(る)					top, rise, raise, go up above, on, upper

1.	上	うえ	21.	以上	いじょう (キソ)
2.	上げる	あげる(キソ, st10, 自他まとめ1)	22.	計上	けいじょう (st25)
3.	上がる	あがる(キソ, st10, 自他まとめ1)	23.	史上	しじょう (st1)
4.	上る	のぼる	24.	～上	～じょう (st31) (ex. 事実上)
5.	上昇	じょうしょう (st9)	25.	向上	こうじょう (st29)
6.	上場	じょうじょう (st12)	26.	途上国	とじょうこく (st25)
7.	上位	じょうい (st34)	27.	浮上	ふじょう (st36 表現)
8.	上方	じょうほう (st35)	28.	地上	ちじょう
9.	上級	じょうきゅう	29.	海上	かいじょう
10.	上限	じょうげん	30.	席上	せきじょう
11.	上院	じょういん	31.	売(り)上(げ)	うりあげ (st3)
12.	上司	じょうし	32.	引き上げる	ひきあげる (st19)
13.	上旬	じょうじゅん	33.	賃上げ	ちんあげ (st39)
14.	上回る	うわまわる (st17)	34.	値上げ	ねあげ (st10)
15.	上向く	うわむく (st16)	35.	値上がり	ねあがり (st10)
16.	上積み	うわづみ	36.	取り上げる	とりあげる (st19)
17.	上乗せ	うわのせ	37.	押し上げる	おしあげる (st38)
18.	上～	かみ～ (ex. 上半期)	38.	積み上げる	つみあげる
19.	上期	かみき (st1)	39.	追い上げる	おいあげる
20.	上値	うわね	40.	利上げ	りあげ (st33)

下	カ・ゲ ／ した・しも・もと・さ(がる)・ さ(げる)・ くだ(る)・くだ(さる)・くだ(す)・お(ろす)・お(りる)	bottom, base, hang, go down under

1.	下	した	19.	下げ止まる	さげどまる
2.	下がる	さがる(キソ, st10, 自他まとめ1)	20.	下げ過ぎる	さげすぎる
3.	下げる	さげる(キソ, st10, 自他まとめ1)	21.	下げ渋る	さげしぶる
4.	下	もと	22.	下り坂	くだりざか
5.	下す	くだす	23.	下りる	おりる
6.	下落	げらく (st21)		-----------------------	
7.	下旬	げじゅん	24.	低下	ていか (st21)
8.	下院	かいん	25.	以下	いか (キソ)
9.	下方	かほう	26.	傘下	さんか (st28 表現)
10.	下位	かい	27.	却下	きゃっか
11.	下期	しもき (st1)	28.	部下	ぶか
12.	下回る	したまわる (st17)	29.	〜下	〜か (ex. 不況下)
13.	下支え	したざさえ	30.	引き下げる	ひきさげる (st19)
14.	下値	したね	31.	利下げ	りさげ (st33)
15.	下請け	したうけ (st43)	32.	値下がり	ねさがり (st10)
16.	下取り	したどり	33.	値下げ	ねさげ (st10)
17.	下げ足	さげあし	34.	押し下げる	おしさげる
18.	下げ幅	さげはば	35.	賃下げ	ちんさげ

万	マン・バン	ten thousand, many, all

1.	万人	ばんにん (ばんじん)	3.	〜万	〜まん (始める前に) (ex.100万)
2.	万一	まんいち			

与	ヨ ／ あた(える)	give, be involved

1.	与党	よとう (st27)	5.	関与	かんよ
2.	与える	あたえる (st19)	6.	給与	きゅうよ (st39)
	-----------------------		7.	賞与	しょうよ (st39)
3.	供与	きょうよ (st31)	8.	譲与	じょうよ
4.	寄与	きよ			

| 及 | キュウ／およ(び)・およ(ぶ)・およ(ぼす) | | reach, extend, pass, and also |

1.	及ぶ	およぶ (st37)	5.	普及	ふきゅう (st40)
2.	及ぼす	およぼす (自他まとめ 3)	6.	波及	はきゅう
3.	及び腰	およびごし	7.	追及	ついきゅう
4.	及び	および	8.	言及	げんきゅう

| 己 | コ・キ／おのれ | I, myself |

1.	自己	じこ (st22)

| 比 | ヒ／くら(べる) | | ratio, compare |

1.	比べる	くらべる (st6)	6.	～比	～ひ (st6) (ex. 前期比)
2.	比率	ひりつ (st16)	7.	対比	たいひ
3.	比較	ひかく (st32)	8.	見比べる	みくらべる
4.	比重	ひじゅう			
5.	比例	ひれい			

| 不 | フ・ブ | | dis-, in-, un-, mal-, ill- (prefix) |

1.	不～	ふ～ (st7) (ex. 不均衡)	13.	不在	ふざい
2.	不況	ふきょう (st16)	14.	不信	ふしん
3.	不動産	ふどうさん (業種)	15.	不利	ふり
4.	不足	ふそく (st23)	16.	不調	ふちょう
5.	不安	ふあん (st11)	17.	不能	ふのう
6.	不振	ふしん (st28)	18.	不明	ふめい
7.	不良	ふりょう (st45)	19.	不毛	ふもう
8.	不満	ふまん (st49)	20.	不快	ふかい
9.	不当	ふとう (st45)	21.	不可分	ふかぶん
10.	不可欠	ふかけつ (st22 表現)	22.	不要	ふよう
11.	不渡り	ふわたり (st41)	23.	不払い	ふばらい
12.	不景気	ふけいき (st16)	24.	不問	ふもん

公　コウ／おおやけ　　　　　　　　　　　　　　　　　　　　　public

1.	公共	こうきょう (st24)	11.	公団	こうだん	
2.	公取委	こうとりい (st45)	12.	公務	こうむ	
	(公正取引委員会)		13.	公営	こうえい	
	(こうせいとりひきいいんかい)		14.	公庫	こうこ	
3.	公表	こうひょう (st25)	15.	公式	こうしき	
4.	公正	こうせい (st11)	16.	公平	こうへい	
5.	公開	こうかい (st29)	17.	公告	こうこく	
6.	公定歩合	こうていぶあい (st27)	18.	公社債	こうしゃさい	
7.	公的	こうてき (st20)		(公債 + 社債)		
8.	公募	こうぼ (st50)	19.	公聴(会)	こうちょう(かい)	
9.	公算	こうさん (st45)	20.	公益	こうえき	
10.	公社	こうしゃ	21.	公衆	こうしゅう	

少　ショウ／すく(ない)・すこ(し)　　　　　　a few, a little, scarce, young

1.	少ない	すくない (キソ)	5.	少額	しょうがく
2.	少し	すこし (キソ)	6.	少年	しょうねん
3.	少子化	しょうしか		-----------------------	
4.	少数	しょうすう	7.	減少	げんしょう (st6)

世　セイ・セ／よ　　　　　　　　　　　　　　　　　　　world, society

1.	世界	せかい (キソ)	5.	世論	よろん (せろん)
2 a.	世代	せだい (st46)	6.	世の中	よのなか
b.	次世代	じせだい	7.	世銀	せぎん
3.	世帯	せたい (st36)		(世界銀行) (せかいぎんこう)	
4.	世紀	せいき (st26)	8.	世話	せわ

氏　シ／うじ　　　　　Mister (used as suffix), family name, lineage

1.	氏名	しめい	2.	～氏	～し (st4) (ex. スミス氏)
	-----------------------		3.	同氏	どうし (st7 + st4)

363

99. その他

| 午　ゴ | | | noon |

1.　午前　　ごぜん (キソ)　　　3.　正午　　しょうご
2.　午後　　ごご (キソ)

| 互　ゴ／たが(い) | | | each other, one another, mutual |

1.　互い(に)　たがい(に)

2.　相互　　そうご (st28)

| 市　シ／いち | | | city, market |

1.　市場　　しじょう (st1)　　　6.　市販　　しはん
2.　市況　　しきょう　　　　　　7.　市街　　しがい
3.　市民　　しみん　　　　　----------------------
4.　市中　　しちゅう　　　　　　8.　〜市　　〜し (st2) (ex. 大阪市)
5 a.市町村　しちょうそん　　　　9.　都市　　とし (キソ)
　b.市区町村 しくちょうそん　　 10.　同市　　どうし (st7 + st2)

| 用　ヨウ／もち(いる) | | | business, use, necessary |

1.　用地　　ようち　　　　　　 12.　適用　　てきよう (st29)
2.　用途　　ようと　　　　　　 13.　活用　　かつよう (st38)
3.　用意　　ようい　　　　　　 14.　乗用車　じょうようしゃ (st43)
4.　用船　　ようせん　　　　　 15.　日用(品) にちよう(ひん) (st42)
5.　用いる　もちいる　　　　　 16.　費用　　ひよう
　　　　　　　　　　　　　　　 17.　使用　　しよう
----------------------　　　 18.　専用　　せんよう
6.　雇用　　こよう (st8)　　　 19.　起用　　きよう
7.　採用　　さいよう (st10)　　20.　応用　　おうよう
8.　〜用　　〜よう (st9) (ex. 業務用) 21.　実用　じつよう
9.　利用　　りよう (st7)　　　 22.　通用　　つうよう
10.　運用　　うんよう (st8)　　23.　有用　　ゆうよう
11.　信用　　しんよう (st22)

民　　ミン／たみ　　　　　　　　　　　　　　　　　people

1.	民間	みんかん (st13)		9.	国民	こくみん (st22)
2.	民営	みんえい (st36)		10.	自民党	じみんとう
3.	民主	みんしゅ (st44)			(自由民主党)	(じゆうみんしゅとう)
4.	民放	みんぽう		11.	市民	しみん
	(民間放送)	(みんかんほうそう)		12.	移民	いみん
5.	民意	みんい		13.	住民	じゅうみん
6.	民生	みんせい		14.	難民	なんみん
7.	民活	みんかつ		15.	官民	かんみん
8.	民事	みんじ		16.	人民	じんみん

正　　セイ・ショウ／ただ(しい)・ただ(す)・まさ　　　correct, right, main, formal

1.	正しい	ただしい		9.	改正	かいせい (st11)
2.	正式	せいしき (st32)		10.	修正	しゅうせい (st22)
3.	正当	せいとう		11.	公正	こうせい (st11)
4.	正〜	せい〜 (ex. 正会員)		12.	是正	ぜせい (st39)
5.	正常	せいじょう		13.	補正	ほせい
6.	正月	しょうがつ		14.	訂正	ていせい
7.	正午	しょうご		15.	適正	てきせい
8.	正面	しょうめん				

北　　ホク／きた　　　　　　　　　　　　　　　　　north

1.	北	きた (キソ)		7.	北陸	ほくりく
2.	北京	ぺきん (st25)		8.	北方	ほっぽう
3.	北米	ほくべい		----------------------		
4.	北海道	ほっかいどう		9.	東北	とうほく
5.	北欧	ほくおう		10.	南北	なんぼく
6.	北部	ほくぶ				

99. その他

弁　ベン　　　　　　　　　　　　　　　speech, lunch box, bulb, deal

1 a.	弁護士	べんごし (st21)	4.	合弁	ごうべん (st28)
b.	弁護	べんご	5.	抗弁	こうべん
2.	弁論	べんろん	6.	代弁	だいべん
3.	弁当	べんとう	7.	答弁	とうべん

失　シツ／うしな(う)　　　　　　　　　　　　　lose, miss

1.	失業	しつぎょう (st21)	6.	失う	うしなう (st35)
2.	失敗	しっぱい (st50)		----------------------
3.	失速	しっそく	7.	損失	そんしつ (st41)
4.	失墜	しっつい	8.	過失	かしつ
5.	失望	しつぼう	9.	喪失	そうしつ

処　ショ　　　　　　　　　　　　　　　　place, decide

1.	処理	しょり (st23)	4.	処置	しょち
2.	処分	しょぶん		----------------------
3.	処罰	しょばつ	5.	対処	たいしょ

包　ホウ／つつ(む)　　　　　　　　　　wrap, cover, contain

1.	包括	ほうかつ (st40)	2.	包装	ほうそう

巨　キョ　　　　　　　　　　　　　　huge, gigantic, great

1.	巨額	きょがく (st45)	3.	巨人	きょじん
2.	巨大	きょだい			

冬　トウ／ふゆ　　　　　　　　　　　　　　　winter

1.	冬	ふゆ (st15)	3.	今冬	こんとう
2.	冬季	とうき			

年　ネン／とし　　　　　　　　　　　　　　　　　　　　　year

1.	年度	ねんど (st1)	20.	～年	～ねん (キソ) (ex. 96年)
2.	年間	ねんかん (st1)	21.	昨年	さくねん (st1)
3.	年金	ねんきん (st24)	22.	去年	きょねん
4.	～年代	～ねんだい(st26)(ex.90年代)	23.	前年	ぜんねん (st1)
5.	年齢	ねんれい (st35)	24.	今年	ことし (キソ)
6.	年末	ねんまつ	25.	来年	らいねん (キソ)
7.	～年卒	～ねんそつ (ex. 96年卒)	26.	翌年	よくねん
8.	年内	ねんない	27.	数年	すうねん
9.	年率	ねんりつ	28.	毎年	まいねん (まいとし) (キソ)
10.	年次	ねんじ	29.	越年	えつねん
11.	年初	ねんしょ	30.	定年	ていねん (st39)
12.	年々	ねんねん	31.	中高年	ちゅうこうねん(P353参照)
13.	年俸	ねんぽう (st39)	32.	～カ年	～かねん (st1) (ex. 5カ年)
14.	年功	ねんこう (st39)	33.	若年	じゃくねん
15.	年限	ねんげん	34.	～周年	～しゅうねん (ex. 10周年)
16.	年利	ねんり	35.	通年	つうねん
17.	年数	ねんすう	36.	例年	れいねん
18.	～年目	～ねんめ (ex. 3年目)	37.	暦年	れきねん
19.	年月	ねんげつ	38.	半年	はんとし

当　トウ／あ(たる)・あ(てる)　　　　　　hit, win, apply, guess, natural, this

1.	当初	とうしょ (st12)	13.	該当	がいとう
2.	当局	とうきょく (st34)	14.	正当	せいとう
3.	当面	とうめん (st31)	15.	妥当	だとう
4.	当然	とうぜん (st31)	16.	抵当	ていとう
5.	当時	とうじ	17.	適当	てきとう
6.	当期	とうき	18.	本当	ほんとう
7.	当たる	あたる (st37)	19.	穏当	おんとう
8.	当たり前	あたりまえ	20.	～当たり	～あたり (st 28)
					(ex. 1世帯当たり)

9.	担当	たんとう (st29)	21.	割り当てる	わりあてる (st38)
10.	配当	はいとう (st41)	22.	手当(て)	てあて (st39)
11.	不当	ふとう (st45)	23.	引き当て	ひきあて
12.	相当	そうとう	24.	差し当たり	さしあたり

気　キ・ケ　　　　　　　　　　　　　　　　　spirit, energy, mind

1.	気配	けはい	11.	弱気	よわき
2.	気	き (キソ)	12.	人気	にんき
3.	～気味	～ぎみ (ex. 遅れ気味)	13.	天気	てんき
4.	気配り	きくばり	14.	一気	いっき
5.	気がかり	きがかり	15.	空気	くうき
6.	気持	きもち	16.	活気	かっき
7.	気概	きがい	17.	士気	しき
----------------------			18.	意気込む	いきごむ
8.	景気	けいき (st2)	19.	熱気	ねっき
9.	電気	でんき (キソ)	20.	排気	はいき
10.	強気	つよき	21.	嫌気	いやけ

争　ソウ／あらそ(う)　　　　　　　quarrel, dispute, competition, struggle

1.	争う	あらそう (st38)	5.	紛争	ふんそう (st45)
2.	争点	そうてん	6.	～争い	～あらそい (st38)
----------------------					(ex. シェア争い)
3.	競争	きょうそう (st8)	7.	論争	ろんそう
4.	戦争	せんそう (st44)			

西　セイ・サイ／にし　　　　　　　　　　　　　　　　　　west

1.	西	にし (キソ)	5.	西側	にしがわ
2.	西独	せいどく	----------------------		
	(旧西ドイツ)	(きゅうにしどいつ)	6.	関西	かんさい (st25)
3.	西欧	せいおう	7.	東西	とうざい
4.	西半球	にしはんきゅう	8.	大西洋	たいせいよう

危　キ／あぶ(ない)・あや(うい)・あや(ぶむ)　dangerous, unsafe, doubtful, unsteady

1.	危ない	あぶない	4.	危機	きき (st30)
2.	危うい	あやうい	5.	危険	きけん
3.	危ぶむ	あやぶむ	6.	危ぐ(惧)	きぐ

毎　まい・《ごと》　　　　　　　　　　　　　　　　every (prefix)

1.	毎年	まいとし(まいねん) (キソ)	4.	毎回	まいかい
2.	毎月	まいつき (キソ)	----------------------		
3.	毎週	まいしゅう	5.	～毎に	～ごとに (ex. 2日毎に)

州　シュウ／す　　　　　　　　　　　　　province, state (U.S.A.), continent

1.	州法	しゅうほう	4.	九州	きゅうしゅう
2.	州都	しゅうと	5.	本州	ほんしゅう
			6.	～州	～しゅう (st 25) (ex. オハイオ州)
3.	欧州	おうしゅう (st2)			

良　リョウ／よ(い)　　　　　　　　　　　　　　　　good, well, fine

1.	良い	よい	4.	不良	ふりょう (st45)
2.	良質	りょうしつ	5.	優良	ゆうりょう
3.	良識	りょうしき			

求　キュウ／もと(める)　　　　　request, demand, search for, buy, seek for

1.	求める	もとめる (st17)	5.	要求	ようきゅう (st9)
2.	求人	きゅうじん (st39)	6.	追求	ついきゅう
3.	求職	きゅうしょく	7.	請求	せいきゅう
4.	求心力	きゅうしんりょく			

更　コウ／さら・ふ(ける)・ふ(かす)　　　change, renew, reform, new, moreover

1.	更新	こうしん (st30)	4.	更改	こうかい
2.	更生	こうせい (st45)			
3.	更迭	こうてつ	5.	変更	へんこう (st47)

身　シン／み　　　　　　　　　　　　　　　　　　　　　body

1.	身	み	5.	出身	しゅっしん
2.	身近な	みぢかな	6.	単身	たんしん
			7.	中身	なかみ
3.	終身	しゅうしん (st39)	8.	受身	うけみ
4.	自身	じしん			

長　チョウ／なが(い)　　　　　　　　head of an institution or organization, long

1.	長期	ちょうき (st1)		14.	助長	じょちょう
2.	長官	ちょうかん (st21)		15.	〜長	〜ちょう (st4) (ex. 部課長)
3.	長〜	ちょう〜 (ex. 長期間)		16.	社長	しゃちょう (キソ)
4.	長(信)銀	ちょう(しん)ぎん		17.	会長	かいちょう (st4)
	(長期信用銀行)	(ちょうきしんようぎんこう)		18.	部長	ぶちょう
5.	長短	ちょうたん		19.	室長	しつちょう (st21)
6.	長所	ちょうしょ		20.	次長	じちょう
7.	長男	ちょうなん		21.	議長	ぎちょう
8.	長い	ながい (キソ)		22.	局長	きょくちょう
9.	長引く	ながびく		23.	座長	ざちょう
-----------------------				24.	所長	しょちょう
10.	成長	せいちょう (st6)		25.	首長	しゅちょう
11.	延長	えんちょう (st33)		26.	団長	だんちょう
12.	最長	さいちょう		27.	店長	てんちょう
13.	中長期	ちゅうちょうき				
	(中期 + 長期)					

事　ジ／こと　　　　　　　　　　　　thing, action, affair, fact

1.	事業	じぎょう (st1)		14.	理事	りじ (st21)
2.	事務	じむ (st24)		15.	幹事	かんじ (st21)
3.	事実	じじつ (st36)		16.	知事	ちじ (st21)
4.	事前	じぜん (st42)		17.	記事	きじ (始める前に)
5.	事故	じこ		18.	軍事	ぐんじ
6.	事件	じけん		19.	大事	だいじ
7.	事情	じじょう		20.	刑事	けいじ
8.	事態	じたい		21.	民事	みんじ
9.	事後	じご		22.	家事	かじ
10.	事例	じれい		23.	参事(官)	さんじ(かん)
-----------------------				24.	従事	じゅうじ
11.	工事	こうじ (st27)		25.	食事	しょくじ
12.	商事	しょうじ (st23)		26.	仕事	しごと (キソ)
13.	人事	じんじ (st39)				

非　ヒ　　　　　　　　　　　　　　　fault, wrong, non-, un-

1.	非〜	ひ〜 (st7) (ex. 非関税)		3.	是非	ぜひ
2.	非常	ひじょう		4.	是か非か	ぜかひか

| 面 | メン／おも・おもて・つら | side, phase, mask, face, outside, front, surface |

1.	面	めん	10.	当面	とうめん (st31)
2.	面積	めんせき	11.	対面	たいめん
3.	面する	めんする	12.	直面	ちょくめん
4.	面接	めんせつ	13.	側面	そくめん
5.	面談	めんだん	14.	額面	がくめん
	-----------------------		15.	画面	がめん
6.	～面	～めん(始める前に)(ex.社会面)	16.	場面	ばめん
7.	全面	ぜんめん (st40)	17.	(～)半面	(～)はんめん (st39 表現)
8.	表面	ひょうめん (st34)			(ex. その半面)
9.	局面	きょくめん (st37)			

| 重 | ジュウ・チョウ／
え・おも(い)・かさ(なる)・かさ(ねる) | pile (things) up,
fold, heavy |

1.	重い	おもい (st40)	9.	慎重	しんちょう (st11)
2.	重ねる	かさねる	10.	尊重	そんちょう
3.	重視	じゅうし (st23)	11.	貴重	きちょう
4.	重要	じゅうよう (st11)	12.	加重	かじゅう
5.	重点	じゅうてん	13.	比重	ひじゅう
6.	重質油	じゅうしつゆ	14.	～重	～じゅう (ex. 二重)
7.	重機	じゅうき			
8.	重んじる	おもんじる			

| 変 | ヘン／か(わる)・か(える) | unusual event, change, odd, strange |

1.	変化	へんか (st23)	7.	変える	かえる (自他まとめ 1)
2.	変動	へんどう (st32)	8.	変え始める	かえはじめる (st19)
3.	変更	へんこう (st47)		-----------------------	
4.	変革	へんかく	9.	様変わり	さまがわり
5.	変質	へんしつ	10.	大変	たいへん
6.	変わる	かわる (st17)			

乗	ジョウ／の(る)・の(せる)			multiplication (math.), ride, give a ride

1.	乗り出す	のりだす (st18)	9.	乗っ取る	のっとる
2.	乗り入れる	のりいれる	10.	乗り上げる	のりあげる
3.	乗る	のる (st18)	11.	乗用車	じょうようしゃ (st43)
4.	乗せる	のせる		----------------------
5.	乗り切る	のりきる	12.	便乗	びんじょう
6.	乗り換える	のりかえる	13.	相乗	そうじょう
7.	乗り越える	のりこえる	14.	上乗せ	うわのせ
8.	乗り込む	のりこむ		

風	フウ／かぜ			wind

1.	風	かぜ	3.	追い風	おいかぜ (st30 表現)
2.	風土	ふうど	4.	～風	～ふう (ex. 日本風)
	----------------------		5.	逆風	ぎゃくふう

配	ハイ／くば(る)			distribute, deliver

1.	配当	はいとう (st41)	9.	分配	ぶんぱい (st40)
2.	配慮	はいりょ (st39)	10.	気配	けはい
3.	配分	はいぶん	11.	支配	しはい
4.	配給	はいきゅう	12.	心配	しんぱい
5.	配送	はいそう	13.	減配	げんぱい
6.	配達	はいたつ	14.	無配	むはい
7.	配置	はいち	15.	気配り	きくばり
8.	配転	はいてん (st39)		
	(配置転換) (はいちてんかん)			

既	キ／すで(に)			already, previously

1.	既存	きそん (st37)	3.	既婚	きこん
2.	既得	きとく	4.	既に	すでに

夏　カ・ゲ／なつ　　　　　　　　　　　　summer

1.	夏	なつ (st15)		4.	来夏	らいか
2.	夏場	なつば		5.	今夏	こんか
3.	夏季	かき				

兼　ケン／　　　　combine, serve in several capacities, be unable to,
　　　か(ねる)　　　　　　　　　and, in addition, before (suffix)

1.	兼	けん (st49 表現)		4.	兼任	けんにん
2.	兼務	けんむ		5.	兼ねる	かねる
3.	兼業	けんぎょう				

率　ソツ・リツ／ひき(いる)　　　　　　rate, lead, command

1.	率いる	ひきいる		6.	倍率	ばいりつ (st36)
				7.	税率	ぜいりつ
2.	～率	～りつ (st6) (ex. 成長率)	8.	年率	ねんりつ
3.	比率	ひりつ (st16)		9.	高率	こうりつ
4.	効率	こうりつ (st27)		10.	料率	りょうりつ
5.	利率	りりつ (st33)		11.	確率	かくりつ

------------------------ (after 1.)

釈　シャク　　　　　　　　interpret, explain, release

1.	釈明	しゃくめい		2.	解釈　かいしゃく (st46)
				3.	注釈　ちゅうしゃく

象　ショウ・ゾウ　　　　　　　　image, elephant

1.	象徴	しょうちょう		3.	現象　げんしょう (st48)
				4.	印象　いんしょう
2.	対象	たいしょう (st14)			

就　シュウ・ジュ ／ つ(く)・つ(ける)　　　　　　　　　　　engage in

1.	就職	しゅうしょく (st50)	4. 就業　しゅうぎょう
2.	就任	しゅうにん	-----------------------
3.	就労	しゅうろう	5. 去就　きょしゅう

農　ノウ　　　　　　　　　　　　　　　　　　　　　　　farming

1. 農業	のうぎょう (st13)	9. 農産物　のうさんぶつ
2. 農家	のうか	10. 農村　のうそん
3. 農地	のうち	-----------------------
4. 農水(省)	のうすい(しょう)	11. 医農薬　いのうやく
	(農林 + 水産)	(医薬 + 農薬)
5. 農政	のうせい	12. 全農　ぜんのう
6. 農薬	のうやく	(全国農業協同組合連合会)(ぜんこく
7. 農林	のうりん	のうぎょうきょうどうくみあいれんごうかい)
8. 農協	のうきょう(農業協同組合)	
	(のうぎょうきょうどうくみあい)	

義　ギ　　　　　　　　justice, in-law, relationship, meaning, just (right)

1.	義務	ぎむ (st30)	4. 名義　めいぎ
-----------------------			5. 広義　こうぎ
2.	～主義	～しゅぎ (st34) (ex. 民主主義)	6. 大義名分　たいぎめいぶん
3.	定義	ていぎ	

融　ユウ　　　　　　　　　　　melt, circulate, arrange matters

1.	融資	ゆうし (st7)	4. 融和　ゆうわ
2.	投融資	とうゆうし	-----------------------
	(投資 + 融資)		5. 金融　きんゆう (st1)
3.	融通	ゆうずう	

補充漢字　ADDITIONAL KANJI
ほじゅう　かんじ

学習漢字語いを構成している漢字（総漢字表）に次いで必要性も高く、頻度も高いも
の174字を補充漢字としました。これにより経済記事の90％以上の漢字をカバーす
ることができます。

This supplement includes 174 kanji which are important and frequently used, following the
kanji introduced in the main text of Part I and Part II of this textbook. With this supplement,
this book covers more than 90 percent of all the kanji that appear in the newspaper articles
written on finance and economics.

1. イ(人)

仮	カ・ケ／かり temporary, hypothetical

1.　仮定　　　　かてい
2.　仮(に)　　　かり(に)
3.　仮〜　　　　かり〜 (ex. 仮払い)

似	ジ／に(る)　　　　　　　resemble

1.　類似　　　　るいじ

健	ケン／すこ(やか)　　healthy, sound

1.　健全　　　　けんぜん
2.　健康　　　　けんこう
3.　保健　　　　ほけん

3. ⺡

冷	レイ／つめ(たい)・ひ(える)・ become cold ひ(やす)・さ(める)・さ(ます)　cold, cool

1.　冷え込む　ひえこむ
2.　冷静　　　　れいせい
3.　冷蔵庫　　れいぞうこ

凍	トウ／　　　　　　　　　freeze こお(る)・こご(える)

1.　凍結　　　　とうけつ
2.　冷凍　　　　れいとう

4. ⺡(水)

波	ハ／なみ　　　　　　　　　wave

1.　波紋　　　　はもん
2.　波及　　　　はきゅう
3.　電波　　　　でんぱ

洋	ヨウ　　　　　　　　　　　ocean

1.　洋画　　　　ようが
2.　太平洋　　たいへいよう

洗	セン／あら(う)　　　　　　wash

1.　洗剤　　　　せんざい
2.　洗い出す　あらいだす

酒	シュ／さけ　　　　rice wine, liquor

1.　酒類　　　　さけるい(しゅるい)
2.　洋酒　　　　ようしゅ

涯	ガイ／はて　　　　　　　end, limit

1.　生涯　　　　しょうがい

混	コン／ま(じる)・　　　　be mixed, ま(ざる)・ま(ぜる)　　　　　mix

1.　混乱　　　　こんらん
2.　混雑　　　　こんざつ

温	オン／ あたた(かい)・あたた(める)・あたた(まる)	warm

1. 温暖化　おんだんか
2. 温度　おんど
3. 温存　おんぞん

滞	タイ／ とどこお(る)	stagnate, be left undone

1. 滞在　たいざい
2. 滞納　たいのう
3. 延滞　えんたい
4. 停滞　ていたい

演	エン	act, perform

1. 演じる　えんじる
2. 演説　えんぜつ
3. 講演　こうえん

5. 彳

街	ガイ・カイ／ まち	town, avenue (often used as a suffix)

1. 市街　しがい
2. 〜街　〜がい (ex. 商店街)

循	ジュン	obey, follow, circulate, go around

1 a. 循環　じゅんかん
　 b. 悪循環　あくじゅんかん

6. 土(土)

至	シ／ いた(る)	reach, go as far as

1. 至上　しじょう
2. 必至　ひっし

埋	マイ／ う(まる)・う(める)・う(もれる)　fill up	be buried, bury,

1. 埋め合わせる　うめあわせる
2. 埋蔵量　まいぞうりょう
3. 穴埋め　あなうめ

塗	ト／ぬ(る)	paint, plaster

1. 塗料　とりょう

壊	カイ／ こわ(れる)・こわ(す)	collapse, break, destroy

1. 壊滅　かいめつ
2. 破壊　はかい
3. 崩壊　ほうかい

壁	ヘキ／かべ	wall

1. 壁画　へきが
2. 障壁　しょうへき

7. 女

妨	ボウ／ さまた(げる)	obstruct, disturb, prevent

1. 妨害　ぼうがい

婦	フ	woman, wife

1. 婦人　ふじん
2. 主婦　しゅふ
3. 夫婦　ふうふ

婚	コン	marriage

1. 結婚　けっこん

嫌　ケン／　　　　　　　　　　　dislike
　　きら(う)・いや

1. 嫌気　　　いやけ
2. 嫌疑　　　けんぎ

9. 口

号　ゴウ　　　　　　　　　number, issue
　　　　　　　　　　　　　(of a magazine)

1. 番号　　　ばんごう
2. 第〜号　　だい〜ごう (ex. 第三号)
3. 〜号機　　〜ごうき (ex. 三号機)

司　シ　　　take charge of, administrate

1. 司法　　　しほう
2. 上司　　　じょうし
3. 公司　　　こうし

右　ウ・ユウ／みぎ　　　　　　　right

1. 右腕　　　みぎうで
2. 左右　　　さゆう

豆　トウ・ズ／まめ　　　　　pea, bean

1. 小豆　　　あずき
2. 大豆　　　だいず

乱　ラン／　　disturbance, rebellion,
　　みだ(れる)・みだ(す)　　be disordered

1. 乱用　　　らんよう
2. 反乱　　　はんらん
3. 混乱　　　こんらん

否　ヒ／いな　　　　　　　　deny, not

1. 否定　　　ひてい
2. 適否　　　てきひ
3. 成否　　　せいひ

谷　コク／たに　　　　　　　　valley

1. 景気の谷　　けいきのたに

唱　ショウ／　　　　　　　　　chant,
　　とな(える)　　　　　　　　recite

1. 提唱　　　ていしょう

11. 彡

狭　キョウ／　　　　　　　　narrow,
　　せま(い)・せば(める)・せば(まる)　small

1. 狭義　　　きょうぎ

14. 阝

阻　ソ／はば(む)　　obstruct, separate

1. 阻害　　　そがい
2. 阻止　　　そし

院　イン　　　　　　　　fine building,
　　　　　public office (often used as suffix)

1. 上院・下院　じょういん・かいん
2. 参院・衆院　さんいん・しゅういん
3. 両院　　　りょういん
4. 病院　　　びょういん

陣　ジン　　　　　　　　　　　camp,
　　　　　　　　　　　　　　　battle

1. 陣営　　　じんえい
2. 〜陣　　　〜じん (ex. 首脳陣)

陸　リク　　　　　　　　　　　land

1. 陸上　　　りくじょう
2. 大陸　　　たいりく
3. 離着陸　　りちゃくりく

隔	カク／へだ(てる)	separate, partition
1.	遠隔	えんかく

16. 扌(手)

折	セツ／ お(る)・お(れる)	break, fold, bend
1.	折衝	せっしょう
2.	折半	せっぱん
3.	折り合い	おりあい

抵	テイ	touch, go against
1.	抵抗	ていこう
2.	抵当	ていとう

拒	キョ／ こば(む)	refuse, decline, resist
1.	拒否	きょひ

挙	キョ／ あ(がる)・あ(げる)	behavior, conduct, raise, perform
1.	選挙	せんきょ

挑	チョウ／ いど(む)	challenge, make advances to
1.	挑戦	ちょうせん

捕	ホ／つか(まえる)・つか(まる)・ と(らえる)・と(らわれる)・と(る)	catch
1.	捕獲	ほかく
2.	逮捕	たいほ

掲	ケイ／かか(げる)	put up, hoist
1.	掲載	けいさい
2.	掲示	けいじ

捨	シャ／す(てる)	throw away
1.	切り捨てる	きりすてる
2.	四捨五入	ししゃごにゅう

描	ビョウ／ えが(く)	draw, describe
1.	描く	えがく

握	アク／にぎ(る)	grasp, clasp
1.	把握	はあく

揺	ヨウ／ ゆ(れる)・ゆ(する)・ゆ(らぐ)・ゆ(るぐ)	shake, swing
1.	揺れ動く	ゆれうごく

17. 牜(牛)

牛	ギュウ／うし	cow, bull
1.	牛肉	ぎゅうにく

18. 日

暗	アン／くら(い)	dark
1.	暗礁	あんしょう
2.	明暗	めいあん

暇	カ／ひま	time, leisure, time off
1.	休暇	きゅうか
2.	余暇	よか

暫	ザン	for a little while, for some time
1.	暫定	ざんてい

暴	ボウ・バク／	rage, disclose,
	あば(く)・あば(れる)	exceed, violent

1. 暴騰　　ぼうとう
2. 暴落　　ぼうらく
3. 暴力　　ぼうりょく
4. 暴発　　ぼうはつ

曜	ヨウ	suffix used for days of a week

1. 〜曜日　　〜ようび (ex. 水曜日)

19. 木

木	モク・ボク／き・こ	tree, wood

1. 木材　　もくざい
2. 土木　　どぼく

村	ソン／むら	village

1. 市町村　　しちょうそん
2. 〜村　　〜むら (ex. 上野村)

林	リン／はやし	woods

1. 農林　　のうりん
2. 森林　　しんりん
3. 山林　　さんりん

核	カク	nuclear substance,
		nucleus, kernel, core

1. 核〜　　かく〜 (ex. 核開発)
2. 中核　　ちゅうかく

校	コウ	school, think, compare

1. 学校　　がっこう

楽	ガク・ラク／	music, enjoy,
	たの(しい)・たの(しむ)	easy

1. 楽観　　らっかん
2. 娯楽　　ごらく
3. 音楽　　おんがく

棄	キ	throw away, abandon

1. 廃棄　　はいき
2. 放棄　　ほうき

橋	キョウ／はし	bridge

1. 〜橋　　〜ばし (ex. 日本橋)
2. 〜橋　　〜きょう (ex. 鉄橋)

20. 𤣩(王)

球	キュウ／たま	ball, sphere, globe

1. 地球　　ちきゅう

22. 歹

死	シ／し(ぬ)	death, die

1. 死去　　しきょ
2. 死亡　　しぼう
3. 必死　　ひっし
4. 過労死　　かろうし

23. 月

肝	カン／きも	center, vital point, liver

1. 肝心　　かんじん
2. 肝要　　かんよう

23. 月　24. 火　25. ネ(示)　26. 衤(衣)　27. 米　28. 禾　31. 立

服	フク	clothes, obey, take (a rest or medication)
1.	一服	いっぷく
2.	克服	こくふく
3.	洋服	ようふく

腰	ヨウ／こし	waist, hip
1.	及び腰	およびごし

24. 火

火	カ／ひ・ほ	fire
1.	火種(火ダネ)	ひだね
2.	火災	かさい
3.	防火	ぼうか

災	サイ／わざわ(い)	disaster, misfortune
1.	災害	さいがい
2.	労災	ろうさい
	(労働災害)	(ろうどうさいがい)
3.	震災	しんさい

25. ネ(示)

神	シン／かみ	god
1.	神戸	こうべ
2.	精神	せいしん
3.	阪神	はんしん

26. 衤(衣)

衰	スイ／おとろ(える)	become weak, decline
1.	衰退	すいたい

複	フク	repeat, multiple
1.	複数	ふくすう
2.	複雑	ふくざつ
3.	複写	ふくしゃ
4.	複利	ふくり
5.	複合	ふくごう

27. 米

粧	ショウ	embellish, wear a make up
1.	化粧(品)	けしょう(ひん)

糖	トウ	sugar
1.	砂糖	さとう
2.	製糖	せいとう

28. 禾

科	カ	category, rule, mistake
1.	科学	かがく

称	ショウ	name, call, praise
1.	呼称	こしょう
2.	名称	めいしょう

秩	チツ	order
1.	秩序	ちつじょ

31. 立

翌	ヨク	the next ~, the following ~
1.	翌～	よく～ (ex. 翌日、翌年)

33. 糸

糸	シ／いと		thread
1.	糸口	いとぐち	
2.	生糸	きいと	

絶	ゼツ／		extinct, end,
	た(える)・た(やす)・た(つ)		cease
1.	絶対	ぜったい	
2.	絶望	ぜつぼう	
3.	根絶	こんぜつ	

絞	コウ／しぼ(る)		wring, squeeze
1.	絞り込む	しぼりこむ	

絡	ラク／		tangle, become entangled,
	から(む)		be related to
1.	連絡	れんらく	
2.	～絡み	～がらみ (ex. 政治絡み)	

35. 耳

聴	チョウ／き(く)		listen to
1.	聴取	ちょうしゅ	
2.	視聴	しちょう	
3.	公聴	こうちょう	

36. 言

訓	クン		precept, teaching Japanese
			reading of kanji
1.	訓練	くんれん	
2.	訓読み	くんよみ	
3.	教訓	きょうくん	

訪	ホウ／おとず(れる)・たず(ねる)　visit
1.	訪問	ほうもん
2.	訪～	ほう～ (ex. 訪日、訪米)

詰	キツ／		cram, be stuck-up, be full,
	つ(む)・つ(まる)・つ(める)		be tight
1.	詰め合わせる	つめあわせる	
2.	行き詰まる	ゆきづまる	
3.	切り詰める	きりつめる	
4.	大詰め	おおづめ	

誌	シ	magazine, record, write down
1.	～誌	～し (ex. PR 誌)
2.	雑誌	ざっし

誤	ゴ／		fault, mistake, error,
	あやま(る)		make a mistake
1.	誤解	ごかい	
2.	錯誤	さくご	

講	コウ		lecture
1.	講じる	こうじる	
2.	講演	こうえん	
3.	講座	こうざ	

37. 車

軽	ケイ／		light,
	かる(い)・かろ(やか)		slight
1.	軽減	けいげん	
2.	軽視	けいし	
3.	軽自動車	けいじどうしゃ	
4.	手軽	てがる	

37. 車　38. ⻊(足)　39. 角　40. 貝　43. 飠(食)　44. 馬　49. 又　51. 力

輪	リン／わ	ring, circle, wheel
1. 五輪	ごりん (オリンピック)	
2. 車輪	しゃりん	

館	カン	building, hall
1. 本館	ほんかん	
2. 旅館	りょかん	

38. ⻊ (足)

距	キョ	separate, be distant
1. 距離	きょり	

39. 角

触	ショク／ふ(れる)・さ(わる)	touch, mention
1. 触媒	しょくばい	
2. 顔触れ	かおぶれ	
3. 接触	せっしょく	

40. 貝

貫	カン／つらぬ(く)	pierce, carry out
1. 一貫	いっかん	

賄	ワイ／まかな(う)	wealth, bribe, cater for
1. 賄賂	わいろ	
2. 贈賄	ぞうわい	
3. 収賄	しゅうわい	

43. 飠 (食)

飲	イン／の(む)	drink
1. 飲食	いんしょく	
2. 飲料	いんりょう	

44. 馬

駆	ク／か(ける)	drive a vehicle, run
1. 駆け込む	かけこむ	
2. 駆動	くどう	

駐	チュウ	stop, stay
1. 駐在(員)	ちゅうざい(いん)	
2. 駐車場	ちゅうしゃじょう	

49. 又

双	ソウ／ふた	pair, both
1. 双〜	そう〜 (ex. 双方向)	
2. 双方	そうほう	

皮	ヒ／かわ	skin, leather
1. 皮革	ひかく	
2. 皮切り	かわきり	
3. 皮靴	かわぐつ	

51. 力

劣	レツ／おと(る)	be inferior
1. 劣後	れつご (ex. 劣後債)	
2. 優劣	ゆうれつ	
3. 見劣り	みおとり	

勘	カン	intuition, perception
1. 勘定	かんじょう	
2. 勘違い	かんちがい	

52. 刂

刑	ケイ		punishment, penalty
1.	刑法	けいほう	
2.	～刑	～けい (ex. 罰金刑)	

刷	サツ／す(る)		print
1.	刷新	さっしん	
2.	印刷	いんさつ	

到	トウ		reach, go or come to
1.	到来	とうらい	
2.	到底	とうてい	
3.	殺到	さっとう	

剤	ザイ		medicine, drug
1.	～剤	～ざい (ex. ビタミン剤)	
2.	洗剤	せんざい	

帰	キ／かえ(る)		return, leave
1.	帰休	ききゅう	
2.	帰国	きこく	
3.	復帰	ふっき	

創	ソウ		create, begin, beginning
1.	創刊	そうかん	
2.	創出	そうしゅつ	
3.	創造	そうぞう	
4.	独創	どくそう	

55. 工

左	サ／ひだり		left
1.	左右	さゆう	

56. 寸

寺	ジ／てら		temple
1.	～寺	～じ (ex. 東大寺)	

耐	タイ／た(える)		endure, bear, stand
1.	耐久	たいきゅう	
2.	耐震	たいしん	
3.	忍耐	にんたい	

57. 戈

我	ガ／われ・わ		self, I, oneself
1.	我慢	がまん	
2.	我々	われわれ	
3.	我が国	わがくに	

58. 攵

故	コ／ゆえ		old, late (person's name), reason
1.	故人	こじん	
2.	故～	こ～ (ex. 故田中氏)	
3.	事故	じこ	

散	サン／ち(る)・ち(らす)		fall (leaves), be scattered
1.	散歩	さんぽ	
2.	解散	かいさん	
3.	分散	ぶんさん	

64. 田

町	チョウ／まち		town
1.	～町	～ちょう (ex. 二番町)	
2.	市町村	しちょうそん	

留	リュウ・ル／ と(める)・と(まる)	stop, stay
1.	留保	りゅうほ
2.	留任	りゅうにん
3.	留学	りゅうがく

65. 目

真	シン／ま	truth, reality
1.	真剣	しんけん
2.	真面目	まじめ
3.	写真	しゃしん

督	トク	control, supervise, urge
1.	監督	かんとく

66. 見

覚	カク／ おぼ(える)・さ(める)	remember, understand
1.	覚(え)書	おぼえがき
2.	覚悟	かくご
3.	自覚	じかく

親	シン／ おや・した(しい)	parent, intimate, familiar
1.	親〜	おや〜 (ex. 親会社)
2.	親しい	したしい

67. 隹

離	リ／ はな(れる)・はな(す)	separate, part, divide
1.	離陸	りりく
2.	離職	りしょく

3.	切り離す	きりはなす
4.	分離	ぶんり

68. 頁

頼	ライ／ たの(む)・たよ(る)	ask, entrust, rely on
1.	信頼	しんらい
2.	依頼	いらい

顔	ガン／かお	face
1.	厚顔	こうがん
2.	素顔	すがお

72. 宀

寄	キ／ よ(せる)・よ(る)	approach, drop in
1.	寄与	きよ
2.	寄付	きふ
3.	歩み寄り	あゆみより

富	フ／とみ・と(む)	wealth, rich
1.	豊富	ほうふ
2.	貧富	ひんぷ

寝	シン／ね(る)	go to bed, sleep
1.	寝具	しんぐ
2.	寝室	しんしつ

73. 艹

芸	ゲイ	art, accomplishments
1.	芸術	げいじゅつ
2.	工芸	こうげい

苦	ク／	pain, suffering,
	くる(しい)・にが(い)	bitter

1. 苦情　　　くじょう
2. 苦労　　　くろう
3. 苦手　　　にがて

若	ジャク／わか(い)	young

1. 若者　　　わかもの
2. 若干　　　じゃっかん

菓	カ	fruit, nut, berry

1. 菓子　　　かし

薄	ハク／	thin, light,
	うす(い)・うす(らぐ)・うす(める)	pale

1. 薄日　　　うすび
2. 品薄　　　しなうす
3. 希薄　　　きはく

75. 山

岸	ガン／きし	shore

1. 湾岸　　　わんがん
2. 海岸　　　かいがん

炭	タン／すみ	charcoal

1. 炭酸　　　たんさん
2. 石炭　　　せきたん

80. ⟨⟩

罪	ザイ／つみ	crime, sin

1. 犯罪　　　はんざい
2. 謝罪　　　しゃざい

82. 雨

零	レイ	zero, fall, rain

1. 零細　　　れいさい

83. 厂

厚	コウ／あつ(い)	thick, cordial

1. 厚生　　　こうせい
2. 手厚い　　てあつい

84. 广

序	ジョ	preface, introduction, order

1. 序列　　　じょれつ
2. 秩序　　　ちつじょ

席	セキ	seat, place

1. 席上　　　せきじょう
2. 出席　　　しゅっせき
3. 欠席　　　けっせき
4. 首席　　　しゅせき
5. 次席　　　じせき

座	ザ／	gathering,
	すわ(る)	theater, seat

1. 座長　　　ざちょう
2. 口座　　　こうざ
3. 即座　　　そくざ

廉	レン	cheap, clean and ungreedy

1. 廉売　　　れんばい
2. 廉価　　　れんか

85. 尸

尽	ジン／ つ(きる)・つ(くす)	render service to, exhaust, use up

1. 尽力　　じんりょく
2. 出尽くす　でつくす

86. 儿

光	コウ／ひか(る)	light, ray, shine

1. 光〜　　ひかり〜
   (ex. 光ファイバー)
2. 観光　　かんこう
3. 日光　　にっこう

免	メン／ まぬが(れる)	escape, avoid, dismiss

1. 免許　　めんきょ
2. 免除　　めんじょ
3. 減免　　げんめん

87. 大

太	タイ・タ／ ふと(い)・ふと(る)	big, bold (lines), bold, grow fat

1. 太平洋　　たいへいよう

88. 心

忘	ボウ／わす(れる)	forget

1. 忘れる　　わすれる
2. 忘却　　ぼうきゃく

恵	ケイ・エ／ めぐ(む)	grace, blessing, give in charity

1. 特恵　　とっけい

2. 知恵　　ちえ
3. 最恵国　　さいけいこく

惑	ワク／ まど(う)	be perplexed, be bewildered

1. 思惑　　おもわく
2. 疑惑　　ぎわく
3. 困惑　　こんわく

懇	コン／ ねんご(ろ)	kind, cordial, in love with

1. 懇談　　こんだん
2. 懇話会　　こんわかい

89. 灬

熱	ネツ／あつ(い)	heat, fever, craze, hot

1. 熱帯　　ねったい
2. 熱心　　ねっしん
3. 過熱　　かねつ
4. 光熱　　こうねつ

90. 皿

盤	バン	board (for chess, etc.)

1. 基盤　　きばん
2. 地盤　　じばん

91. 辶

辺	ヘン／ あた(り)・べ	side, neighborhood

1. 〜近辺　　〜きんぺん
   (ex. 100円近辺)

逃	トウ／に(げる)・に(がす)・ run away, の(がれる)・の(がす) flee
1.	逃避　　　とうひ

遊	ユウ・ユ／あそ(ぶ)　　play, be idle
1.	遊休地　　ゆうきゅうち
2.	外遊　　　がいゆう

遠	エン・オン／とお(い)　　far
1.	遠い　　　とおい
2.	遠のく　　とおのく
3.	遠慮　　　えんりょ
4.	以遠権　　いえんけん

93. 走

走	ソウ／はし(る)　　run
1.	滑走　　　かっそう
2.	独走　　　どくそう

97. 門

閉	ヘイ／ close し(まる)・し(める)・と(じる)・と(ざす)
1.	閉鎖　　　へいさ
2.	閉幕　　　へいまく

98. シンメトリー

天	テン／あめ・あま　　sky, heaven
1.	天然　　　てんねん
2.	天気　　　てんき

束	ソク／ bundle, たば・たば(ねる) bunch
1.	約束　　　やくそく
2.	結束　　　けっそく
3.	拘束　　　こうそく

興	コウ・キョウ／ interest, prosper, お(こる)・お(こす) restore
1.	興業　　　こうぎょう
2.	興味　　　きょうみ
3.	振興　　　しんこう
4.	復興　　　ふっこう

99. その他

戸	コ／と　　door
1.	戸数　　　こすう
2.	戸惑う　　とまどう
3.	〜戸　　　〜こ (ex. 3戸)

乏	ボウ／ short of, とぼ(しい) poor
1.	窮乏　　　きゅうぼう
2.	貧乏　　　びんぼう

写	シャ／ copy, imitate, うつ(る)・うつ(す) take (a photo)
1.	写真　　　しゃしん
2.	複写　　　ふくしゃ

色	ショク・シキ／いろ　　color
1.	色々　　　いろいろ
2.	特色　　　とくしょく
3.	難色　　　なんしょく

肉	ニク		meat, flesh

1. 食肉　　　しょくにく

周	シュウ／		surrounding area,
	まわ(り)		widespread, surround

1. 周辺　　　しゅうへん
2. 周知　　　しゅうち
3. 周囲　　　しゅうい
4. ～周年　　～しゅうねん (ex. 十周年)

承	ショウ／うけたまわ(る)		hear, agree

1. 承認　　　しょうにん
2. 承知　　　しょうち
3. 了承　　　りょうしょう

版	ハン		plate, printing, edition

1. 出版　　　しゅっぱん
2. ～版　　　～ばん (ex. 地方版)

奏	ソウ／		play, accomplish,
	かな(でる)		music

1. 奏功　　　そうこう
2. 功を奏す　こうをそうす

巻	カン／ま(く)	volume, reel, roll, wind

1. 巻き返す　まきかえす
2. 取り巻く　とりまく

飛	ヒ／と(ぶ)・と(ばす)		fly

1. 飛び抜ける　とびぬける
2. 飛躍　　　　ひやく

静	セイ／		tranquility, quiet,
	しず(か)・しず(まる)・しず(める)		silent

1. 静観　　　せいかん
2. 冷静　　　れいせい
3. 沈静　　　ちんせい
4. 平静　　　へいせい

※「阪」「狙」「韓」は常用漢字ではありません。

索引 INDEX

さくいん

部分・部首表
ぶ ぶん　　ぶしゅひょう

部分・部首索引
ぶ ぶん　　ぶ しゅさくいん

音訓索引
おんくんさくいん

TABLE OF RADICALS AND SEGMENTS

INDEX BY RADICAL AND SEGMENT

INDEX BY ON-KUN READING

漢字の索引の使い方

漢字の索引は、部分・部首索引と音訓索引があります。

部分・部首索引は、読み方がわからない場合に漢字の形から引く索引です。部分・部首がどれかわからない場合でも引けるようになっています。(このテキストで使用している部分・部首の分類は漢和辞典と同じではありません。この本のために作られたものです。)

部分・部首索引で漢字をさがす場合は、次の(a)(b)(c)のどれかでさがしてください。

(a) 漢字の中によく知っている部分がある場合

部分・部首表でそれぞれの部分・部首番号を見て、部分・部首索引のその番号の漢字の中から同じものをさがします。

増、赤、型 →6. 土の部 P397　　　黒、為 → 89. ⺗の部 P404

知っている部分・部首がいくつかあったら何回か引いてみてください。たとえば、「赤」はシンメトリーの部にも、「型」は刂の部にも、「為」はその他の部にも入っています。

(b) シンメトリーの場合

「非」「谷」などのようにだいたいシンメトリー(左右対称)になるものは、P405のシンメトリーの項目にリストされた漢字の中からさがします。漢字はすべて総画数順に並んでいます。

非　　谷

(c) 部首が分りにくい漢字の場合

P405の「その他の部」を見ます。この項目は、さらに15の細目に分れています。さがしたい漢字に以下の14の部分のどれかがあれば、その細目にリストされた漢字からさがします。なければ「上記以外」を見てください。漢字はすべて

総画数順に並んでいます。

(上の)		
ノ 亠 たれ ク ヒ	マ ム メ ヨ	夂 己 正 虫

引き方の例

(a) 信、伸　　「イ」で引きます。

　　加　　　「カ」「口」の両方で引くことができます。

(b) 査　　　「木」「シンメトリー」の両方で引くことができます。

　　商　　　「口」「シンメトリー」「その他の亠」のそれぞれで引く

　　　　　　ことができます。

(c) 兼　　　「その他の亠」で引くことができます。

　　表　　　「彳」「その他の上記以外　8画」の両方で引くことがで

　　　　　　きます。

　音訓索引は、音読みでも訓読みでも、漢字の読み方を知っている場合に便利です。知っている読み方で引いてください。音読み、訓読みのどちらにも出ています。

HOW TO USE KANJI INDICES

This section includes two kanji indices: *Index by Radical and Segment* and *Index by On Kun Reading*.

The *Index by Radical and Segment* is designed to look for a kanji by a part of its shape when a student does not know the reading of the kanji. Even when a student does not know what radical the kanji has, he or she can look up the kanji by focusing on any familiar part of the kanji. The radicals and segments used in this textbook are not the same as those used in *kanwa* dictionaries, but rather are defined for using this book only. Please refer to the following instruction when looking up a kanji by using the *Index by Radical and Segment*.

(a) When you can identify a part of the kanji, check the number of the radical or segment in the *Radical and Segment Table*. Then look for the kanji in the *Index by Radical and Segment*. For example, kanji such as 増, 赤, and 型 are listed in page 397 of the 土 category. Kanji such as 黒, 為 are listed in page 404 of the 灬 category.
If you are familiar with more than one part, try any of them. The kanji is sure to be found in one or more categories of those radicals and segments. For example, 赤 is listed in the *Symmetry* category beside the 土 category, 型 in the ⎜ category beside the 土 category, and 為 in the *Others* category beside the 灬 category.

(b) If a kanji has a symmetric shape such as 非 and 谷, find the kanji in the *Symmetry* catagory in page 405. All the kanji are listed by the stroke number from the least to the most.

(c) The kanji which do not have any distinctive segments, radicals, or symmetric shapes are placed in the *Others* (その他) category in page 405. The *Others* category is devided into 15 subcategories. If the kanji has one of the following 14 parts, look for it in the designated page of the subcategory. If the kanji does not have any of the 14 parts, go to the *Remaining others* category. All the kanji are listed by the stroke number from the least to the most.

(top)	ノ	マ	夂
	亠	ム	己
	宀	メ	正
	癶	ヨ	虫
	ヒ	丷	

Examples:

(a) 信 , 伸 Listed in the イ category.
　　　加 Listed in the 力 category and the 口 category.

(b) 査 Listed in the 木 category and the *Symmetry* category
　　　商 Listed in the 口 category, the *Symmetry* category, and the 亠 subcategory of in the *Others* category

(c) 兼 Listed in the subcategory of 丷 in the *Others* category.
　　　表 Listed in the 衤 category and the subcategory of the *Remaining others* (Stroke number 8).

The *Index by On-Kun Reading* is useful when a student knows the kanji 's reading either by *on-yomi* or *kun-yomi*. A kanji is listed both by *on-yomi* and *kun-yomi*.

部分・部首表

ぶ ぶん　ぶ しゅひょう

部首画数 (stroke)	部分 部首	部分部首 番号	部首画数 (stroke)	部分 部首	部分部首 番号	部首画数 (stroke)	部分 部首	部分部首 番号
2	イ (人)	1	4	木	19		車	37
	十	2		𤣩 (王)	20		⻊ (足)	38
	冫	3		方	21		角	39
3	氵 (水)	4		歹	22		貝	40
	彳	5		月	23	8	卓	41
	土 (土)	6		火	24		金	42
	女	7		礻 (示)	25	(9)	𩙿 (食)	43
	子	8	5	衤 (衣)	26	10	馬	44
	口	9		米	27	11	魚	45
	弓	10		禾	28	12	歯	46
	犭	11		石	29			
	忄	12		白	30	2	𠆢	47
	巾	13		立	31		卩	48
(左の) 阝		14		矢	32		又	49
	夕	15	6	糸	33		刀	50
4	扌 (手)	16		舟	34		力	51
	牜 (牛)	17		耳	35		刂	52
	日	18	7	言	36	3(右の) 阝		53

394

部分・部首表

部首画数 (stroke)	部分 部首	部分部首 番号	部首画数 (stroke)	部分 部首	部分部首 番号	部首画数 (stroke)	部分 部首	部分部首 番号
	彡	54	3	⺍	71	3	大	87
	工	55		宀	72	4	心	88
	寸	56		艹	73		心	89
4	戈	57		士	74	5	皿	90
	攵	58		山	75			
	欠	59	4	歩	76	3	辶	91
	斤	60		止	77		夂	92
	予	61	5	穴	78	7	走	93
	犬	62		癶	79			
5	生	63		罒	80	2	冂	94
	田	64	6	竹	81		匸	95
	目	65	8	雨	82	3	口	96
7	見	66					(中に漢字がある)	
8	隹	67	2	厂	83	8	門	97
9	頁	68	3	广	84			
	音	69		尸	85		シンメ トリー	98
							その他	99
2	ハ	70	2	儿	86			

部分・部首索引　INDEX BY RADICAL AND SEGMENT

1. イ(人)の部

人	195
化	195
仏	196
代	196
付	196
仕	196
他	196
任	197
件	197
伝	197
休	197
仲	198
仮	375
体	198
低	198
作	198
伸	198
位	199
住	199
伴	199
何	199
似	375
価	199
供	200
使	200
例	200
併	200
依	200
卒	206
夜	231

保	201
信	201
係	201
促	202
侵	202
便	202
値	202
個	202
借	203
修	203
倒	203
倍	203
俸	203
健	375
側	203
停	204
備	204
傘	314
債	204
働	204
傾	204
催	204
僚	204
億	205
優	205
償	205

2. 十 の部

千	205
支	286

早	239
半	205
協	206
卒	206
直	307
南	206
真	384
率	373
傘	314

3. 冫 の部

次	206
冷	375
姿	220
凍	375

4. 氵(水)の部

水	207
汽	207
法	207
注	207
油	207
治	208
沿	208
波	375
海	208
活	208
派	208
洋	375
洗	375

決	209
消	209
流	209
浮	209
酒	375
済	210
況	210
渉	210
深	210
液	210
清	210
涯	375
混	375
港	211
満	211
湾	211
測	211
渡	211
温	376
落	319
準	211
源	212
滑	212
滞	376
塗	376
漁	212
演	376
減	212
激	213
薄	385

397

93. 走 の部

走	387
起	346
超	346
越	346

94. 冂 の部

円	346
内	347
用	364
同	347
肉	388
周	388

95. 匸 の部

区	347
医	348

96. 口 の部

回	348
団	348
因	348
図	349
囲	349
困	349
国	349
固	350
圏	350

97. 門 の部

門	350
問	350
閉	387
開	351
間	351
関	351
聞	352
閣	352
闘	352

98. シンメトリーの部

3	小	352
4	中	352
	文	353
	天	387
	支	286
	介	312
5	出	353
	主	354
	平	354
	由	354
	末	354
	申	354
	央	355
	未	355
	半	205
	市	364
6	再	355
	交	355
	共	355
	両	355
	全	313
	百	259
	自	306
7	余	313
	束	387
	豆	377
	谷	377
	赤	217
8	東	356
	京	356
	画	356
	並	356
	斉	356
	果	243
	非	370
9	革	357
	春	240
	査	244
	南	206
	面	371
	奏	388
	首	307
10	高	357
	帯	228
	真	384
11	商	357
	常	358
	基	217
	菓	385
12	普	242
	善	225
13	業	358
	楽	379
15	賞	280
16	興	387
20	競	358

99. その他の部

ノ	千	205
	乏	387
	妥	219
	乱	377
	我	383
	委	219
	季	221
	受	286
	重	371
	乗	372
	将	298
	釈	373
亠	市	364
	夜	231
	卒	206
	衰	380
	率	373
	商	357
	就	374
	裏	255
	棄	379
	競	358
𠂉	午	364
	年	367
	気	368
	毎	368
	臨	225
𠂊	争	368
	危	368
	色	387
	免	386
	負	277

405

音訓索引　INDEX BY ON-KUN READING
おんくんさくいん

音読み　　　カタカナ　　*On-yomi* are listed in katakana.
おんよ

訓読み　　　ひらがな　　*Kun-yomi* are listed in hiragana.
くんよ

送りがな　　（　　）内。語幹が同じ場合は一つの（）内に／で50音順に入れた。
おく　　　　　　　　ない　ごかん　おな　ばあい　ひと　　　　ない　おんじゅん　い

Okurigana (*hiragana* used with kanji to complete a word) are listed in parenthesises. When one kanji has the same beginning in reading but different endings, all of those different endings are listed in parenthesisess in the Japanese alphabetical order, separated by a slash.

経済記事にほとんど現われない特殊な読み方は省略した。
けいざいきじ　　　　　　　あらわ　　　　とくしゅ　よ　かた　しょうりゃく

Unusual readings which rarely appear in the economics articles are not introduced in the listing of this index.

あい	相	244	あた(える)	与	361	あら(う)	洗	375
あいだ	間	351	あたた(かい／			あらそ(う)	争	368
あ(う)	会	312	まる／める)	温	376	あらた(まる／める)	改	300
あ(う／わす／わせる)	合	313	あたま	頭	310	あらわ(す)	著	319
あか／あか(い)	赤	217	あたら(しい)	新	303	あらわ(す／れる)	現	247
あ(がる／げる)	挙	378	あた(り)	辺	386		表	254
	上	360	あ(たる／てる)	当	367	あ(る)	在	216
あか(るい)	明	239	アツ	圧	327		有	250
あき	秋	257	あつ(い)	厚	385	ある(く)	歩	322
あきな(う)	商	357		熱	386	あわ(せる)	併	200
あき(らか)	明	239	あつか(う)	扱	232	アン	安	315
アク	悪	334	あつ(まる／める)	集	309		案	318
	握	378	あ(てる)	充	331		暗	378
あ(く／ける)	開	351	あと	後	214	イ	以	284
	空	323	あば(く／れる)	暴	379		位	199
あ(ける)	明	239	あぶ(ない)	危	368		依	200
あさ	朝	280	あぶら	油	207		囲	349
あざ	字	315	あま／あめ	天	387		委	219
あざ(やか)	鮮	284	あま(す／る)	余	313		意	334
あし	足	275	あみ	網	265		易	240
あじ	味	224	あ(む)	編	266		為	336
あず(かる／ける)	預	310	あや(うい／ぶむ)	危	368		移	257
あせ(る)	焦	336	あやつ(る)	操	238		異	305
あそ(ぶ)	遊	387	あやま(る)	誤	381		維	265
あたい	価	199	あゆ(む)	歩	322		違	344
	値	202	あら(い)	粗	256		医	348

410

	旧	239		筋	325	ケイ	京	356
	給	264		緊	266		競	358
ギュウ	牛	378		金	281		係	201
キョ	去	216		近	338		傾	204
	巨	366	ギン	銀	282		刑	383
	拠	233	ク	区	347		型	217
	拒	378		苦	385		契	332
	挙	378		駆	382		形	296
	許	269		功	297		恵	386
	距	382		工	297		携	237
ギョ	漁	212	グ	具	307		掲	378
きよ(い／まる／める)	清	210	クウ	空	323		景	241
キョウ	京	356	グウ	遇	344		系	261
	供	200	く(う)／く(らう)	食	283		経	263
	共	355	くず(す／れる)	崩	321		継	265
	競	358	くすり	薬	320		計	268
	協	206	くだ	管	326		警	273
	境	218	くだ(す／さる／る)	下	361		軽	381
	強	226	くち	口	221	ゲイ	迎	339
	恐	334	くに	国	349		芸	384
	教	301	くば(る)	配	372	ゲキ	激	213
	橋	379	くび	首	307	け(す)	消	209
	況	210	くみ／く(む)	組	263	けず(る)	削	293
	狭	377	くら	蔵	320	ケツ	決	209
	興	387	くら(い)	暗	378		欠	302
	響	312	くらい	位	199		結	264
	経	263	くら(べる)	比	362	ゲツ	月	250
ギョウ	業	358	く(る)	繰	267	けわ(しい)	険	229
	行	213		来	243	ケン	件	197
キョク	局	329	くる(しい)	苦	385		見	308
	極	246	くるま	車	274		健	375
ギョク	玉	247	くろ(い)	黒	336		券	288
きら(い)	嫌	377	くわ(える／わる)	加	288		兼	373
き(る／れる)	切	287	くわ(しい)	詳	270		堅	218
きわ	際	230	クン	訓	381		圏	350
きわ(める)	究	322	ケ	化	195		建	345
	極	246		家	317		嫌	377
キン	勤	291		気	368		検	245
	均	217	ゲ	下	361		権	246
	禁	253		外	230		研	258

	再	355		札	243		至	376
	最	241	ザツ	雑	309		視	253
	採	235	さば(く)	裁	254		試	270
	歳	322	さま	様	246		諮	272
	済	210	さまた(げる)	妨	376		誌	381
	災	380	さ(ます／める)	冷	375		資	279
	細	263	さ(める)	覚	384		歯	284
	裁	254	さら	更	369	ジ	事	370
	載	275		皿	337		似	375
	際	230	さ(る)	去	216		字	315
	西	368	さわ(る)	障	230		寺	383
ザイ	剤	383		触	382		時	241
	材	243	サン	傘	314		持	235
	在	216		参	296		次	206
	財	277		散	383		治	208
	罪	385		産	305		自	306
さか	阪	228		算	325		除	229
さかい	境	218	ザン	残	249		地	216
さが(す)	探	236		暫	378	ジ／シ	示	253
さか(る／ん)	盛	337	シ	士	320	し(いる)	強	226
さ(がる／げる)	下	361		子	220	シキ	式	297
さか(らう)／さか	逆	340		支	286		識	273
さき	先	331		止	322		織	267
サク	削	293		氏	363	ジキ	直	307
	昨	240		仕	196	ジク	軸	275
	策	324		使	200	しず(か／まる／める)	静	388
サク／サ	作	198		刺	293	した	下	361
さ(く)	割	294		司	377	したが(う／える)	従	214
さぐ(る)	探	236		史	222	した(しい)	親	384
さけ	酒	375		始	220	シツ	失	366
さ(ける)	避	345		姿	220		室	317
さ(げる)	提	237		市	364		質	280
ささ(える)	支	286		志	333	ジツ	実	316
さ(す)	差	298		指	234		日	239
	指	234		思	334	しな	品	224
さ(す／さる)	刺	293		施	249	し(ぬ)	死	379
さそ(う)	誘	271		死	379	しぼ(る)	絞	381
さだ(か／まる／める)	定	316		私	256	し(まる／める)	締	266
サツ	刷	383		紙	262		閉	387
	擦	238		糸	381	しめ(す)	示	253

413

		針	281	す(る／れる)		擦	238	節 325
ジン		人	195	すわ(る)		座	385	ゼツ 絶 381
		尽	386	セ		世	363	ぜに 銭 282
		陣	377	せ		背	251	せば(まる／める) 狭 377
ス		子	220	ゼ		是	240	せま(い) 狭 377
		素	262	セイ		歳	322	せま(る) 迫 339
す		州	369			省	307	せ(める) 攻 297
ズ		図	349			情	227	責 278
		頭	310			世	363	せ(る) 競 358
スイ		出	353			制	292	セン 先 331
		推	235			勢	291	千 205
		水	207			性	227	占 222
		衰	380			成	299	宣 317
ズイ		随	230			政	300	専 298
スウ		数	301			整	301	戦 300
す(う)		吸	223			清	210	洗 375
すえ		末	354			正	365	線 266
す(える／わる)		据	236			生	304	繊 267
す(かす／く／ける)		透	342			精	256	船 268
すがた		姿	220			盛	337	選 344
す(ぎ／ぎる／ごす)		過	342			声	321	銭 282
す(き／く)		好	219			製	255	鮮 284
すく(う)		救	301			西	368	ゼン 前 293
すく(ない)		少	363			請	272	善 225
すぐ(れる)		優	205			斉	356	全 313
すこ(し)		少	363			静	388	然 336
すこ(やか)		健	375	ゼイ		税	257	ソ 措 236
すじ		筋	325	セキ		席	385	狙 226
すす(む／める)		進	342			析	244	礎 259
すす(める)		勧	291			石	258	粗 256
すた(る／れる)		廃	329			積	258	素 262
すで(に)		既	372			績	266	組 263
す(てる)		捨	378			赤	217	訴 270
す(べる)		統	264			責	278	阻 377
すべ(る)		滑	212	せき		関	351	ソウ 双 382
すみ		炭	385	セツ		切	287	創 383
すみ(やか)		速	341			接	236	奏 388
す(ます／む)		済	210			折	378	層 330
す(む)		住	199			設	269	想 334
す(る)		刷	383			説	271	操 238

	早	239			多	231	ただ(ちに)	直	307

	搭	237	と(ばす／ぶ)	飛	388		難	309
	東	356	とぼ(しい)	乏	387	に	荷	319
	当	367	と(まる／める)	止	322	にが(い)	苦	385
	答	325		留	384	に(がす／げる)	逃	387
	等	325	とみ／と(む)	富	384	にぎ(る)	握	378
	糖	380	とも	供	200	ニク	肉	388
	統	264		共	355	にし	西	368
	到	383	ともな(う)	伴	199	ニチ	日	239
	討	269	と(らえる／			にな(う)	担	233
	豆	377	らわれる／る)	捕	378	にぶ(い／る)	鈍	281
	踏	276	と(る)	採	235	ニュウ	入	359
	逃	387		取	286	に(る)	似	375
	透	342	ドン	鈍	281	にわ	庭	329
	頭	310	な	名	223	ニン	人	195
	騰	283	ナイ	内	247		任	197
	闘	352	な(い)	無	336		認	271
と(う)	問	350	なお(す／る)	治	208	ぬ(く／ける)	抜	233
ドウ	働	204		直	307	ぬし	主	354
	動	290	なか	中	352	ぬ(る)	塗	376
	同	347		仲	198	ね	音	311
	導	299	なが(い)	長	370		根	245
	道	343	なが(す／れる)	流	209		値	202
とお(す／る)	通	340	なか(ば)	半	205	ねが(う)	願	311
と(かす／く／ける)	解	276	な(げる)	投	232	ネツ	熱	386
とき	時	241	なご(む／やか)	和	257	ねら(う)	狙	226
トク	得	214	なさ(け)	情	227	ね(る)	寝	384
	特	238	な(す／る)	成	299		練	266
	督	384	ナッ	納	262	ネン	然	336
と(く)	説	271	なつ	夏	373		念	333
と(ぐ)	研	258	なに／なん	何	199		年	367
ドク	独	226	なま	生	304		燃	252
	読	271	なみ	波	375	ねんご(ろ)	懇	386
ところ	所	302		並	356	の	野	303
とし	年	367	なめ(らか)	滑	212	ノウ	悩	227
と(じる／ざす)	閉	387	なや(ます／む)	悩	227		納	262
トツ	突	323	な(らす／れる)	慣	227		能	251
とど(く／ける)	届	330	なら(びに／ぶ／べる)	並	356		脳	252
とどこお(る)	滞	376	ナン	男	289		農	374
ととの(う／える)	整	301		南	206	のが(す／れる)	逃	387
とな(える)	唱	377		軟	274	のき	軒	274

NOTES

NOTES

NOTES

NOTES

NOTES